U0795251

军队院校
体操训练教程

JUNDUI YUANXIAO TICAO XUNLIAN JIAOCHENG

主　编：叶　伟　宋鑫平

副主编：王叶琼　贺红芳　何云龙

编　委：李　益　刘　洋　强　政
李　忠　赵栋杰　严杰星
魏丽杰　梁　宇　苏增伟
肖　舟　孙德宇　王大磊
郝鑫鑫　蒋国乐　周梦莎
陈南君

国防科技大学出版社

·长沙·

图书在版编目（CIP）数据

军队院校体操训练教程/叶伟，宋鑫平主编. —长沙：国防科技大学出版社，2021.9（2023.12 重印）
ISBN 978-7-5673-0583-0

Ⅰ.①军…　Ⅱ.①叶…②宋…　Ⅲ.①体操—运动训练—军队院校—教材　Ⅳ.①G83

中国版本图书馆 CIP 数据核字（2021）第 158084 号

国防科技大学出版社出版发行
电话：(0731)87028022　邮政编码：410073
网址：https://www.nudt.edu.cn/press/
责任编辑：欧　珊　　责任校对：邹思思
长沙市精宏印务有限公司印装
*
开本：787×1092　1/16　印张：16.25　字数：385 千字
2021 年 9 月第 1 版 2023 年 12 月第 2 次印刷　印数：5001-7000 册
ISBN 978-7-5673-0583-0
定价：78.00 元

前　言

实现强军目标，从难、从严、从实战需要开展军事训练已成常态。为提高军人军事体育素质，为实战化训练奠定坚实身心基础，2018 年中央军委训练管理部颁布的《军事体育训练大纲》（以下简称“大纲”）重新恢复了停训近 20 年的器械体操项目，丰富和完善了军队院校体操训练体系，为体操的系统训练提供了指导依据。

体操项目在竞技训练、比赛中开展广泛，同时体操训练寓教于乐，是大众健身的良好手段，也是最广泛的群众性活动。在军队院校进行体操训练，能够有效发展和提高受训者身体力量与平衡协调素质，掌握动作技术要领，从而提高技战术和体能训练效率，为开展实战化军事训练打下基础。同时，体操训练能够锤炼军人战胜困难的意志品质，培养勇敢顽强战斗作风和科学组训能力。

本教材根据体操教学训练的规律和特点，在保留《体操》教材经典内容的基础上，根据“大纲”要求，精选和增加了器械体操（套路）、实用技能类体操等内容。在编写过程中，着重参考了地方普通高校、体育院校使用的体操教材及军队院校统编军事体育教材，以保证内容的科学性、权威性和准确性。我们还注重提高教材的可读性、可视性和实用性，易于军队院校体操教学多层次开展，便于大众更好地阅读及自我练习。

本教材共十章，由叶伟、宋鑫平担任主编，王叶琼、贺红芳、何云龙担任副主编。其中，第一、第二章由宋鑫平、魏丽杰、苏增伟、肖舟编写，第三章由王叶琼、李忠、孙德宇、王大磊编写，第四章由刘洋、何云龙、强政、梁宇编写，第五、第六章由叶伟、贺红芳、何云龙编写，第七、第八章由王叶琼、贺红芳、郝鑫鑫、蒋国乐编写，第九章由叶伟、赵栋杰编写，第十章由李益、何云龙、严杰星、周梦莎、陈南君编写。全书由叶伟、贺红芳统稿。

本教材编写过程中得到了原八一体操队的帮助和支持，同时参考了很多教材、专著以及研究成果，在教材中未能一一列举出，在此，向原八一体操队及作者们表示衷心的感谢。由于编写人员水平有限，不可避免存在不足与问题，请广大读者提出宝贵意见，以便我们再版时进一步完善。

编　者

2020 年 12 月

目 录

Contents

Contents

Contents

第一章 体操基本理论

体操是徒手或借助器械进行各种身体练习的一类体育项目。它是体育院校、系的必修课程之一，是各类学校实施体育健康教育和培养社会主义合格人才的内容之一，是军人军事体育训练的重要内容，同时也是实施奥运争光计划与全民健身计划的重要手段之一。

体操的特点在于：内容丰富，形式多样，易于普及；全面发展身体；在教学与训练中广泛运用保护与帮助；具有一定的艺术性与表演性。

第一节 世界体操的起源与发展

体操运动有着悠久的历史，它是伴随着人类社会实践而产生并逐步发展起来的。从一些壁画、陶器等历史证据中得知，体操形成于三千多年前的古埃及以及后来的古希腊和古罗马时代。随着罗马帝国的衰败，体操也随之衰退。此后许多个世纪，体操一直存在于一些江湖艺人的杂技表演之中。

"体操"（Gymnastics）一词源于古希腊语 gymnos（意为裸体），相传古希腊人进行锻炼时都是赤身裸体的。早在公元前 5 世纪，古希腊人把锻炼身体的一切活动，诸如走、跑、跳、投掷、攀登、舞蹈、骑马和军事游戏等统称为体操，这个概念一直沿用了很久。进入 19 世纪，欧美相继出现了许多新的运动项目，建立起"体育是以身体活动为手段的教育"这一新概念。从 19 世纪末至 20 世纪初，随着体育运动的发展，一些生理学家、医学家和体育学家对体育运动的本质和价值等进行深入研究和学科分类，体育一词才逐步取代原来的体操概念成为身体运动的总称，而体操也在这一时期开始从内容和方法上区别于其他的身体运动形式，并形成了自身独立的运动项目。

现代竞技体操源于体操，始于欧洲。18 世纪末，最早是德国开始形成了新兴的体操学派，古茨穆茨（Johann Christoph Friedrich Guts Muths，1759—1839）和雅恩（Friedrich Ludwig Jahn，1778—1852）是当时最有影响的两位代表人物，他们为建立进步的德国体操体系做出了突出的贡献。古茨穆茨所倡导的体操体系，包括八项基本运动、手工作业和青少年游戏三大类。其中第一大类八项基本运动与体育发展的关系最为密切。雅恩采用了古茨穆茨的观念和主张，尤其在器械体操方面有不少的创新和改革。他认为"器械练习是发展力量、增强意志品质的最好办法"。于是他大力推进器械体操的发展，如改进和推广了单杠，改革了木马，发展了双杠等。德国体操的特点是以器械为主，强调强身健体，增强力量，发展全身。现代竞技体操的发展与德国体操学派的发展有密切关系。

在德国体操发展的同时，具有鲜明军事、教育、医疗目的的瑞典体操学派也开始形成。其代表人物林德福尔斯（O. B. Lindfors，1781—1841）以《体操艺术》为题发表论文，把“人为体操”分为三类，即军事体操、儿童教育与运动员体操，以及预防与矫正身体缺陷的医疗体操。林德福尔斯在把体操引向科学化方面，有不可磨灭的功绩。另一瑞典人林格（Pehr Henrik Ling，1776—1839）在对解剖学、生理学、体操理论做了大量研究之后指出：体操理论必须是符合人体各器官运动法则的身体运动科学。身体运动的目的，必须使身体得到协调均衡的发展。林格在《体操的一般原理》一书中，提出了明确的观点。他认为：身体的动作，不应像德国体操那样受器械的制约，不应由器械来决定，而是应该加以合理的设计，使器械适合于军事、教育与娱乐目的之需要，应由动作需要决定器械的改进。瑞典体操的特点是：注意矫正姿势，讲求实效，注重增强肌肉，编排有条理，动作整齐，有棱有角，注重养成正常的体态，促进了竞技体操对动作姿态美的发展。

18 世纪，与瑞典体操齐名的还有丹麦体操。丹麦的体育先驱是纳赫特加尔（Franz Nachtegall，1777—1847），他曾担任丹麦军事体操学院院长。纳赫特加尔对丹麦体操内容的创建，除主要依据德国、瑞典体操以外，还对英国的竞技运动予以应有的重视。另一丹麦体操家尼尔斯·布克（Niels Bukh，1880—1950）的基本体操对体操运动的影响较大。丹麦体操动作活泼、轻松、连贯，有韵律、有节奏，动作舒展美观，注意动作的弹性、柔软，对竞技体操初期男子自由体操徒手动作的形成与发展有重要意义。

19 世纪中叶，捷克在民族复兴的潮流中，建立了第一个体操联盟组织，称之为“法尔康”（Falcons）或“苏克尔”（Sokols），意为“猎鹰”或“雄鹰”。这个组织一直延续到现在。英派体操家们的最大贡献在于：他们在 19 世纪 60 年代提出了体操最重要的是优美而吸引人的主张。体操不仅要求动作外形美，还应有专门的体操服，成套动作的编排，力求难易交替，波澜起伏，从而使体操在专一化的道路上迈进了一大步，使竞技体操成为一个独立的分支而迅速地发展起来。捷克的竞技体操在 1907 年第三届世界体操锦标赛开始后的三十余年中，多次夺得团体冠军，为现代竞技体操的形成与发展做出了巨大的贡献。

无论从 1896 年开始的奥运会还是 1903 年开始的世界体操锦标赛，体操比赛都包括不同的体育项目。即使在第十二届世界体操锦标赛上（1950 年，瑞士，巴塞尔），也还有田径 100 米跑和撑竿跳高的项目。这两个世界性的体操比赛，曾经设立过许多比赛项目，如 100 米跑、150 米跑、50 米游泳、8 米爬绳、跳高、跳远、举重、铅球、火棒等。直到 1952 年在芬兰赫尔辛基第十五届奥运会上，女子竞技体操 4 个项目确定后，才形成目前男子六项、女子四项的竞技体操比赛项目。竞技体操作为一个独立的竞技比赛项目从现代体操中派生出来，它既从属于体操，又是一个独立的体系和分支。随着体操运动的迅速发展，相继又有艺术体操、技巧运动、蹦床运动和健美操等项目成为竞技性体操的分支，各自成为一个独立的竞技比赛项目。

竞技体操的发展大体经历了以下几个阶段。

第一阶段（20 世纪 50 年代以前）为体操初级阶段。两次世界大战使比赛中断 20 余年，每次比赛项目不固定，技术水平比较低。开展较好的国家有捷克斯洛伐克、法国、意大利等。

第二阶段（20 世纪 50 年代）为竞技体操形成阶段。确定了比赛项目与方法：男子为六项，女子为四项；设有团体赛、全能赛和单项决赛；并初步确定了竞赛计分方法。苏联男、女队一直保持领先地位。

第三阶段（20 世纪 60 年代）为竞技体操发展阶段。进入 20 世纪 60 年代，随着参赛国逐渐增多，运动技术水平大大提高，体操有了广泛的发展。在 1960 年第十七届奥运会上，日本打破苏联队的垄断地位，夺得了冠军。从此，日本男队进入全盛时期，并稳坐奥运会冠军宝座长达 18 年之久。

第四阶段（20 世纪 70 年代以后）为竞技体操大发展阶段。20 世纪 70 年代以来，体操运动技术发展突飞猛进，出现了旋空翻、空翻再握飞行动作、单臂大回环、双杠大回环、平衡木空翻转体、后空翻三周等高难度动作。各国相继重视早期专门训练问题的研究，自选动作的编排趋于难、新、稳、美。

19 世纪末 20 世纪初，一些生理学家、音乐家和舞蹈家主张应以身体的自然动作为基础，在音乐的伴奏下做有节奏的身体活动，从而发展身体的柔韧性，形成正确的身体姿态，提高动作的艺术性。艺术体操是在这一理论的基础上，经过长期的实践逐步形成的。1962 年，国际体操联合会把艺术体操定为独立的女子竞赛项目，并于 1963 年在布达佩斯举行了第一届世界艺术体操锦标赛。1980 年 7 月，国际奥委会项目委员会宣布，将艺术体操列为奥运会的竞赛项目，并在 1984 年的奥运会上举行比赛。

随着体操运动的发展，技巧运动也迅速发展起来。从 20 世纪 50 年代开始，苏联及东欧等国先后将技巧作为独立的比赛项目。1957 年 10 月，在波兰华沙举行了第一届国际技巧比赛。1973 年 10 月，国际技校联合会在莫斯科成立。1999 年 1 月，原国际技巧联合会与国际体操联合会合并。

从 19 世纪到 20 世纪 50 年代，各种体操流派对体操进行了深入的研究，他们既注重人体的健美，又注重自然的身体动作以及动作节奏的流畅性。20 世纪 60 年代，现代健美操运动开始兴起，逐步成为一种“时尚运动”，到 80 年代已成为风靡全球、最受欢迎的体育运动项目之一，并向着健身和竞技两个方向发展。1983 年，国际健美操联合会成立，当年举行了第一届国际健美操比赛。1994 年，国际体操联合会接受健美操为其正式比赛项目。第一届世界健美操锦标赛于 1995 年在法国巴黎举行。

20 世纪 30 年代，美国跳水运动员乔治・尼森受到杂技中弹性保护网的启示，制作出类似今天的蹦床，作为训练翻转动作的辅助工具。这种“无心插柳”的做法，使蹦床逐渐成为一项专门的运动。1947 年在得克萨斯州举行了首届全美蹦床表演赛，1948 年开始列为正式比赛项目，后来许多国家相继开展。1964 年 3 月在英国伦敦举行了首届世界蹦床锦标赛，同时成立了国际蹦床联合会，1997 年国际奥委会决定将蹦床列入奥运会项目。

思考题

1. 简述现代竞技体操最具影响的人物及贡献。
2. 竞技体操的发展阶段分为哪些?

第二节　我国体操发展简况

一、古代体操

体操在我国有着悠久的历史。据《吕氏春秋·古乐》记载，古代体操始于原始社会末期的尧舜时代，随后逐步演变为预防疾病的健身活动，类似于现代的医疗保健体操，体操曾以歌舞、杂技、对剧中的技巧动作流传于民间，还包括器械体操和为军事服务的兵式体操等，它们是相互联系的。古代体操大体分为三类：第一类是医疗保健体操；第二类是娱乐式体操；第三类是为军事服务的兵式体操。

（一）医疗保健体操

“导引养身术”——是把身体和呼吸活动作为保健的方法。长沙马王堆出土的一幅西汉时期的帛画“导引图”，描绘了不同性别和不同年龄的人做举臂、下蹲、收腹、弯腰、深呼吸等40多种动作，是我国当前发现最早的一种医疗保健体操。我国古代名著《黄帝内经》中记载的“其病多痿厥寒热，其治宜导引按蹻”，意思是如果身体机能失调或发冷发热，就要用活动身体和按摩的方法来治疗。其内容包括肢体运动、呼吸运动和自我按摩三者的结合。

“五禽戏”——是东汉名医华佗创编的健身方法，是模仿虎的扑动前肢、鹿的伸展头颈、熊的卧身倒地、猿的脚尖纵跳、鸟的展翅飞翔等动作的象形体操，使人的全身肌肉、关节、韧带得到舒展锻炼。

“八段锦”——起源于宋朝，它是由8节动作组成的徒手练习。自南宋初年到清光绪初年，其间几经改编，内容丰富多彩，大体上可分为坐姿和站姿两大类。它用中医术语，以歌诀形式阐明动作的特点，如“双手托天理三焦，左右开弓似射雕。调理脾胃单举手，五劳七伤往后瞧。摇头摆尾去心火，两手攀足固肾腰。攒拳怒目增气力，背后七颠百病消”。它类似于现在的徒手操、健身操和医疗保健操。

“易筋经”——“易”是改变的意思，“筋”是肌肉，“经”是方法，“易筋经”就是增强筋骨的方法，现在成为健身术，也是增强肌肉韧带，使人身体强壮的方法。

（二）娱乐式体操

翻跟头与杂技——由原始歌舞派生而出。据史书记载，在周朝的“狩猎舞”中，就出现了滚动、滚翻等技巧动作；汉朝“百戏”中有了“燕嬉”，即如燕翻腾嬉舞的技巧动作；唐代有过盛大的杂技表演；在北宋时代，翻跟头已是一项“散乐”（杂技），它用于戏曲之中；到了清朝末年，戏曲中翻跟头已发展了许多复杂动作。木制的单杠和近似吊环的皮条和走索（走钢丝）等器械，至今仍保留在我国的杂技之中。

（三）为军事服务的兵式体操

据《通典》和《通志略》记载，在武则天长安二年（公元702年），就有了“制土马千里间间，教人习骗”。“习骗”就是从地面上跳跃上马动作的练习。可见在1300多年前就有类似于跳马的练习，并应用于军事之中。《唐书·兵制》规定：“有教习不精者，罪其折冲，甚者罪及刺史。”由于这种练兵活动的开展，直接推动了武艺的发展。

二、近代体操

（一）外来体操传入我国

1840年鸦片战争以后，随着帝国主义的军事、经济和文化侵略，器械体操某些项目也传入我国。1845年，美、英等国先后在上海、天津、北京、湖北等地开办教会学校，成立“青年会”并设置健康房和体操器械。由于清政府的腐败，对外战争屡遭失败，人民反清情绪高涨。清政府为了挽救其封建统治，在天津、湖北、广东等地设立武备学堂，聘请了一批外国军官，在这些学校中开展了平台、木马、单杠、双杠等项目训练。1908年，中国体操学校在上海成立，教学内容主要有徒手体操、兵式操和武术、音乐舞蹈，以及教育学、体育学、解剖学、生理学等。

（二）旧中国的体操

旧中国体操发展缓慢，十分落后，几乎无群众性体操可言，只有大城市的少数学校开展了一些基本体操和项目不全的器械体操。直到新中国成立前夕，1948年在上海举行的一次全国运动会上，虽有体操项目，却只有表演赛，而且只有单杠、双杠、跳马三个项目，运动员人数少，技术水平也比较低。

与此同时，中国共产党领导的军队及其所在的革命根据地，非常重视军民的健康，倡导开展体育运动。在延安，每逢大的节日举行体育比赛时，团体操和单杠表演都是其中主要内容。部队普遍开展单杠、木马和徒手体操活动。

1941年延安大学成立体育系，学习课目就有体操，包括单杠、双杠、木马和垫上运动等。群众性体操活动的开展，对增强解放区军民的体质起到了积极作用。

三、现代体操

1949年中华人民共和国成立后，党和国家对人民健康非常关怀，体育运动得到重视，体操得到了深入发展。

（一）群众性体操活动大普及

从1951年开始，全国先后推进了成年、少年、儿童广播体操的普及，在工矿、企业、机关、学校以及医疗单位，广泛开展卫生体操、生产体操、医疗体操、健美操等体操活动，对增强人民体质、活跃人民生活和预防疾病起到了积极的作用。体操被列为各级学校体育教学大纲的主要内容。

（二）竞技体操迅速发展

在群众性体操运动广泛开展的基础上，竞技体操获得了迅速发展。

1. 竞技体操发展的起步阶段

从1953年起，我国每年都举行一次全国性体操比赛，1955年以后，全国性体操比赛增加到每年两次。1956年成立了中国体操协会，同年加入世界体操联合会，并建立了体操运动员和裁判员等级制度，为我国竞技体操的发展创造了良好的条件。

1958年，我国第一次参加世界体操锦标赛（第14届），男队和女队分别获得团体第11名和第7名。1959年，在我国举行的第一届全国运动会上，涌现出一大批体操新手，为我国进入世界体操先进水平奠定了基础。1962年，在布拉格举行的第15届世界体操锦标赛上，中国男队一跃成为团体第4名，女队进入团体前6名，于烈峰获得了鞍马第3名，这是我国体操发展史上一次很大的飞跃，说明我国体操运动技术水平已进入世界先进行列。

2. 竞技体操发展的停滞阶段

一方面，由于国际体联阴谋制造“两个中国”，1964年我国宣布退出该组织；另一方面，“文化大革命”10年，严重影响了我国体操运动的发展，比赛一度中断，浪费了一批有才华的体操人才，我国体操运动与世界技术水平又拉开了距离。

3. 竞技体操恢复发展阶段

1971年恢复了全国体操比赛，此后参加国际比赛的次数逐渐增加。1978年国际体联恢复了我国的合法席位，此后，我国运动员在世界体操大赛中不断取得优异成绩。1979年，在美国沃思堡举行的第20届世界体操锦标赛上，中国女队和男队分别获团体第4名和第5名。马燕红在高低杠比赛中夺得金牌，成为我国第一个体操世界冠军。

4. 竞技体操快速发展阶段

进入20世纪80年代，中国体操健儿以崭新的面貌、精湛的技术出现在世界体坛上。1981年，在莫斯科举行的第21届世界体操锦标赛上，中国女队获得团体第2名，男队获得团体第3名。李月久和李小平分别获得自由体操、鞍马的冠军。1982年，在南斯拉夫萨格勒布举行的第6届世界杯体操比赛上，我国优秀选手李宁一人夺得6枚金牌，震动了国际体坛。1983年，在匈牙利布达佩斯举行的第22届世界体操锦标赛上，我国男队首次夺得了团体世界冠军，为祖国争得了极大的荣誉，在中国体操史上写下了光辉的一页。1984年，在美国洛杉矶举行的第23届奥运会上，中国体操队共夺得5枚金牌，男、女队分别获团体第2名和第3名。20世纪80年代后，我国竞技体操技术得到飞快发展，不仅表现在我国体操队在国际体操比赛中夺得大量金牌，而且还表现在以我国优秀体操运动员名字命名的各个运动项目的创新动作得到国际体联承认。从1984年至今的历届奥运会上，中国体操队都获得了金牌，为我国体育事业的发展做出了巨大的贡献。

（三）“体操大家庭”繁荣兴旺

在竞技体操迅速发展的同时，艺术体操、技巧运动、健美操和蹦床运动在我国陆续开展，实现了“体操大家庭”的繁荣兴旺。

1. 艺术体操

艺术体操在我国是一个较为年轻的运动项目。新中国成立初期，从苏联引进了一些基本技术，1955年在体育院校开设艺术体操课，1980年举行了全国体育学院艺术体操比赛。1981年10月我国艺术体操队首次参加了在慕尼黑举行的第10届艺术体操锦标赛，团体排名第16位，个人最好名次为第24名。1984年在美国举行的第4届四大洲艺术体操锦标赛上，中国队获团体第1名，这是中国队首次获得艺术体操世界冠军。在1996年第26届奥运会上，集体项目获得第5名。同时，大众艺术体操的逐步推广，为大众健身提供了丰富的内容。

2. 技巧运动

技巧运动在我国有着非常悠久的历史。20世纪50年代初，部分省份开展技巧运动。自1956年第一次全国性的技巧运动表演赛以来，中国的技巧运动已走过了60多年的发展历程。1959年第1届全运会将其列为正式比赛项目。1979年，中国技巧协会从中国体操协会中独立出来，并于同年加入国际技巧联合会。中国属于技巧运动强国，在世界技巧运动发展中具有重要的地位。

3. 健美操

早在1937年，我国上海康健书局曾出版发行了马济翰等著的《女子健美体操集》。20世纪80年代，现代健美操随着世界健美操的热潮传入我国。因其新颖的锻炼方法、良好的健身效果、健身的安全性和广泛的适用性而受到广大人民群众的青睐，很快在社会上得到普及。初期在一些高校开展，后遍及社会各阶层，健美操、健身操、健身舞等成为流行的“时尚运动”。健身馆、健身中心、健康城等健身场所向社会开放。群众性的健美操表演和竞赛的开展，电视、报刊等媒体有关健美操内容的宣传报道，对健美操运动的持续发展起到了助力推进的作用。1992年，中国健美操协会成立。1995年，推出了《健美操运动员技术等级制度》，首次派队参加了在法国举行的第1届世界健美操锦标赛。1998年，推出了《健美操指导员技术等级制度》和《全国健美操大众等级标准》。2005年7月，在德国杜伊斯堡举行的第7届世界运动会上，我国健美操队获得6人操第1名。2006年6月，在我国南京举行的第9届世界健美操锦标赛上，我国健美操队获得男子单人操冠军、6人操冠军、女子单人操亚军、3人操亚军和团体亚军的好成绩。

4. 蹦床运动

蹦床运动在进入奥运会以前，我国一直将其作为体操、技巧、跳水等项目的辅助训练手段。1997年在国际奥委会将蹦床列入2000年奥运会正式比赛项目后，我国部分省份相继成立了蹦床队。2001年4月，中国蹦床技巧协会成立，2002年成立国家蹦床队，在2003年世界蹦床锦标赛上，中国女队获得团体亚军。在2004年雅典奥运会上，中国队获得女子个人铜牌。为推动我国蹦床运动的进一步发展，中国蹦床技巧协会于2004年颁布了《蹦床运动员技术等级标准》。

四、军队体操

军队体操运动的开展与我军走过的风雨历程相随相伴。1927年，毛泽东同志率领工农红军到达井冈山革命根据地后，虽然处在紧张的战斗环境中，经济条件又不好，但仍然因地制宜，因陋就简，发动群众，开展了多种多样的体育活动，其中，体操也得到较好的开展。根据一些革命老前辈的回忆，在解放区开展的体操项目主要有木马、单杠、双杠、爬杆和打秋千等。例如，1932年5月，在福建长汀举行的福建全省游艺体育大会上，徒手操列入比赛项目。1933年在江西宁都举行的“八一”江西全省运动大会上有团体体操等项目。革命根据地的体育运动是在党和毛泽东同志亲切关怀和直接带动下开展起来的。当时，根据地军民面临敌人的经济封锁和连续“围剿”，粮食、布匹、油、盐、肉和药等物资极度匮乏，生活十分艰苦。在这种情况下，党尤其关怀军民的身体健康，除领导军民加紧生产、改善生活外，还大力号召开展各项体育活动。毛泽东同志曾对此做过许多指示，要求根据地军民积极开展体育活动，尤其要注重军事体育。他教育身边的警卫战士，要经常参加体育锻炼。与此同时，毛泽东同志还身体力行，在体育锻炼中做出榜样，如在繁忙的工作之余经常做操、打秋千等。在长征途中，每到达一个驻地，红军首长除严格要求战士注意卫生外，还要安排一些急行军后的文娱体育活动以活跃生活保障。在长征中的一些休整期间，经常开展体操等一类的体育活动。红军到达驻地后，常常自制一些简单的器材，平整一块场地，进行锻炼。一根木头架在两棵树中间，便是单杠；两个战士一前一后弯下腰来，就成为可高可低的“木”马。1937年5月至6月，红军十五军团在陇东一带进行整训，举行了一次为期两周的纪念五卅运动大会，其中就有平台、木马、单杠、双杠等体操项目，我军代表队在这些项目上还胜过了当时要求参加运动会的张学良的东北军。这一时期，我军的体操运动也只是停留在一些简单动作的练习上，尚没有完整的体操教学。

抗日战争与解放战争时期，党中央、毛泽东同志一贯重视军民的健康。他号召“锻炼体魄，好打日本”，倡导开展体育运动；在延安，每逢大的节日，举行体育运动会，群众团体操和单杠表演就是其中的重要内容。部队普遍开展练习单杠、木马和做徒手操。1940年5月4日，我国第一个红色政权下的体育组织“延安体育会”成立。1942年1月25日，延安新体育学会成立大会在杨家岭军人俱乐部隆重举行，会上推选朱德同志为名誉会长，他强调部队开展体操、器械体操的重要性。1941年，延安大学成立体育系，学习的课目就有体操，包括单杠、双杠、木马、垫上运动等。群众性体操活动的开展，对增强解放区军民的体质起到了积极的作用。1942年，120师司令部与抗日军政大学第七分校合办了体育训练队，培养体育干部。在七个月的训练中，按学用一致的精神，教授了体操基本技术与知识。抗日战争结束后，国民党反动派正全面准备内战。为了准备战胜反动派，人民解放军进一步开展了军事训练与大练兵活动。在大练兵活动中，我军广大官兵除了苦练战术、技术外，还大量地开展群众性的体育运动，对提高指战员的身体素质起到了重要作用。其中，体操动作练习就是一项重要内容。这一时期，我军的体操运动已着手于体育教学方面，对体操动作进行初步探讨，有力地促进了我军体操动作的普及，为新中国成立后我军体育院校的体育教学与全军包括体操练习在内的体育运动发展，奠定了坚实的基础。

军队开展体操教学训练，能有效提高军人的身体素质和基本活动能力，便于掌握各种军事技能，能较好地提高机体的柔韧性、灵活性和平衡能力，有助于提高官兵的晕眩适应能力、完成复杂军事动作时的身体控制能力、因意外落地时的自我缓冲保护能力等，以减少非战斗减员，圆满完成部队遂行任务。同时，体操训练对培养军人顽强的意志品质和良好的军人姿态有着重要的作用。

我军开展的体操训练主要有徒手体操、实用技能类体操、器械体操等。徒手体操是徒手进行身体各部位对称动作及非对称动作的练习，如健美操、垫上运动、技巧运动等。实用技能类体操是指采用特制的器械或特定的练习动作，对从事特殊环境作战与作业的人员进行身体适应能力的专门训练，如对航海与航空人员、宇航员等进行的专门训练，包括浪木、固定滚轮、旋梯、爬杆（绳）等。器械体操通常是指利用单杠、双杠、木马、山羊等进行的各种体操练习。器械体操是军事体育体操教学训练的主要内容和重要形式，能够培养军人严格的组织纪律性和协调一致的良好作风，是夯实体能、发展技能的重要手段，同时为有效开展其他军事训练提供良好的身心基础。

思考题

1. 古代体操的基本分类有哪些？
2. 军队体操训练的主要内容及作用是什么？

第三节　体操的概念、分类及任务

一、体操的概念

随着社会的不断发展，体操的内涵在不断变化，其特征表现也趋向于两极分化，一类沿着竞技体操的方向发展，另一类朝着以增强体质为目的的各种非竞技性体操的方向发展。在提高运动技术水平、创造优异成绩、为国争光的任务中，我国的竞技体操多年来一直在国际体坛处于领先地位，并多次在世界体操大赛中获得优异成绩，是我国奥运争光计划中的一个优势项目。然而，在完成全民健身计划的任务中，体操的功效和作用却没有得到充分体现，20 世纪 50 年代在学校和厂矿企业掀起的全国体操锻炼热潮已经不复存在，体操在当前的学校体育教育中被严重曲解，一些人甚至认为体操是危险的项目，部分学校甚至拆除了单杠和双杠等器械，体育教学大纲和教材中的体操内容几乎成了摆设，这些现象产生的原因主要是对体操的概念和内涵理解不清造成的。

现代体操的概念，是指通过徒手、持轻器械或在器械上完成不同类型与难度的单个动作、组合动作或成套动作，充分挖掘人的潜能，表现人的控制能力，并具有一定艺术要求的体育项目。它是学好其他运动项目的基础，对人的发展、综合素质的提高具有明显的作用与功效。

二、体操的分类

体操有着丰富的内涵，按照逻辑学原理和体操项目的特征及规律对体操进行分类，对指导体操理论与实践具有现实意义。18 世纪末，近代体育的倡导者——德国体育的先驱古茨穆茨最早提出了体操分类。此后，各国的体操大多是在此基础上，结合自己国家的特点进行分类。依据不同的属性和标准可以有不同的分类，目前体操的分类主要有以下两种方式。

第一，根据练习形式的不同，可以将体操分为徒手体操、轻器械体操和专门器械体操三类。

徒手体操：徒手体操内容丰富、形式多样，既有针对身体各个部位的、简单易做的单个动作或成套动作，又有较为复杂的倒立、翻转、腾跃、跳跃等动作。随着徒手体操的发展，其中一部分内容发展成为竞技性体操的一部分，例如技巧运动、跳跃运动、自由体操等。徒手体操对激发青少年学习的兴趣，提高学生的身体机能和培养身体正确姿势，增强学生力量、灵敏、弹跳、协调、平衡等身体素质，以及勇敢、果断和克服困难等品质都有良好的作用，是学校体操教学的重要内容。

轻器械体操：轻器械体操是在徒手体操的基础上，手持各种轻器械进行的体操练习。一般有体操棍、实心球、跳绳、木哑铃和沙袋等。它们都有各自的特点，对锻炼身体的作用也各不相同。艺术体操就是典型的轻器械体操项目，通过手持带、绳、圈、球等器械，在音乐的伴奏下，完成技巧性体操动作，它对增强体质，提高柔韧、灵巧和协调等身体素质，形成健美的体态，具有重要作用。

专门器械体操：专门器械体操通常是指利用浪木、软梯、爬杆、爬绳，以及双杠、单杠、高低杠、平衡木、吊环、鞍马、跳马等专门为体操运动设计的、较为复杂的体操器械，所进行的各种不同难度的练习。其中，双杠、单杠、鞍马、跳马、吊环、平衡木、高低杠等，由于成套动作编排的创新性、流畅性、艺术性、难美性等特征，成为现代竞技体操的主要内容。军人开展军事体育训练的大部分内容多为专门器械体操，如浪木、软梯、爬绳、爬杆、单杠、双杠、鞍马等，这些在军事体育训练中较为常见，应用广泛，对军人力量、协调、灵敏等体能素质的全面提高具有积极作用。

第二，根据体操的目的与任务，可以将体操分为基本体操、竞技性体操和表演体操三类。

基本体操：以增强体质、促进身体全面发展、培养人体基本活动能力及提高基本运动技能为目的的体操练习都属于基本体操的范畴。基本体操包括队列队形、徒手体操、轻器械体操、器械体操的简易练习、专门器械体操、健身健美操和生活技能体操等，是各级各类学校体操教学内容的重要组成部分。

竞技性体操：竞技性体操指所有以竞赛争胜为目的的体操，包括竞技体操、竞技健美操、技巧运动、蹦床运动和艺术体操等。

表演体操：以体操内容为主体的大型表演项目团体操和舞台展现的各种健美操、艺术体操、啦啦操等，都可称为表演体操，其主要功能是通过表演形式，给予观众视觉上的美感享受。

三、体操的任务

开展体操运动的目的是增强人民体质，提高运动技术水平，为实现强国梦强军梦服务。这一目的是体操工作总的目标和方向，要想达到我国体操的总目的，应完成以下几项主要任务。

第一，促进身体正常发育，全面提高健康水平，提高工作效率。

第二，掌握体操的基本知识、技术和技能，养成自觉锻炼身体的良好习惯，对提高运动技术水平有极为重要的意义。

第三，提高竞技体操运动技术水平，不断地创新动作和改革教学训练方法，攀登世界体操高峰。

第四，提高美的鉴赏能力，加强艺术修养，把体操与艺术完美地结合起来，提高和丰富人们的生活质量和内容。

第五，进行思想教育。通过体操教学和训练，培养人们努力学习、刻苦锻炼、不断进取，以及勇敢、果断、顽强、坚毅等意志品质。

思考题

1. 古代体操的基本分类有哪些？
2. 军队体操训练的主要内容及作用是什么？

第四节　体操的特点

一、具有广泛的群众性

体操包括徒手体操、器械体操、健美操等内容，不同的人群可以根据年龄、性别、职业、身体条件、训练水平以及设备条件的不同，因人、因时、因地制宜地从中选择适合自己的项目和动作进行练习，达到增强体质、促进健康和提高运动技术水平的目的。我国基础教育改革以来，中小学体育教师创编的各类课间操深受广大学生的喜爱。面向全国健身爱好者推广的大众健身操、健身舞则成为中老年朋友最爱的健身项目之一。而军队新恢复的器械体操训练也具有良好的传统，是提高军人平衡协调素质的重要练习手段。

二、能全面而有针对性地锻炼身体

体操的内容丰富，可以徒手练习、手持轻器械练习和在器械上练习。完成动作的形式灵活多样，可以倒立、转体、屈伸、支撑、悬垂、滚翻和翻腾等。合理地选择锻炼项目和内容并坚持锻炼，能全面增强人体运动系统、内脏器官和神经系统的功能，促进人体的全面发展。同时，还可以有针对性地锻炼身体的某些部位或某项素质，如肩关节的灵活性、腿的柔韧性、腰腹部的力量等都可以通过选用专门的练习进行锻炼，达到提高身体素质的目的。

三、广泛运用保护与帮助

保护与帮助不仅是一项安全措施，而且是体操教学与训练中特有的教学手段。对一些难度较大或技术较复杂的动作内容，采用保护与帮助，既可以预防伤害事故的发生，也能加速建立正确的动作技术概念，相互间的保护与帮助还能培养练习者团结互助的良好作风。保护与帮助也是军队院校军体教员必备的教学技能之一。

四、具有较强的艺术性

体操中包含很多艺术性较强的内容。体操练习不仅要求技术动作准确到位，而且要根据完成动作的技术质量和身体姿态来评定成绩。因此，在体操教学与训练中，无论是单个动作还是成套动作，都要求协调、准确、优美、舒展地完成。单双杠、木马、山羊等成套动作，既体现了器械的基本技术，也展现了动作美、形体美和精神风貌，充分体现了体操运动健、力、美的艺术魅力。

五、技术不断创新

创新是体操的生命，没有创新就没有发展，也就没有竞争力。实践表明，在竞技体操技术的发展中，一名优秀运动员除了要具备超群的身体和心理素质，还必须在动作难度、连接、编排和风格等方面有所创新，才能获得比赛的胜利。同样，在其他类体操的创编中，也要求根据不同的目的任务，有创造性地选编动作，推陈出新，做到新颖而不落俗套，使体操常保旺盛的生命力。因此，不断创新是体操运动发展的灵魂。

思考题

1. 体操的特点有哪些？
2. 体操动作的艺术性体现在哪两个方面？

第二章　体操术语

术语是语言的一种特殊表现形式，是各领域、学科中的专门用语。体操术语是体操理论和运动技术的专门用语。常说的体操动作术语，是指说明动作结构和本质特征的术语，它是体操术语的主要部分，但不是体操术语的全部。

体操术语有着悠久的历史，随着体操运动的发展而发展。我国自古以来就流传着一些具有中国特色的体操术语，如“前扑”“下蛋”“回笼”“顶”等。这些术语与现代的体操动作术语相比较，具有简练、形象的特点，因而，这类术语至今仍在我国体操教学训练中使用，并在运用中得以发展。

现代体操术语始于19世纪中叶，流行于欧洲，鸦片战争以后传入我国。当时，我国尚未形成自己的体操术语体系，主要是译用欧洲体操学派的术语。较完整的体系还是在中华人民共和国成立以后才逐渐建立的。1956年，原国家体委运动司根据苏联体操术语学的理论，结合当时的实际情况，编印了我国第一本比较完整的《体操术语》，从而使我国体操术语趋向科学化和统一化。随着体操运动的发展和历次高校《体操》教材的编写，体操术语仍在不断地修改、补充和完善。

第一节　体操术语的概念与分类

一、体操术语的概念

体操术语是体操动作的专门用语，来自体操实践，又指导体操实践，随着体操技术的发展而发展。它是体操教学、训练、科研和交流经验不可缺少的工具。正确地运用体操术语，不仅有助于理解和掌握体操技术，提高教学与训练效果，而且对普及体操运动、开展体操竞赛、促进体操科研、发展和丰富体操理论都有丰富的意义。

二、体操术语的分类

（一）体操基本术语

体操术语分为体操基本术语和体操动作术语。

1. 动作方向术语

动作方向术语是表述动作在静止和动态下的具体形态、状况的方式和方法，包括静态动作方向术语和动态动作方向术语。体操静态动作方向术语是表达人体在静止状态下身体肢体方向的术语；体操动态动作方向术语是表达人体在运动状态下身体肢体所处的方向或运动方向的术语。

2. 动作关系术语

动作关系术语是表述人体与器械、动作与动作之间相互关系的术语。

（二）体操动作术语

1. 动作结构术语

动作结构术语是指描述动作形式及本质特征的专门用语。这一类术语是标准型或规范性术语，是表述体操动作的常规性用语，是体操术语运用的主要形式。由于结构术语中有的高难度动作术语在表述时较为困难或文字较多，为了方便体操教学与训练的实践，常用简化了的结构术语。因此，结构术语分为动作完整结构术语与动作简化结构术语两类。

（1）动作完整结构术语。动作完整结构术语是指结构完整、书写规范的用语。动作完整结构术语是最为典范的体操用语，是其他术语的基础。动作完整结构术语的表述主要包括开始姿势、动作部位、动作方向、动作形式、动作类型、动作做法和结束姿势等部分，如蹲、撑、分腿、慢起、手倒立。

（2）动作简化结构术语。动作简化结构术语是指为了便于平时的教学与训练，而使用的将某些完整结构术语简化了的专门用语。随着体操运动的不断发展、体操技术水平的日新月异，这类术语的应用也在不断增加而日趋频繁，但其表达方式、方法与体操动作有着紧密的联系，易于引起人们对动作形象的联想，使用简单方便，如用“前团”代替团身前空翻，用“翻上”代替单腿蹬地翻上成支撑。

2. 动作命名术语

动作命名术语是根据国名、地名等区域名称，或以体操运动员本人的名字来表述体操动作的专门用语，一方面便于记忆，另一方面也有纪念、激励的含义。因此，动作命名术语分为域名命名动作术语和人名命名动作术语两类，如俄式全旋、捷克腾跃、阿拉伯空翻等就属于域名术语，而马艳红下、李宁吊环、托马斯全旋、程菲跳等就属于人名术语。

3. 动作形意术语

动作形意术语是用体操动作的外观形象以及体操动作意象等，来表述体操动作的一类术语，是广大体操工作者从我国民间歌舞、戏曲、杂技等艺术中借用而来的，也是在我国民间艺术中长期使用的一类术语，具有浓厚的民族色彩和民族文化特征。这类术语由于具有体操动作的具体形象、意象等特点，因此简单易记，很容易被人们接受。一部分体操形意术语也一直在体操教学和训练中广泛应用，如蛇腰、波浪、马车轱辘等形象术语，大顶、垛子、虎跳等意象术语。

三、体操术语的应用要求

应用体操术语时要正确、简练和易懂。

（1）正确，即要确切地反映出该动作的结构及其本质。

（2）简练，即语言和文字要简明精练。

（3）易懂，即要使人容易理解。

思考题

1. 体操基本术语的分类有哪些？
2. 体操术语的应用要求是什么？

第二节　体操基本术语

一、动作方向术语

（一）静态动作方向术语

1. 基本方向

以人体直立时为基准，分前、后、左、右、上、下六个基本方向（图 2－2－1）。胸对的方向为前，反之为后；左侧所对的方向为左，反之为右；头顶所对的方向为上，反之为下。另外，四肢向人体中线运动称向内，离开中线运动称向外。人体与地面约成平行时，胸对地面称俯，背对地面称仰。

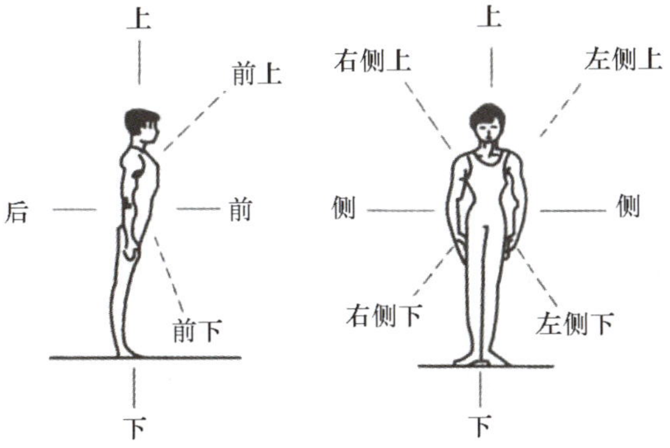

图 2－2－1　**静态动作基本方向**

2. 中间方向

中间方向为两个基本方向之间成 45 度的方向。分前上、前下、侧上（左右）、侧下（左右）、前侧等。例如，前与上之间称前上，前举与上举之间的举称前上举，以此类推。

3. 斜方向

斜方向为三个基本方向之间构成的中间方向，分前侧上、前侧下、后侧上、后侧下等。例如，前、侧、上之间称前侧上（前斜上），以此类推。

四肢的方向在任何情况下，是以它们与上体的关系来确定，不是按四肢与地面的关系来确定。例如，左腿支撑的俯平衡动作，右腿后举，左臂前举，右臂上举。

（二）动态动作方向术语

动态动作方向主要是指身体和身体各部位运动的方向，运动方向一般是根据人体直立时的基本方向确定。

1. 向前

开始做动作时胸部所对的方向。如果动作是由倒立或倒立悬垂开始，则“向前”是指背对的方向。例如，技巧手倒立前滚翻；双杠肩倒立前滚翻成分腿坐。

2. 向后

开始做动作时背对的方向。如果动作是由倒立或倒悬垂开始，则“向后”是指胸部所指的方向。例如，技巧肩肘倒立接后滚翻。

3. 向上

开始做动作时头所对的方向。如果动作是由倒立或倒悬垂开始，则“向上”是指脚所对的方向。

4. 向下

开始做动作时脚所对的方向。如果动作是由倒立或倒悬垂开始，则“向下”是指头所对的方向。

5. 向侧

身体的侧面朝向做动作的方向，必须指明左侧或右侧。例如，向左侧手翻。

6. 向内

两臂相对向异侧移动的方向。如立正，两臂向内绕至侧上去。在器械的一侧（或移向一侧）做向前的转体动作时，胸部开始转向器械方向叫向内。例如，双杠支撑前摆向内转体 180 度下。如果是向后的转体动作，则背部开始转向器械方向叫向内。例如，支撑后摆向内转体 180 度下。

7. 向外

两臂相对向同侧移动的方向。如立正，两臂向外绕环成侧举。在器械的一侧（或移向一侧）做向前的转体动作时，背部开始转向器械方向叫向内。例如，双杠支撑前摆向外转体 180 度下。如果是向后的转体动作，则胸部开始转向器械方向叫向外。

8. 同侧

动作开始时的方向与动作的上肢或下肢方向相同。例如，鞍马单腿同侧全旋。

9. 异侧

动作开始时的方向与动作的上肢或下肢方向相反。例如，鞍马单腿异侧全旋。

二、动作关系术语

（一）人体运动轴与器械轴

1. 人体运动轴

通过身体重心上下的连线称纵轴，又称垂直轴，人体围绕纵轴可做各种转的动作；通过身体重心左右的连线称横轴，又称额状轴，人体围绕横轴可做各种翻的动作；通过身体重心前后的连线称前后轴，又称矢状轴，人体围绕前后轴可做各种侧翻的动作；通过两肩的连线称肩轴。

2. 器械轴

器械最长工作部分两端的中心连线称器械轴。例如，单杠、双杠、高低杠杠面两端的中心连线，平衡木木面两端的中心连线，跳马和鞍马马面两端的中心连线，吊环两握点间的假设连线等（图2－2－2）。

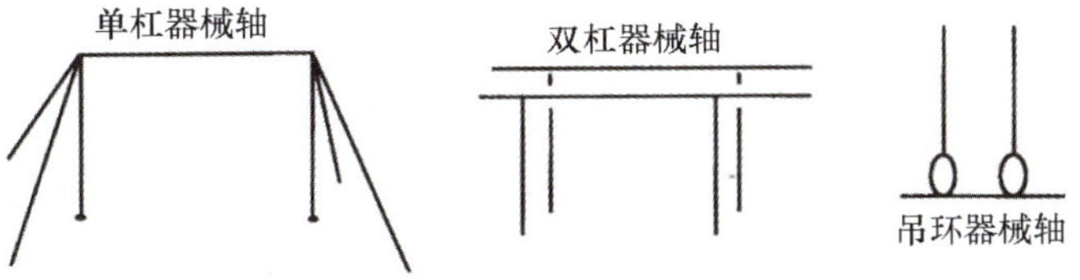

图2－2－2　**器械轴**

（二）人体与器械的关系

1. 正、侧

肩轴与器械轴平行的姿势为正，如前正立（“前”字可省略）、后正立、左（右）正立、内正立（图2－2－3）；肩轴与器械轴垂直的姿势为侧，如前（后）侧立、左（右）侧立、内侧立（图2－2－4）。

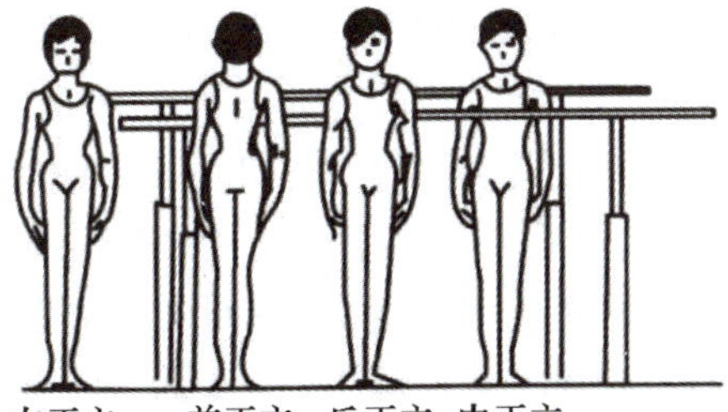

图2－2－3　**正姿势**

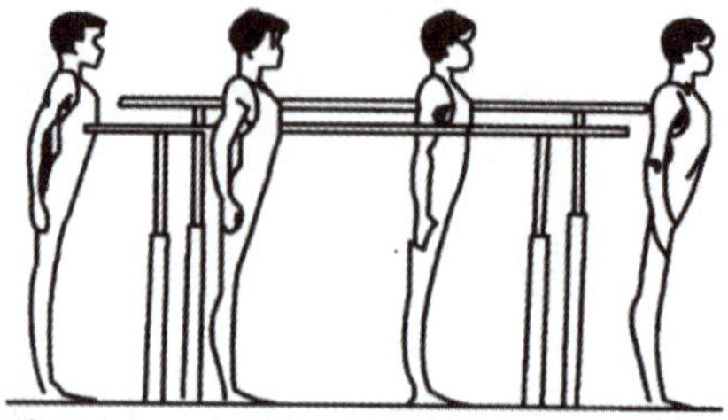

图 2－2－4　侧姿势

2. **前、后**

胸向器械为前，背向器械为后，身体倒置（倒立或倒悬垂）时则相反。

3. **左、右**

左肩侧向器械为左，右肩侧向器械为右，但左右不是固定的，是依照人的位置来确定的。当练习者做转体 180 度以后，原来的左就变成了右。

4. **内、外**

人体在双杠或高低杠的两杠之间为内，人体在双杠或高低杠之外为外；此外，身体绕纵轴胸部向器械内转体时称向内转，反之称向外转。

5. **远、近**

器械远离人体的部位为远，器械靠近人体的部位为近。例如，跳纵马（纵箱）时，远离身体的一端为远端，靠近身体的一端为近端。

6. **纵、横**

人体前后轴与器械轴成平行时为纵，人体前后轴与器械轴成垂直时为横。

7. **斜**

人体前后轴与器械轴约成 45 度时为斜。

（三）动作关系术语

动作关系术语是指动作间相互联系的用语。

1. **接**

单个动作之间必须连续完成时用“接”。例如，技巧前滚翻接头手倒立。

2. **经**

在完成动作过程中，必须经过某一特定部位时用“经”。例如，徒手体操两臂经前至下举；支撑跳跃跳上经分腿立撑，挺身跳下。

3. **至**

在完成动作过程时，必须到达某一特定部位时用“至”。例如，徒手体操左脚向前一步，重心移至左脚；双杠杠端跳起支撑移行至远端。

4. **成**

在完成动作过程后，必须强调某一特定的结束姿势时用“成”。例如，徒手体操还原成直立；单杠翻上成支撑。

5. 同时

单个动作中，身体不同部位要在同一时间完成时或两个动作要在同一时间内完成时用“同时”。例如，徒手体操左脚向左一步，同时两臂侧举；单杠骑撑后腿摆越，同时转体180度成支撑。

6. 依次

单个动作中身体某些部位相继做同样性质的动作时用“依次”。例如，徒手体操左右臂依次前绕环；技巧侧手翻向外转体90度，两脚依次落地。

（四）握器械方法术语

1. 正握

两手虎口向内握（图2－2－5）。

2. 反握

两手虎口向外握（图2－2－6）。

3. 正反握

一手正握，另一手反握（图2－2－7）。

4. 反扭握

一手反握，另一手扭臂握。

5. 扭臂握

前臂旋内，拇指向外握（图2－2－8）。

6. 交叉握

两臂交叉握（图2－2－9）。

7. 深握

靠近掌根腕关节处的握法（图2－2－10）。

8. 合握

五指并拢的握法，也称全握或钩握。

9. 窄握

两手距离小于肩距的握法。

10. 宽握

两手距离明显大于肩距的握法。

11. 内握

掌心向外，从双杠内侧握杠，也称从内握（图2－2－11）。

12. 外握

掌心向内，从双杠外侧握杠，也称从外握（图2－2－12）。

图2－2－5　正握

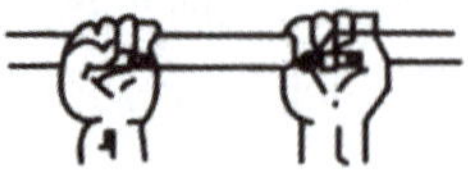

图2－2－6　反握

图2－2－7　正反握

图2－2－8　扭臂握

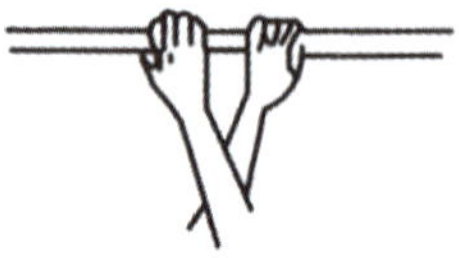

图2－2－9　交叉握

图2－2－10　深握

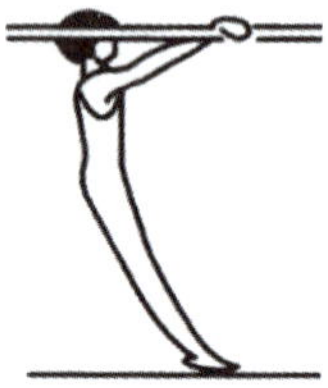

图2－2－11　内握

图2－2－12　外握

思考题

1. 举例说明静态动作方向术语中的基本方向、中间方向、斜方向的应用。
2. 按人体与器械的关系，举例说明正、侧及内、外的含义。

第三节　体操动作术语

一、基本动作术语

1．**悬垂**

悬垂是指手、臂或身体某（些）部位悬挂在器械上的动作（肩轴低于器械轴），分为单纯悬垂和混合悬垂。

（1）单纯悬垂，即只用手或身体某部位悬挂在器械上的动作。如单杠悬垂、挂膝倒悬垂等（图2－3－1）。

（2）混合悬垂，即除手握器械外，还有身体其他部位接触器械或地面。如单杠单挂膝悬垂（图2－3－2）。

图2-3-1 单纯悬垂

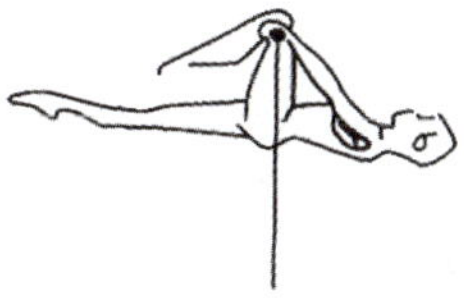
图2-3-2 混合悬垂

2. **支撑**

支撑是指手、臂或身体某（些）部位撑于器械，肩轴高于（或平于）器械轴的动作，分为单纯支撑和混合支撑。

（1）单纯支撑，即只用手或身体某部位支撑在器械或地面上的动作。如双杠上的支撑、吊环十字支撑等。

（2）混合支撑，即用手与身体其他部位同时支撑在器械或地面上。如单杠支撑、双杠分腿坐撑等（图2-3-3）。

图2-3-3 混合支撑

3. **摆动**

摆动是指在悬垂或支撑中做向前、向后或向左右钟摆式的摆动动作。如单杠悬垂摆动、双杠支撑摆动等。

4. **摆荡**

摆荡是指身体和器械一同摆动的动作。如吊环或吊绳上的前荡、后荡等。

5. **振浪**

振浪是指通过髋关节有节奏地急速屈伸（甩腿或踢腿）加速摆动的动作，又称为鞭打式摆动。

6. **弧形**

弧形是指由支撑或悬垂开始，通过髋关节的屈伸使身体重心沿抛物线轨迹运动的动作。如单杠支撑后倒弧形下、双杠弧形上成支撑等。

7. **极点**

极点是指身体做摆动动作达到最大幅度的那一点。

8. 转体

转体是指绕身体纵轴转动的动作。

9. 回环

回环是指身体绕器械轴或握点的连线转动一周或一周以上的动作。如单杠支撑后回环、向后大回环等。

10. 腾越

腾越是指整个身体腾起后从器械上越过。如跳马分腿腾越、单杠直角腾越。

11. 摆越

摆越是指腿从器械的上面或下面越过的动作。如单杠支撑单腿摆越成骑撑。

12. 全旋

全旋是指腿做一周或一周以上的绕环式动作。如鞍马单腿同侧全旋、双腿全旋、分腿全旋等。

13. 横向移位

横向移位也称平移，是指身体横轴与器械轴平行的左、右移位动作。例如，鞍马环上全旋平移至一手撑环，另一手撑马身。

14. 纵向移位

纵向移位也称纵移，是指身体横轴与器械轴垂直的前、后移位动作。如鞍马的马乔尔纵向前移或纵向后移等。

15. 倒立

倒立是指头在下、脚在上的一种支撑姿势。如手倒立（图 2－3－4）、单臂倒立、头手倒立等。

图 2－3－4　手倒立

16. 滚动

滚动是指身体不同部位依次接触地面或器械，但不经过头部翻转的弧形动作。如团身滚动、挺身滚动等。

17. 滚翻

滚翻是指身体的不同部位依次支撑器械或地面并经过头部的翻转动作。如（团身）前滚翻、屈体后滚翻、双杠挂臂挺身后滚翻等。

18. 手翻

手翻是指用手或头手支撑经过头部翻转的动作。如技巧前手翻、后手翻、侧手翻、头手翻等。

19. **空翻**

空翻是指身体腾空时做围绕横轴或前后轴，经过头部翻转的动作。如（团身）后空翻、屈体前空翻、直体分腿侧空翻等。

20. **空翻转体**

空翻转体也称旋，是指把空翻和转体同时做成一个动作，以人体横轴或前后轴为轴的空翻，同时完成以人体纵轴为轴的转体。如团身后空翻满周（同时）转体 360 度、屈体前空翻一周（同时）转体 180 度等。

21. **上**

上是指由悬垂转为支撑或由较低的支撑改为较高的支撑，以及由地面跳上器械成支撑的动作。如单杠翻上、双杠挂臂前摆上、鞍马直角上等。

22. **下**

下是指由支撑转为悬垂或由较高的支撑转为较低的支撑，以及从器械上到地面的动作。其中，肩部由上而下做弧形运动称“倒下”，肩部由上而下做垂直运动称“落下”。如双杠支撑后倒成屈体挂臂撑、手倒立落下成肩倒立等。

23. **上法**

上法是指整套动作或联合动作中第一个上器械的动作。如跳上平衡木成分腿支撑、单杠跑动挂膝上等。

24. **下法**

下法是指整套动作或联合动作中最后一个离开器械直到地面的动作。如双杠支撑后摆下、单杠支撑后摆下等。

25. **转肩**

转肩是指以肩关节为轴做的两臂旋内或旋外的动作。如吊环直体前转肩。

二、技巧动作术语

1. **梗头**

梗头是指在动作完成过程中头颈部紧张固定、正直、下颌内收的技术。如单杠支撑后回环的梗头技术。

2. **低头**

低头是指头部以环枕关节为轴做前屈技术。在做团身等动作时往往要求低头，如前滚翻。

3. **抬头**

抬头是指头部以环枕关节为轴做后屈技术。在做挺胸、身体后屈等动作时，往往采用抬头技术，如技巧俯平衡等。

4. **顶肩**

顶肩是指手在支撑及推离地面或器械时，肩胛骨外展或上回旋的技术，是用以加固、提高支撑位置及加大推撑力量的技术。如做跳马动作时的顶肩推手技术。

5. **推手**

推手是指在支撑过程中，伸前臂肌群及屈臂肌群的短发性收缩，配以顶肩做推离支点的技术。如技巧前手翻和跳马的推手技术等。

6. 跟肩

跟肩是指肩部向前加速移动，上体前跟的技术。如单杠骑撑前回环后半部分动作的跟肩技术。

7. 含胸

含胸是指两肩和胸内收，稳定和提高身体重心的技术。如技巧手倒立的含胸动作。

8. 挺胸

挺胸是指肩背肌群收缩，胸廓扩展，防止身体前翻，或使动作更富美感的技术。如技巧头手翻的挺胸展体技术。

9. 立腰

立腰是指通过腰腹部肌群收缩，使脊柱充分伸直，立上体，做短暂固定的紧腰技术。如平衡木上各种转体动作的立腰技术。

10. 送髋

送髋是指在下肢加速前摆运动过程中，骨盆后倾，使髋部向上远离支点的技术，主要用于加大动作摆幅。如双杠挂臂上成分腿坐的送髋技术。

11. 提臀

提臀是指髋关节前屈使臀部由较低位置上至较高位置的技术。如双杠慢起肩倒立、技巧慢起头手倒立的提臀技术。

思考题

1. 在基本动作术语中，滚翻、手翻、空翻、空翻转体的区别是什么？
2. 举例说明技巧动作术语的名称应用。

第四节　队列队形与徒手体操术语

一、队列队形术语

（一）队列队形基本练习术语

1. 列

左右并列成一排为列。一般从右到左按高矮顺序排列。

2. 路

前后排列成一行为路。一般从前到后按高矮顺序排列。

3. 横队

由“列”组成的队形称横队。一般横队的宽度大于纵深。

4. 纵队

由“路”组成的队形称纵队。一般纵队的纵深大于宽度。

5. 间隔

相邻者左右之间的间隙叫间隔。一般为一拳（约10厘米），队与队之间约为两步。

6. 距离

相邻者前后之间的间隙叫距离。一般为一臂（约75厘米），队与队之间约为两步。

7. 排头

位于纵队之首或横队右翼者为排头。

8. 排尾

位于纵队最后或横队左翼者为排尾。

9. 基准

被指定作为看齐目标者称基准。被指定作为基准者应举手示意（排头、排尾者除外）。

10. 翼队

列左右两端叫翼。左端为左翼，右端为右翼。

11. 伍

成两列或数列横队时，前后重叠者称为伍。各伍人数与列数相等的叫满伍，人数少于列数的叫缺伍。

12. 步幅

一步的距离（前后脚脚跟的距离）叫步幅。

13. 步速

每分钟所走的步数叫步速。

14. 步度

步速和步幅的总称叫步度。

15. 口令

在队列队形练习中，指挥者所发出的操练指令叫口令。一般口令由预令和动令组成。预令指明动作的性质（动作的做法和方向），动令指明动作的开始。预令必须清楚、洪亮，队伍人数多时拉长，相反则缩短。动令要求短促有力。一个完整的口令，预令和动令是密切相关的统一体。但有的口令只有动令无预令，如立正、稍息、报数等。

（二）队列队形术语应用提示

队列练习是按照一定的队形，做协调一致的动作。队形练习是在队列的基础上，做各种队形和图形的变化。两者往往是密不可分的。因此，队列术语与队形术语也是密不可分的。

在队列与队形术语中，指挥者是否能选择恰当的语句来向练习者讲解，在某些方面取决于指挥者对于队列队形练习的名称、术语的掌握和运用程度。同样，练习者是否能很好地领会指挥者的意图，也要由练习者对指挥者所运用的名称、术语理解的程度来决定。如果练习者对队列队形练习的基本名称、术语都能了解，而且都很熟练，那么队列队形练习就能更加顺利地进行。

二、徒手体操术语

（一）基本姿势术语

1. 立

人体站立的姿势。如直立、并立、开立、点地立、单脚立、起踵立等。

（1）直立：与立正基本相同，但五指并拢伸直。

（2）并立：与直立相同，但两脚并拢。

（3）开立：与直立相同，但两脚左右分开与肩同宽。

（4）点地立：与直立相同，但一脚前或侧或后出，脚尖点地，重心落在另一腿上站立。

（5）单脚立：与直立相同，单脚站立，重心落在另一腿上。

（6）起踵立：与并立相同，但两脚跟提起站立。

2. 蹲

屈膝站立的姿势。一般两腿并拢，全脚掌着地，其他的蹲应指明。蹲有全蹲和半蹲之分。

（1）全蹲：大、小腿夹角小于45度的称全蹲。

（2）半蹲：大、小腿夹角约为90度的称半蹲。

3. 跪

两腿并拢屈膝着地，上体与地面成垂直的姿势。其他的跪应指明。

4. 撑

上肢和（或）身体某部位支撑在地面上的姿势。如俯撑（图2－4－1）、仰撑、侧撑、蹲撑、分腿屈体立撑等。

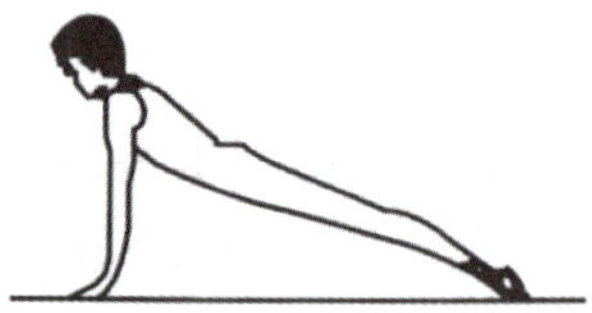

图2－4－1　俯撑

5. 坐

坐在地上或器械上的姿势。如并腿坐、分腿坐、跪坐（有单腿和双腿之分）等。

6. 卧

身体躺在地面上的姿势。如俯卧、仰卧、侧卧等。

7. 倾

身体与地面既不垂直又不失去平衡的姿势。

8. 弓步

两腿分开一大步，一腿屈膝约90度，另一腿伸直，全脚掌着地，上体与地面成垂直的姿势。如前弓步、侧弓步、后弓步等（图2-4-2）。

图2-4-2 弓步

9. 平衡

用脚、手或身体某一部位支撑地面，身体保持一定时间的静止姿势。如俯平衡、侧平衡、仰平衡、跪撑平衡等。

10. 劈腿

两腿分开成直线着地的姿势。如纵劈腿（图2-4-3）、横劈腿、半劈腿等。

图2-4-3 纵劈腿

11. 桥

身体背向地面，上肢与下肢支撑成弓步形的姿势。如分腿桥、跪桥、前臂桥等（图2-4-4）。

图2-4-4 桥

（二）基本动作术语

1. 举

四肢移动范围在180度，并稍停在某一方位上的动作。如前举、上举、后举等。

2. 屈

弯曲和缩小身体或身体某一关节角度的动作。如体前屈、体侧屈、臂胸前平屈等。

3. **伸**

扩展和伸直身体或身体某一关节角度的动作。如伸臂、伸腿等。

4. **摆**

臂或腿向某方向做匀速挥动的动作。如左脚向前一步，右腿前摆同时转体 180 度成直立。

5. **摆动**

往返摆的动作。如两臂前后自然摆动。

6. **振**

臂或上体做加速而富有弹性摆的动作。如两臂经前至胸前平屈后振。

7. **踢腿**

用力做加速摆的动作。如前、后、侧踢腿等。

8. **绕**

身体或身体某一部位做大于 180 度、小于 360 度的弧形摆的动作。如两臂后绕至前举。

9. **绕环**

身体或身体某一部位做 360 度或大于 360 度的圆形摆的动作。如两臂向前绕环一周半至上举。

10. **波浪**

身体或身体某一部分邻近的关节按顺序做柔和屈伸的动作。如两臂波浪、全身波浪等。

11. **转**

绕人体纵轴转动的动作。如向左、右、后转等。

12. **压**

四肢或上体做向下加力压的动作。如压肩、压髋、压腿等。

13. **倒**

身体伸直向某方向倒下的动作。如前倒、俯撑。

14. **跳**

脚蹬地使身体腾空的动作。如挺身跳、分腿跳等。

15. **出**

一脚向某方向迈出一步或半步的动作。如左脚侧出成开立。

思考题

1. 队列队形术语应用的注意事项是什么？
2. 举例说明基本动作术语的名称应用。

第五节　体操术语的构成与运用

一、体操动作术语的构成

按结构术语的要求，体操动作术语一般由六部分构成，如表 2－5－1 所示。

表 2－5－1　体操动作术语结构分析

动作术语	动作结构					
	开始姿势	动作部位	动作方向	动作形式	动作做法	结束姿势
直立，两臂后绕至前举	直立	两臂	后	（直臂）	绕	前举
支撑后回环	支撑	—	后	（直体）	回环	支撑
支撑后摆转体 180 度成分腿坐	支撑摆动	—	后	（分腿）	转体	分腿坐
蹲撑分腿慢起头手倒立	蹲撑	—	（上）	分腿	慢起	头手倒立

注：加括号的是可以省略的部分。

（1）开始姿势：有悬垂、支撑、直立、分腿坐、起跳、蹲撑、后撑、挂臂撑等。

（2）动作部位：有头、臂、腿等部位，通常用于徒手体操术语的构成部分，器械体操和技巧动作术语一般省略。

（3）动作方向：基本方向，有前、后、左、右、上、下；中间方向，常用的有前上、前下、侧上、侧下、前上外、前上内、后下外等。

（4）动作形式：有团身、屈体、直体、分腿、直臂、屈臂等。

（5）动作做法：有摆动、用力慢做、回环、转体、弧形、屈伸、滚翻、空翻、腾越，以及举、绕、绕环、转、踢、跳、振等。

（6）结束姿势：有直立、半蹲等。

二、体操动作的记写方法

1. 完整记写法

根据结构术语记写的要求，详细、准确地说明具体动作。一般多用于编写比赛规定动作、测验动作、等级大纲、体育锻炼标准等。例如，一套单杠动作可记写为：悬垂摆动屈伸上接后摆——支撑后回环——左（右）腿摆越成骑撑——两手换反握，骑撑前回环——右（左）腿摆越向左（右）转体 180 度成支撑——后摆转体 90 度下。

2. **缩写法**

只简单记写动作的做法或动作名称。多用于编写教学大纲、教案，如动作名称简写“十字”“水平”和“人名术语”。

3. **图解法**

用单个或连续图说明动作，包括单线条、黑块、轮廓等绘图方法。其特点是直观、运用方便，一般用于编写教材、教案等。

三、运用术语的几点要求

（一）可省略的表述

体操练习中，最常用的一些术语可以省略，如“正”的部位在单杠、鞍马和吊环上就可以省略，只应指出“侧”的部位，但双杠可省略“侧”的部位术语。又如在单杠、鞍马、平衡木上，“正撑”“正握”等术语有时可省略，用“后撑”“反握”等术语。在双杠上可省略“侧撑”“内握”等术语。在记写单杠、鞍马、平衡木上的“正撑”和双杠上的“侧握”时，一般都称为“支撑”。在鞍马各个不同部位上做双腿全旋时，“双腿”二字可以省略。若做单腿全旋则要说明。单杠、鞍马、平衡木、高低杠由支撑开始做单、双腿向前摆越时，可省略“向前”二字。其他情况下应指明。

（二）开始姿势的记写

开始姿势的记写，通常是在动作开始时加以说明。在记写整套动作时，第一个动作的开始姿势要指明，后面动作的开始姿势就不必再指出了。因为前一个动作的结束姿势就是下一个动作的开始姿势。

（三）动作方向的表述

在器械项目上做肩轴与器械轴平行摆越或腾越动作时，应从开始运动的方向确定前、后、左、右方向，即开始运动的方向是向右面，叫向右摆越或腾越。如横向向右方向做的直角腾越，就叫向右直角腾越。如果开始做动作时，肩轴与器械轴成垂直，其方向则应以开始做动作时所处的前、后、左、右面而定。如双杠向前方向的摆越叫分腿前摆越，向左方向做的挺身下叫向左挺身下。

思考题

1. 体操动作术语的构成有哪些？
2. 体操动作的记写方法有哪几种？

第三章　保护与帮助

体操是一项危险系数较高的运动项目。作为教员、学员必备基本技能之一，保护与帮助在体操教学、训练中被广泛采用，成为体操区别于其他项目的特色之处。教学、训练中科学合理地运用保护与帮助，不仅可以降低运动损伤的发生率，还能够帮助练习者消除思想顾虑，克服紧张、恐惧心理，从而帮助练习者理解和掌握技术动作，提高训练效果，并推动体操技术不断向前发展。

第一节　保护与帮助的作用

一、加快动作技能的学习与掌握

由于许多体操动作是非常态动作，具备一定的危险性，因此，在练习过程中，练习者难免会产生紧张、恐惧心理。消极心理因素的出现，使得练习者无法将注意力集中在思考动作要点上，甚至可能导致错误动作的产生，阻碍教学、训练过程的进行。科学、合理地运用保护与帮助，能有效消除练习者的思想顾虑，克服练习者的紧张、恐惧心理，使练习者能够集中精力、全身心投入学习中，建立正确的动作概念，形成正确的肌肉感觉，并有效避免错误动作的产生，从而有助于练习者理解和掌握技术动作，提高训练效果，缩短教学训练过程，加速运动技能的形成。

二、有效降低运动损伤的发生率

体操“难、新、稳、准、美”的动作特点能够给人带来美的享受，但与之同在的还有“险”。练习者常常需要在高架的单杠、悬空的吊环、窄且具有一定高度的平衡木等器械上完成难、新技术动作，这无疑会让练习者产生一定的心理障碍。在体操练习过程中，很可能出现脱手、掉落、摔倒等情况，造成一定的伤害性事故。保护与帮助是预防运动损伤的重要安全措施与有效教学手段，是教学与训练过程中必须掌握的一项基本技能。

“预防大于治疗”，在体操教学训练中高度重视运动损伤预防工作尤为重要。若是由于疏忽，导致练习者身体出现严重损伤或造成无法挽回的情况，必将终身遗憾。所以在教学与训练中，保护与帮助者必须时刻树立保护帮助意识，正确掌握保护帮助技能，合理运用保护帮助设施，只有这样才能真正减少或避免意外事故的发生，有效降低运动损伤的发生率，从而保证教学、训练工作顺利开展。

三、培养团队合作精神，锤炼意志品质

在体操教学中，“一对多”的现状使得教员很难一一顾及每个练习者，逐一进行保护与帮助，这就要求练习者之间互相协作。练习者互相保护与帮助的过程，不仅是一种技能学习上的帮助，更是一种良好团队精神的体现和培养。通过练习者彼此之间的互帮互助，能够有效激发练习者的责任感，使之养成热爱集体、互相关心、互相支持、互相爱护的优良作风与品质，提高其合作意识和团队精神。

另外，体操属于表现难美性技能主导类运动项目，其动作本身便具有一定难度。练习者必须克服紧张、恐惧等不良情绪，树立战胜困难的决心和毅力，这对培养勇敢、顽强、坚毅、沉着、冷静、自信等良好的意志品质均具有重要的作用。此外，训练是一个长期的过程，也是一个艰苦的过程，需要练习者克服身体、心理上的疲劳，并具备锻炼的积极性、主动性和坚持性，在此基础上不断挖掘自我潜力，迎难而上，战胜挫折，从而锤炼意志品质，实现品格修养。

思考题

1. 保护与帮助的作用是什么？
2. 为什么保护与帮助能够加快动作技能的掌握？

第二节　保护与帮助的分类和内容

一、保护的分类和内容

保护是指练习者在练习中出现危险时，借助外力或独立运用技巧或利用器械来摆脱危险的措施。保护分为他人保护、自我保护和运用器械保护。

（一）他人保护

他人保护，又称直接保护，是指当练习者因动作技术不熟练或意外而发生危险时，保护者根据实际情况，及时采取措施，使其摆脱险境，并维护其安全的方法。常用的手法包括接、抱、挡、拦、拨等。这些手法的应用能够顺势缓解或加快练习者的动作速度，改变其身体位置或使其停止运动以避免练习者摔倒或掉落造成运动损伤。他人保护可分为以下两种。

1. 单一动作保护

是指在体操练习时，保护者针对某一个动作所实施的保护。其特点是手法运用单

一，站位相对固定，在练习初期或对初学者运用较多。

2. 组合动作保护

是指在体操练习时，保护者对两个及两个以上动作的组合练习所实施的保护。其特点是手法较复杂，站位随练习者的运动方向适当改变，主要适用于对单个动作熟练掌握后进行多个动作连贯性练习。

（二）自我保护

自我保护是指练习者由于技术失误或发生意外时，独立运用技巧以摆脱危险、维护自身安全的方法。常用方法有以下四种。

1. 利用惯性

根据实际情况，利用惯性顺势采取屈臂、团身、滚动、滚翻、下蹲等动作，保持全身肌肉紧张，减缓冲击地面的力量，并避免头部、颈部直接触地造成运动损伤。如在木马、山羊练习落地时，出现前冲过大、站立不稳等情况，可顺势屈臂、低头，做前滚翻的动作。

2. 及时改变动作的性质和身体的姿势

根据实际情况，及时做出改变，缩短回环或旋转的半径，调整落地姿势，控制身体平衡，从而避免剧烈摔倒造成运动损伤。

3. 停止练习或跳下器械

在体操练习时，出现手滑、护掌断裂、器械故障或动作失去节奏等情况时，应主动停止练习或跳下器械，避免造成运动损伤。

4. 紧握器械

如在单杠、双杠等器械上练习时，遇到意外导致动作失败，应采取紧握器械的方法避免造成运动损伤。

（三）运用器械保护

运用器械保护是指在体操练习中，利用各种保护器械对练习者实施保护的方法。如护掌、护套、保护带、海绵包、海绵垫等。

二、帮助的分类和内容

帮助是指直接给练习者施加助力，或通过器械来施加助力、设置限制、设置标志，或通过视听提示以帮助练习者尽快掌握动作并提高动作质量的一种教学手段。帮助分为直接帮助、间接帮助和运用器械帮助。

（一）直接帮助

直接帮助是指直接给练习者施加助力，以帮助练习者更快地建立正确的动作概念，掌握、改进动作技术，提高动作质量的一种教学手段。它是一种最基本、最简便的帮助方法，主要包括托、顶、送、挡、拨、搓、扶、提、推等常用手法，可根据具体动作和实际情况灵活运用。

托：主要通过托腰部或臀部等身体部位使重心升高或靠近器械轴，以便完成动作。技巧手翻、空翻类动作，器械项目的上法等常用此方法。

顶：主要通过用手顶肩，充分拉开练习者的肩角，加大动作幅度或有利于支撑推手，提高腾空的高度。在练习技巧和跳跃的手翻类动作、单杠腾身回环成倒立等动作时常采用顶肩的方法。

送：主要通过托持练习者，顺势施以助力，使其身体重心远离器械轴，并获得较大的摆动动能，便于完成动作。如在进行弧形下时，可用送的方法帮助练习者体会动作技术。

挡：是一种阻力性助力，主要起减缓或制动的作用。如做单杠支撑后回环时，若回环力量过大，可采用挡的方法进行制动。

拨：是一种顺势加大回环或翻转速度和力量的方法。如做单杠骑撑前回环时，若回环速度不足，可采用拨的方法增加回环速度。

搓：主要通过两手相向用力，使练习者的身体加速沿纵轴转动。如做高低杠弧形转体等动作时，用搓的方法帮助练习者完成转体。

扶：主要用于当练习者失去平衡或跌倒时，帮助其维持稳定，控制身体平衡。一般不主动给予助力。如在木马、山羊练习落地时，采用扶持的方法。

提：主要通过提拉臂、髋等部位，帮助练习者抬起上体或超越器械。腾越类动作常采用提的方法进行帮助。

推：主要采用顺势推背，增加练习者的水平动作速度。技巧滚翻类动作常采用推的方法进行帮助。

（二）间接帮助

间接帮助是指帮助者不直接给练习者施加助力，而是采用信号、标志物和限制物等手段，使练习者掌握正确的用力时机和节奏，感受身体所在的空间和方位，以帮助建立正确的动作概念，尽快学会动作和提高动作质量的一种教学手段。

1. 信号

主要利用语言、呼声、击掌声和节拍器等信号指示用力时机、动作要领和动作节奏。一般应根据练习者的动作特点和运动水平，适当提前发出信号，预留反应时间，以便练习者在适当时机做出正确反应。

2. 标志物和限制物

主要利用绳、杆、球或其他醒目的物品，指出运动方向、动作幅度及运动范围等，以帮助练习者改进和提高动作质量。

（三）利用器械帮助

利用器械帮助是指借助器械施加助力，以帮助练习者更快地建立正确的动作概念，掌握、改进动作技术，提高动作质量的一种教学手段。常用的器械有保护手套、保护滑车、轴承保护腰带、泡沫海绵垫、保护凳等。这些器材的使用能够消除练习者的紧张、恐惧心理，加速运动技能的形成，促进体操运动技术的发展。但在使用前，一定要仔细地检查器材的性能，掌握使用的正确方法，切忌因疏忽而导致伤害事故。

思考题

1. 试述保护的分类和内容？
2. 何谓帮助？常用的直接帮助手法有哪些？

第三节　保护与帮助的运用和要求

一、保护与帮助的运用

合理地运用保护与帮助，有利于加快动作技能的学习，预防运动损伤的发生。过多地助力性帮助反而会使练习者产生依赖思想，不利于独立掌握动作。因此，教员、学员必须熟练掌握保护与帮助的时机、位置、方法等，使其在实际运用中真正地发挥效益。

（一）重点要明确

保护练习者不受伤害是运用保护与帮助首要考虑的问题。保护重点首先是头部、颈部等身体要害部位，任何时候都要严禁头部、颈部直接触地。其次是上肢等力量薄弱部位，应避免发生直臂撑地类似动作。同样不可忽视的还有腰、膝、踝等部位的保护。在动作失败时，练习者要懂得如何进行自我保护。例如，当木马落地向前摔倒时，应顺势进行前滚翻或侧滚翻。

（二）站位要合理

保护与帮助者选择的站位是否合理，直接关系到保护与帮助是否能够发挥作用。站位的选择主要考虑两个要点：一是最容易出现危险的地方；二是最有利于发挥助力的地方。同时，站位应根据练习项目、动作特点灵活变化。站位选择不当不仅无法发挥保护与帮助的作用，有时还会妨碍或影响练习者完成动作，甚至造成运动损伤。例如在练习技巧的侧手翻时，应站在前侧，练习者经倒立时的背面。若是站在正面，就会影响初学者完成动作，还有被踢到的风险。此外，必要时也可以采用两人或两人以上站在不同位置的方式进行保护与帮助。

（三）部位要正确

保护与帮助的部位是指保护与帮助者给予练习者助力的作用点。一般情况下，保护与帮助者给予练习者最正确、合理的助力作用点是人体总重心的附近部位或运动轴两侧的身体重心附近的部位，并根据动作类型的不同有所区别。只有采用正确、合理的部位，才能发挥帮助的最大效应。例如，在做前滚翻时，帮助者应半蹲在练习者的侧前方，当练习者滚动至臀部着地时，顺势推其背部。

（四）时机要恰当

时机恰当与否是保护与帮助能否获得实效的关键。总体来说，助力的时机必须符合动作的技术规律，过早或过晚的助力不仅费力，而且还会破坏动作节奏，影响动作的完成，甚至可能造成动作失误或导致运动损伤。在保护与帮助中，只有适时地给予助力或实施保护，做到眼快、手快、脚快，才能充分发挥保护与帮助的积极作用。

（五）移动要灵活

体操的大部分动作都是动态的和组合的动作。保护与帮助者不能一直停在原地，而是需要根据动作的特点与移动的方向，配合灵活移动的步伐，使保护与帮助发挥实效。练习者在做单个动作时，保护与帮助者可采取两脚左右（或前后）开立的姿势，同时配以小步移动。当练习者在完成组合动作或成套动作时，保护与帮助者应根据练习者的动作适时做出变化，配以前、后、左、右的步伐移动，确保随时处于最佳站位，给予练习者有效的保护与帮助。

（六）助力要适当

在练习体操时，助力的大小和方向往往取决于动作技术的要求和练习者的实际需要。一般情况下，初学者、技术水平较差者、能力较弱者所给助力相应要大，以帮助练习者体会正确的动作要领，建立正确的本体感觉。随着动作技术的提高、运动能力的增强，应逐渐减少助力，直至最后独立完成动作。此外，助力的方向与动作的运动方向应一致。所谓“心往一处想，力往一处使”，只有顺势助力，才能事半功倍，做到“四两拨千斤”。

（七）脱保要适时

在实践练习中，由帮助过渡到保护容易掌握，而从保护过渡到脱保、独立完成动作则相对较难。过早脱保，容易破坏初步建立的动力定型，造成多余动作、错误动作的出现，甚至可能导致运动损伤的发生；过晚脱保，又会使练习者产生依赖心理，不利于动作技能的掌握。因此，掌握脱保的时机至关重要。通常情况下，判断能否脱保的条件是：第一，练习者已形成正确的动作技术，且成功率较高；第二，练习者有清晰、正确的运动感觉，并具有较强的自我保护能力；第三，练习时有充分的自信、坚强的意志和较好的体力状态。此外，为确保练习者的安全，并保证及时、正确地完成动作，可根据具体情况，合理运用完全脱保、相对脱保和相对保护。

二、对保护与帮助者的要求

（一）具有高度的责任感

保护与帮助不仅是一种有效的训练手段和训练内容，更重要的是，它是有效预防运动损伤、保护练习者生命安全的一项重要措施。要知道，保护者站在器械旁不是做样子的，而是对练习者的安全、生命负完全责任的。保护者必须提高对保护与帮助工作重要性的认识，建立起高度的责任感，树立宁可自己受伤，也不让被保护者摔倒的观念。在进行保护与帮助时，一定要做到耐心细致、全神贯注、全力以赴，不能出现任何的疏忽和纰漏。一旦练习者发生危险，要有舍己救人的精神，竭尽全力使练习者摆脱危险，确保其生命安全。

（二）了解被保护者的特点

在运用保护与帮助时，对于不同的对象和不同的情况要加以区别，做到因材施教、区别对待。只有了解练习者对动作技术掌握的情况，了解练习者的性别、年龄、体质、性格、体力、思想状态、身体素质和心理素质等情况，做到心中有数，才能有针对性地进行保护与帮助，使其发挥积极的作用，从而避免意外事故的发生。例如，对身体素质较差、技术水平较低、注意力不易集中的练习者，要注意加强保护与帮助，特别是对胆量较小及由于动作失误出现过危险情况的练习者，要帮助他们消除心理障碍，增强克服困难的信心和决心。

（三）熟悉动作技术，掌握保护与帮助的方法

体操动作技术有它的一般规律，但是不同项目、不同类型的动作技术又各有特点。只有掌握完成动作的一般规律，熟悉动作的技术特点，才能了解动作规格、发力时间、发力方向以及容易发生危险的地方，从而根据这些情况，合理地选择保护与帮助的方法、时机、助力部位，最大限度地发挥保护与帮助的作用。

保护与帮助是体操教学训练中的显著特点和基本技能之一，而这一技能的掌握主要在于实践。在开始学习保护与帮助时，可能会感到生疏、插不上手、用不上劲，但这些问题只要通过反复练习、不断积累，就能逐步改善，最终掌握一手扎实过硬的保护与帮助技能。另外，在进行保护与帮助时，做到“三快”很重要。一是眼快，要集中注意力观察练习者的动作是否正确；二是手快，要及时给予保护与助力；三是脚快，要采用合适的站位，并灵活移动，合理跟随。只有切实掌握好这一技能，才能完成好保护与帮助的任务。

（四）培养自我保护能力

自我保护是体操训练时练习者避免运动损伤最基本也是最必要的能力。它是解决突发事件最行之有效的方法，也是避免重大伤害事故最基本的保障之一。练习者在进行练习之前，应充分了解并掌握该动作出现意外时自我保护的方法，做到有备而为。

思考题

1. 如何合理运用保护与帮助？
2. 结合个人体会试述对保护与帮助者的要求。

第四节　保护与帮助的常见问题

一、运用保护常见的问题

保护与帮助技能的掌握程度不够，无法针对具体情况做出分析，会造成使用方法不恰当，从而影响技能的学习与掌握。

（一）自我保护意识不强

在体操教学中，自我保护方法的不受重视或强调不够，造成自我保护意识不强，遇到问题时往往运用方法不得当或不能及时采取措施。

（二）区别对待意识缺乏

在运用保护时，没有充分了解练习者的具体情况，并根据对象特点区别对待。例如，在练习同一个动作时，保护者习惯选择相同的站位，没有做到因人而异，但这未必适合所有人。如在完成分腿腾越山羊时，对一般练习者适宜站在落地点的侧面，而对胆怯或技术水平较差的则应当站在靠近器械的正面进行保护。

二、运用帮助常见的问题

帮助使练习者凭借助力加快掌握技术动作。提供助力的方式、方法因人而异，其中，容易出现帮助方法使用不够合理等现象，这无疑会影响动作技能的掌握。

（一）直接帮助不够合理

直接帮助时，不能针对练习者的具体特点、动作技能形成规律而合理使用帮助方法。其中最常见的问题就是手法混淆，无法根据动作要求和具体情况“对症下药”，使帮助的针对性不强。助力大小施加不当亦是问题所在。

（二）间接帮助不够灵活

间接帮助时，提示的运用有失科学性、准确性，一些提示用语没有真正总结出动作的技术特点，或发出提示前没有预留足够的反应时间，适当提前发出信号。另外，在一些标志物的设置上，容易出现设置不恰当等情况，如过高、过远或层次性不强。这些会使练习者产生恐惧或无法完成任务的心理，从而影响技能学习。

（三）利用器械帮助不够恰当

有些动作采用直接帮助方法效果更好，在利用器械帮助时，反而会因为器械的大小、软硬度、形状不够合适，影响到动作练习以及动作结构的完整性，形成错误动作。因此，利用器械帮助时，一定要注意器械的选择应恰当、合理。

思考题

1. 运用保护常见的问题是什么？
2. 运用帮助常见的问题是什么？

第五节　体操运动损伤及预防

一、常见的体操运动损伤

运动损伤的发生情况多种多样，损伤程度也有大有小，在体操教学训练中，归纳起来，主要有以下五种：一是由于落地不稳造成腰侧副韧带、膝关节韧带扭伤以及踝关节脱臼；二是由于手臂支撑用力造成创伤性腱鞘炎、肘关节骨鞘炎、跟腱周围炎；三是由于摔倒时手臂撑地造成肘内侧副韧带扭伤、肘关节脱位；四是由于不正确的静止用力动作或负荷过重造成上臂及肩带肌肉拉伤；五是由于失手摔伤造成颈椎骨折脱臼、胸椎骨折等。

二、造成运动损伤的常见原因

（一）准备活动不够充分

有效的准备活动可预热肌肉、提高体温，加快全身血液循环，克服内脏器官的生理惰性。其重要性不言而喻，但训练前不做准备活动、准备活动量太小、准备活动内容与练习内容不符、准备活动单一等情况屡见不鲜。这些都是准备活动不够充分的表现，也是造成急性损伤的重要原因。

（二）器械使用不够规范

场地器械是体操教学与训练的重要物质保障。训练前，检查场地器械，排查安全隐患尤为重要。但有的练习者主观意识上没有把这当一回事，检查流于形式，甚至不进行检查，认为应该不会出现什么问题。这种思想是非常危险的，甚至可能因为一时疏忽酿成严重的后果。训练时，保护器械使用不当，也会造成伤害事故。例如，护掌过短不利于握器械，过长则容易发生卷杠现象；保护带表面受潮后变得太涩，极易发生卷器械现象。

（三）思想上不够重视，缺乏安全意识

保护与帮助者和练习者对预防运动损伤的意义认识不足、重视不够是体操运动损伤的原因之一。有的练习者在完成较简单的动作时，思想放松，安全意识下降，缺乏保护和自我保护意识；有的练习者训练水平不够，却盲目自信，急于求成，做力所不能及的练习；有的练习者在初学或没有熟练掌握动作的情况下，就急于脱保；也有的练习者不顾自身体力不足，坚持带伤训练、疲劳训练，这些都很容易导致运动损伤的发生。

三、体操运动损伤的预防

（一）严密组织，科学指导

在体操教学过程中，教员一定要充分做好教学的组织与安排，遵循教学原则和教学规律，严肃教学秩序，强化教法的运用。在实践教学时，要结合教学对象特点，严格贯彻循序渐进原则，合理安排教学内容，杜绝“突击”教学，急于求成。另外，准备活动是教学训练重要的组成部分。每次训练之前，都应当根据教学内容有针对性地开展准备活动，充分达到热身效果，避免运动损伤的发生。

（二）加强教育，提高素养

在体操教学训练时，要注意加强练习者的安全性教育，提醒体操运动发生意外事故的危险性、严重性，使其在思想上高度重视，并不断提高其防护意识，加强保护与帮助意识的培养。在任何练习状态下，练习者都要保持清醒的头脑，并及时运用各种方法保护他人或自身安全，这对降低体操运动损伤的发生率大有裨益。练习者需时刻谨记，在未熟练掌握动作之前，一定要注意保护与帮助的运用。

（三）负荷合理，训练全面

合理安排运动负荷是预防损伤发生的关键环节。练习时要科学、合理地安排运动量、运动强度，并根据实际情况做出适当的调整。切忌在一次课上，过多地安排某一项目的学习，过多地重复某些练习，忽视肌肉工作性质，这容易造成局部肌肉负荷过大，引发过度疲劳，从而导致意外损伤。此外，在体操教学中应全面加强力量素质、柔韧素质和灵敏素质的训练，重视专项身体素质练习，提高专项技能水平。

（四）医务监督，防患未然

良好的健康状况是体操教学训练工作顺利进行的基本条件。教员除应当时刻观察学员的状态，及时听取学员的自我感觉外，还必须加强医务监督。尤其是对伤病初愈的学员，要细致掌握他们的伤病情况，并有针对性地安排恢复性训练。同时，学员也要做好自我医务监督，若在练习中出现身体不适等情况，要及时报告并采取必要的措施。

（五）健全制度，保障安全

场地、器材是体操教学训练工作顺利进行的必要条件。健全场地器材的检查制度是十分必要的。训练前，一定要认真检查场地、器材的基本情况，包括检查器械安装是否牢固、安全，保护器材是否可靠、有效，场地布置是否合理等。发现问题及时处理，以免在练习过程中出现意外事故。此外，定期对运动场地、器械设备以及个人防护用具进行安全卫生检查和管理是有效避免运动损伤、维护自身安全的重要手段。

思考题

1. 造成体操运动损伤的常见原因是什么？
2. 如何有效预防体操运动损伤？

第四章　体操技巧运动

体操技巧运动主要包括技巧滚翻类动作、头手翻类动作、手翻类动作、空翻类动作、平衡类动作及其他类动作。技巧动作练习有利于发展前庭器官，提高本体感觉，从而提升身体的协调能力和控制能力，还可增强身体素质，培养顽强的意志品质。同时，也可为器械体操及其他运动项目奠定良好的运动基础和提供保护帮助。如“双杠5练习”中的肩倒立，跳水运动员的空中翻滚与转体动作，足球守门员鱼跃扑球动作等。在进行军事体育练习时可利用体操技巧进行保护，如单杆练习落地失误、木马落地不稳、障碍练习出现失误时均可利用滚翻等体操技巧动作对自身进行保护，减少发生损伤。

运动技能的形成，是由简单到复杂的过程，并有建立、形成、巩固和发展的阶段性变化规律。学习初期阶段，神经-肌肉系统尚未建立良好的联系，处于泛化阶段，突触还未形成，动作僵硬，不协调，发力不均衡。所以，需反复练习，掌握运动技能的内在规律，最后使动作协调和优美，从而达到技术动作的巩固与自动化阶段。初期阶段进行技术练习可采用先部分、后整体的技术练习手段，先练习单个技术动作和动作组合，再练习简单的成套动作，最后练习完整的成套动作，使技巧动作内容逐渐丰富，难度逐渐递增。

第一节　滚翻类动作

一、前滚翻

（一）准备姿势

蹲撑姿势。

（二）动作过程

蹲撑→向前翻滚→团身蹲立→直立。

（三）动作要领

由蹲撑开始，重心前移，脚向后下方蹬离地面，同时屈臂、含胸低头、提臀，以头的后部在两手撑地前着地，经后脑、背、腰、臀部依次向前滚动，当背部着地时，迅速收腹屈膝，上体紧跟大腿团身抱腿成蹲立（图4-1-1）。

图 4-1-1　前滚翻

（四）重点难点

蹬地有力，进行前滚时有短暂的直腿过程；经头后、颈、肩、背、腰、臀依次着垫前滚；团身要紧，方向要正，滚动流畅。

（五）教法提示

（1）原地团身滚动成蹲立练习。当前滚至背部着地，腿与地面夹角约45度时，迅速收腹，上体紧跟大腿团身抱腿。

（2）在练习垫下面放置斜板，从高处向低处做前滚翻，脚先蹬地，然后屈臂和低头。

（3）向练习者讲解增加蹬地的初速度，加大转动惯量再缩短半径，增加角速度的运动变化的规律。

（六）常见错误及纠正方法

常见错误：手掌撑地过远或两手不平行，向前移动；头顶着地面。

纠正方法：在适当位置画标识线或放标志物，保护者按压练习者的手加以限制。头触地时手再离开；低头，收下颌，眼睛看胸部，保护者手扶练习者头后部使其枕骨着垫。

（七）保护与帮助

保护与帮助者，单膝跪立于练习者侧前方，一手扶其头后部，一手顺势推其背部，助其成蹲立。

（八）训练注意事项

发展协调性及动作的连贯性，同时注意保护与帮助。

二、前滚翻直腿起

（一）准备姿势

蹲撑姿势。

（二）动作过程

蹲撑→向前翻滚→屈体起→直立。

（三）动作要领

准备姿势与前滚翻相同，但两手比前滚翻撑地稍远，然后屈臂，低头前滚，当滚至臀部着地时，上体快速前屈以缩小髋关节角度，同时双手在膝关节外侧撑地向后迅速推起，由脚跟先着地过渡到全脚掌着地，经屈体起成直立（图 4－1－2）。

查看视频
前滚翻直腿起

图 4－1－2　前滚翻直腿起

（四）重点难点

滚翻时蹬地速度快且有力，手与脚要同时触地，上体前屈，两手用力推地。

（五）教法提示

（1）做远撑前滚翻成直腿坐，两手在膝关节外侧手指向前撑地。

（2）采取斜面由高向低练习前滚翻直腿起，向前滚翻时前半程动作过程髋关节角度应大于 90 度，当上体迅速前屈缩小髋关节角度时，身体尽量折叠。

（3）在向前翻滚至屈体起时，由于直腿会产生较大的阻力，除加快翻滚速度外，还需两手用力推地才有助于最后完成屈体起成直立姿势。

（六）常见错误及纠正方法

常见错误：前滚翻速度太慢而不流畅；两手推地不及时，两膝弯曲；上体未充分前倾。

纠正方法：滚翻时腿主动向下蹬地，手支撑推地，经后脑、背、腰、臀部依次向前滚动；需加强柔韧素质训练。

（七）保护与帮助

保护与帮助者位于练习者侧前方，当练习者上体折叠推撑时，推其背部或提拉两臂帮助其完成动作。

（八）训练注意事项

需加强柔韧素质训练，发展协调性及动作的连贯性，同时注意保护与帮助。

三、前滚翻分腿起

（一）准备姿势

蹲撑姿势。

（二）动作过程

蹲撑→向前翻滚→分腿→屈体开立→直立。

（三）动作要领

由蹲撑开始，两臂后举，两腿蹬地，两臂前摆。当两手撑地时，立刻屈肩、低头，使头后部、肩、背依次着地，顺势前滚。当背部着地时，两腿伸直迅速向两侧分开，上体前跟，两手向大腿内侧推地成分腿屈体开立，同时两臂侧举（图 4－1－3）。

查看视频
前滚翻分腿起

图 4－1－3　前滚翻分腿起

（四）重点难点

滚动流畅，两腿直。

（五）教法提示

（1）分腿坐，上体前倾，肩向前移，两腿在大腿内侧撑地，抬起臀部。

（2）仰卧屈体前滚动，接近臀部滚动时分腿撑地，抬起臀部；在斜坡上练习由分腿立开始做向前滚翻成分腿立。

（3）在帮助下进行练习。

（六）常见错误及纠正方法

常见错误：滚动不流畅。

纠正方法：加快蹬地速度；加强体前屈柔韧素质。

（七）保护与帮助

保护与帮助者位于练习者起立的侧后方，当练习者用力撑地时托扶其腰，帮助其开立。

（八）训练注意事项

发展协调性及动作的连贯性，同时注意保护与帮助。

四、后滚翻

（一）准备姿势

蹲撑姿势。

（二）动作过程

蹲撑→向后翻滚→分腿屈体立撑→直立。

（三）动作要领

由蹲撑开始，重心稍向前移，随后直臂顶肩推手，含胸低头、圆背、团身后滚，依次经臀、腰、背、肩、颈、头后部向后滚动，同时两手掌心向后迅速屈臂抬肘翻腕置于肩上。当头后部着地时，臀部继续上翻，两手用力推地撑起翻转成分腿屈体立撑（图4－1－4）。

查看视频
后滚翻

图4－1－4　后滚翻

（四）重点难点

后滚翻时，始终含胸低头、圆背、团身滚动；头后部着地时，积极翻臀和推手。

（五）教法提示

（1）两手放肩上方（翻掌手指向后），练习团身前后滚动。要求团身后倒时，屈臂，夹肘翻腕，将膝关节置于肩上。

（2）采用斜面由高向低练习后滚翻，需团身紧及推手快。

（3）肩主动后倒，增加转动半径以加大转动惯性，接着快速举腿以缩短转动半径，加快角速度，顺利翻转完成动作。

（六）常见错误及纠正方法

常见错误：身体松散，团身不紧；后翻歪斜。

纠正方法：团身前后翻滚，向后滚动，两手翻腕放在肩上，同时两肘内夹；练习时，在斜面上，由高向低做后滚翻。

（七）保护与帮助

保护与帮助者单膝跪立在练习者侧后方。当练习者后滚至头后部时，一手扶其颈部，一手推背，助其翻转。

（八）训练注意事项

练习之前，需充分活动颈部；发展协调性以及动作的连贯性，同时注意保护与帮助。

五、屈体后滚翻

（一）准备姿势

直立姿势。

（二）动作过程

上体前屈后倒→向后翻滚→站立体前屈→直立。

（三）动作要领

由直立姿势开始，上体前屈后倒，两手朝前在膝外侧向后下方撑地（手指向前），当臀部着垫时，上体积极后倒，两手迅速屈臂抬肘翻腕置于肩上（掌心向后），然后举腿翻臀，屈体后滚，当滚动至头后部时，继续翻臀，两手用力推地，翻滚经屈体立撑成直立姿势（图 4－1－5）。

查看视频
屈体后滚翻

图 4－1－5　屈体后滚翻

（四）重点难点

上体前屈叠紧再后倒，当臀部着垫时上体主动快速后倒，再迅速举腿翻臀；推手及时；平时加强体前屈柔韧性练习。

（五）教法提示

（1）身后放一软海绵垫，练习屈体后坐。折紧身体，直腿后倒。
（2）由坐撑开始做屈体后滚翻练习。要求上体后倒快、举腿快、推手快。
（3）后倒时身体尽量折叠降低重心，依靠两手撑地顺势屈臂做退让性动作，利于后滚，将起立时，快速举腿以缩短半径加快速度，快速手推撑地成直立姿势。

（六）常见错误及纠正方法

常见错误：后坐时臀部砸地；翻转后难以推起。
纠正方法：注意屈体要深，手靠近膝部撑垫；加强支撑力量练习，注意肘不外张，脚的支撑点靠近手。

（七）保护与帮助

保护与帮助者站于练习者侧后方。双手提髋助其翻转。

（八）训练注意事项

平时加强体前屈柔韧性练习，同时注意保护与帮助。

六、手倒立前滚翻

（一）准备姿势

手倒立姿势。

（二）动作过程

手倒立→向前滚翻→团身蹲立→直立。

（三）动作要领

由手倒立开始，直体直臂前倒，脚尖向远处伸使重心前移，顺势屈臂，低头含胸，使头后部在两手前着地，同时微屈髋、紧腰，以肩、背、腰、臀依次前滚，当滚至背部着地时，迅速收腹、屈膝、跟上体、团身抱腿，经蹲立成直立（图4－1－6）。

查看视频
手倒立前滚翻

图4－1－6　手倒立前滚翻

（四）重点难点

手倒立开始时重心前移，当前移至失去重心时再做屈臂低头动作；手倒立前倒时应有控制，速度要慢，屈髋团身不要太早。

（五）教法提示

（1）一腿后摆，一腿蹬地，不经手倒立前滚翻，体会屈臂低头前滚翻技术。

（2）在帮助下慢慢做手倒立前滚翻动作。掌握先屈臂，再低头、含胸、屈髋、屈膝抱腿的技术动作。

（3）手撑地摆蹬腿时形成向前的水平速度。要及时控制重心在接近垂直位前积极做顶肩、伸髋，以增加半径达到制动；在前倒时重心应尽量远离垂直线，以便滚动。

（六）常见错误及纠正方法

常见错误：摆腿时，两臂弯曲；用力过大，没有倒立姿势。

纠正方法：多练习手倒立或俯卧撑，增加手臂力量；做动作时，保护与帮助者扶住练习者的腿，防止其重心前移。

（七）保护与帮助

保护与帮助者站立于练习者侧方，扶练习者的腿使其重心前移，稍提拉帮助其屈臂低头前滚，然后顺势放手跟进，推其背部，帮助其完成动作。

（八）训练注意事项

增加上肢、核心力量，发展协调性及动作的连贯性，同时注意保护与帮助。

七、跳起手倒立前滚翻

（一）准备姿势

身体直立双臂前伸。

（二）动作过程

直立双臂前伸→手撑地成倒立姿势→滚翻→团身蹲立→直立。

（三）动作要领

由直立双臂前伸开始，屈膝同时手臂后摆至半蹲，两臂前摆，两脚蹬地，身体腾空保持含胸、紧腰，髋关节小于60度，双手先撑地，下身迅速上摆使身体呈倒立姿势。向前送肩，脚尖远伸前倒，当重心前移时，稍屈臂，顺势低头、含胸、收腹、跟上体、抱腿成蹲立姿势（图4－1－7）。

查看视频
跳起手倒立
前滚翻

图 4－1－7　跳起手倒立前滚翻

(四) 重点难点

蹬地、摆臂协调有力；手撑地位置不宜太近或太远；倒立时顶肩控制前倒，速度要慢，屈臂不宜过早。

(五) 教法提示

(1) 要求练习者用力蹬地使身体腾空，双手及时撑地，双腿前摆。
(2) 做手倒立前滚翻动作，要求掌握先屈臂低头，再含胸屈髋，最后屈膝抱腿的动作顺序与技术。

(六) 常见错误及纠正方法

常见错误：身体鱼跃前倾撑地，倒立时没有短暂停留，屈臂过早，后背先着地。
纠正方法：清晰讲解动作要领并进行练习。

(七) 保护与帮助

保护与帮助者位于练习者前侧，辅助其起跳后呈倒立姿势。双手扶住练习者小腿使其重心前移，当练习者重心前移到位时，然后稍提拉帮助屈臂低头前滚，然后顺势放手跟进，推其背部，帮助其完成动作。

(八) 训练注意事项

加强身体上肢力量；注意身体姿态的练习。

八、屈体后滚翻经手倒立

(一) 准备姿势

直立姿势。

(二) 动作过程

上体前屈后倒→向后翻滚→手倒立→站立体前屈→直立。

（三）动作要领

直立姿势开始，上体前屈后倒，两手手指朝前在膝外侧向后下撑地，当大腿着地时，收腹举臀后滚，至背部离地，脚于肩上方时，两手在肩后撑地（立肘，掌根向后），两腿向上快伸，同时两手迅速有力推地，抬手经手倒立，落下成蹲撑或屈体立撑（图 4－1－8）。

查看视频
屈体后滚翻
经手倒立

图 4－1－8　屈体后滚翻经手倒立

（四）重点难点

屈体后滚翻时，当大腿着地时上体主动快速后倒，再迅速举腿翻臀，推手要快，同时控制好重心，脚尖带动两腿向上快蹬，控制身体成手倒立。

（五）教法提示

（1）身后放一软海绵垫，练习屈体后坐。要求折紧身体，直腿后倒。

（2）并腿坐，后滚，翻掌撑地做伸髋推手动作（背、颈部离地连续进行）。体会伸腿的方向和腿、臀动作的配合。

（3）在保护与帮助下进行练习。

（六）常见错误及纠正方法

常见错误：后滚翻经手倒立时伸髋过早或过迟。

纠正方法：多次练习后滚，翻掌撑地做伸髋推手动作，注意保护与帮助。

（七）保护与帮助

保护与帮助者蹲立练习者侧后方，当腿向上伸时，两手握住小腿或大腿上提。

（八）训练注意事项

加强基本技术的练习，同时注意保护与帮助。

九、鱼跃前滚翻

（一）准备姿势

半蹲两臂后摆。

（二）动作过程

半蹲两臂后摆→腾空→前滚翻→团身蹲立→直立。

（三）动作要领

由半蹲两臂后摆开始，两臂前摆，同时两脚蹬地，向前上方跃起，身体腾空时保持含胸、紧腰、低头，髋角大于120度，腿、臀部位于水平位，接着两臂前伸撑地，屈臂，低头经后脑着地做前滚翻（图4－1－9）。

图4－1－9　鱼跃前滚翻

（四）重点难点

身体重心稍前移，两腿积极蹬地跃起，手撑地后，保持紧腰，当滚至肩背部着地时再迅速团身，先要求完成动作，再追求远度及腾空。

（五）教法提示

（1）半蹲位开始，做两臂前摆远撑的前滚翻。要求腿用力蹬地后积极上摆、紧腰。

（2）从30至40厘米的高处向下做前滚翻。前方铺一海绵垫，手撑地后先屈臂，再低头做前滚翻，体会两臂撑地时需控制力量及位置。

（3）前滚翻越过较低障碍物。要求空中紧腰、髋角大于120度，在帮助下，使腿处于水平位。熟练后，可进行助跑鱼跃前滚翻。

（4）由半蹲开始，身体前移，腿用力蹬地，形成向上的跳起角度，身体腾空进入空中抛物线，当转入手撑地被动屈臂做退让性动作时，再屈髋、屈膝完成动作。

（六）常见错误及纠正方法

常见错误：当两脚未离地时手已经撑地，没有腾空；两臂撑地时没有屈臂和缓冲。

纠正方法：多练习各种滚翻，使滚动流畅、自然。

（七）保护与帮助

保护与帮助者位于练习者起跳点的侧方，当练习者腾空跃起时，顺势托其大腿前送。

（八）训练注意事项

加强腿部蹬跳练习，发展协调性及动作的连贯性，同时注意保护与帮助。

十、挺身鱼跃前滚翻

（一）准备姿势

直立姿势。

（二）动作过程

直立姿势→助跑→挺身跳→前滚翻→团身蹲立→直立。

（三）动作要领

由直立姿势开始，助跑 1 至 2 步，左脚前伸落地后屈膝蹬地，同时含胸前屈，另一只脚积极后摆，两臂前摆向上方跃起。当手撑地后，屈臂缓冲，低头屈体前滚，到肩背着地时迅速团身屈膝，成蹲撑，用力摆臂起肩和充分蹬伸相结合，使身体向上腾起。紧腰、梗头，接近最高点时向上挺身亮相，然后控制身体，两臂侧上举，平稳落地（图 4－1－10）。

图 4－1－10　挺身鱼跃前滚翻

（四）重点难点

鱼跃前滚翻时腾空重心位置高，脚离地后积极摆腿使髋打开，滚动过程流畅；挺身跳时腾空高，在最高点身体充分伸直；整个动作连贯且流畅。

（五）教法提示

（1）做双脚蹬地的前滚翻练习。

(2) 从高处往低处做滚翻动作。
(3) 由助跑开始，做一腿蹬一腿摆的完整鱼跃前滚翻练习，要求腾空高、远。
(4) 在弹跳板上做挺身跳练习；由高处向低处挺身跳练习。
(5) 助跑做完整的滚翻接挺身跳练习。

(六) 常见错误及纠正方法

常见错误：腾空不明显；滚动不流畅；挺身跳展体不充分。
纠正方法：多练习起跳及翻滚动作。

(七) 保护与帮助

保护与帮助者站于练习者起跳点的侧方，当练习者腾空起跳后，两手托其大腿，顺势前送。挺身跳落地时，保护与帮助者站于落点一侧，一手在前，一手在后扶挡，防止前后跌倒。

(八) 训练注意事项

发展协调性及动作的连贯性，同时注意保护与帮助。

思考题

1. 翻滚类动作的共同点是什么？
2. 前滚翻类动作和后滚翻类动作有哪些区别？

【延伸学习】

滚翻动作的基本规律及前滚翻动作过程

1. 滚翻动作的基本规律

典型的滚翻动作包括前滚翻、后滚翻、前滚翻直腿起及鱼跃前滚翻等。谈到滚翻，大家会联想到球的滚动。球静止时会在垫子上压出一个坑，不给它一个水平动力是不会滚动的。当我们在水平方向上向右推一下球，它就会向前滚一段距离，然后又静止不动了。连续给它向前的推动力，就会使球不断地向前滚动。这一简单事实告诉我们，要想让球滚动必须给它一个动力，这就是使球产生动能的阶段。只要球具备了一定的水平速度，它就会向前滚动一段距离。在滚动阶段中，动能不断克服摩擦力做的负功而被消耗掉，最后球的运动也就停止了。球在垫子上滚动时，阻力就是摩擦力。现将上述分析归纳如下：

(1) 当克服摩擦力所做的功小于动能时，物体继续滚动；

（2）当克服摩擦力所做的功等于动能时，物体静止。

人在垫子上滚动虽然比球的滚动要复杂得多，但仍需遵守上述简单规律。人在滚动时，必须先产生动能，然后在此动能的基础上，减少转动惯量（紧紧团身），加快翻转角速度，尽快完成滚动。人完成动作时的姿势都比滚动阶段重心位置高，因此，滚翻动作中还要有一部分动能转化成屈体站立动能。人在滚动中，肩—背—腰—臀近似一圆弧。下面就讨论这一圆球的滚动。

由于头和脚解剖结构的限制，不可能团成理想的球形，因此，头脚超出球外的部分就要在滚动的前方产生制动附加支撑，使球产生很大的阻力矩。超出球外的部分越远离球的支撑点，制动作用就越强。

在图 4－1－11 中，甲图是前滚翻，由于双膝抱得较紧，两腿团入球内，因此，制动力矩 Lpl_1 较小。乙图是后滚翻，头不能尽量低到胸内，因此向后滚翻时会产生头部的附加支撑，但它距离重心垂直投影线的距离仍较小，因此头的制动力矩 Lpl_2 虽然大于 Lpl_1，但仍比较小。丙图是直腿前滚翻，由于动作本身的姿态要求，两腿必须远远向前伸出，因此产生很大的制动滚翻力矩 Lpl_3，使滚翻趋于停止。

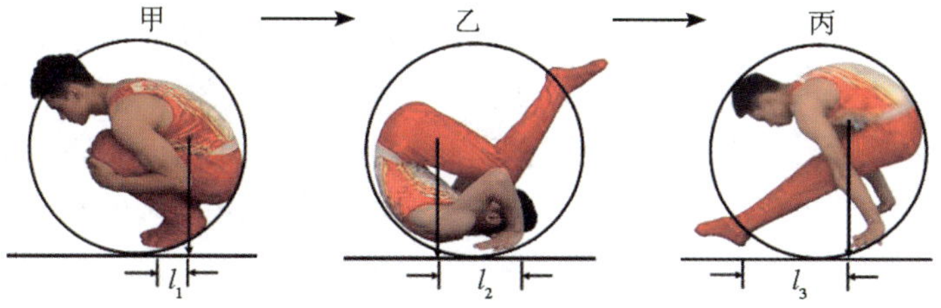

图 4－1－11　滚翻动作

在有较大制动力矩出现的场合（如后滚翻和前滚翻直腿起等），人体原有的动能难以克服制动力矩，所以必须要有补充动能的手段。而两脚在滚动开始时的蹬地动作则是产生动能的手段，紧紧团身又是缩小转动惯量加快滚动的手段，如图 4－1－12 所示。

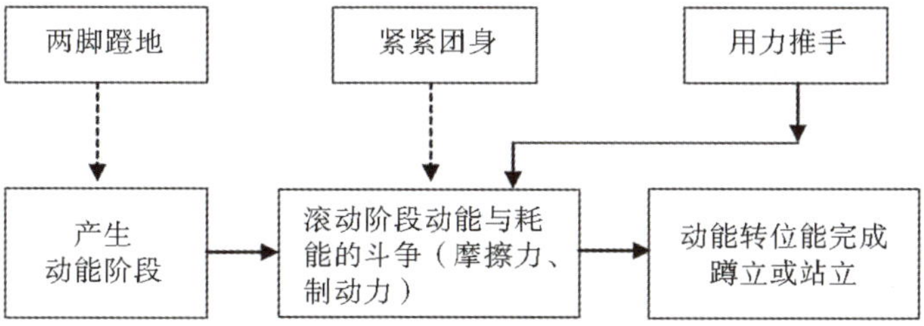

图 4－1－12　动能的产生与转换

2. 典型滚翻动作过程示例——前滚翻

从前滚翻动作的重心轨迹中可以看到，开始姿势与蹲立姿势的重心高度差不多，而且滚翻中没有明显的制动力矩，所以滚动时所需要的动能就比较小。在图 4－1－13 中，A、B 阶段是蹬地产生动能阶段，蹬地产生支撑反作用力 R（即 N、Q 的合力），它的水平分力使身体重心向前移动，即所谓的的平动。同时，支撑反作用力 R 对支点 O 之矩，使身体产生绕支撑点的转动，使身体获得转动动能。C、D 阶段是紧紧抱膝团身，加快转动角速度阶段，这就是充分利用动能克服摩擦损耗的过程。在这个过程中，基本上可以团成球形，所以摩擦损耗及制动力矩比较小，可以保证动能有所剩余，使身体顺利完成蹲立姿势。完成 E 阶段蹲立过程中的动能转化成位能，使重心略有升高。

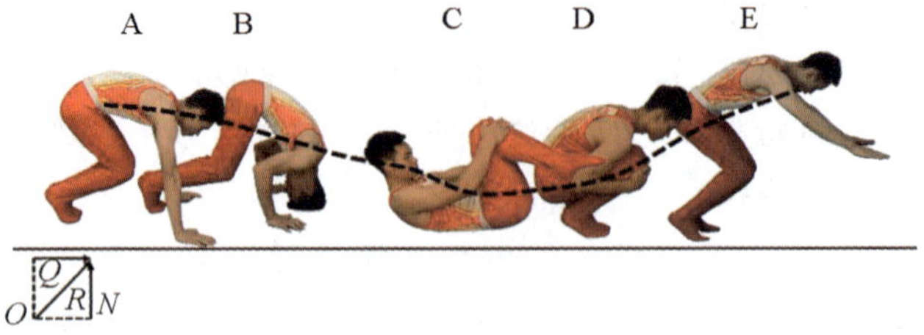

图 4－1－13　前滚翻示例

应指出的是，在两脚着地前，应特别注意把两小腿抱紧，以便使超出圆圈外的两腿缩进圆圈内，从而可以有效地减少制动力矩。

前滚翻动作是体操动作中一个简单的动作，几乎所有体操的初学者都要从这个动作学起。实际上，练习者在训练中可以发现，许多动作都包含团身的基本姿态，除此之外，在发生危险情况时，也会经常采用前后滚翻动作来做自我保护。保护原理就是把使人摔倒的撞击动能迅速转化为滚动动能，通过滚动时的摩擦力及制动力消耗掉其中大部分动能，从而把危险因素转化成安全因素。

第二节　头手翻动作

一、头手翻

（一）准备姿势

直立侧平举姿势。

（二）动作过程

直立侧平举→上体快速前屈→头手倒立→推手伸髋→直立。

（三）动作要领

直立侧平举开始，上体快速前屈，两臂屈肘体前撑地同时两腿屈膝，头前额上部在两手前撑地，同时两脚用力蹬地，翻臂经屈体头手倒立，当臀部前移重心超过垂直面后，两腿迅速向前上方用力摆腿伸髋，同时用力推手、充分伸髋，使身体腾空呈反弓形姿势至落地。落地时，脚掌前半部着地缓冲，保持抬头、挺胸，两臂上举的直立姿势

（图4－2－1）。

图4－2－1　头手翻

（四）重点难点

先学会头手倒立，再学习头手翻；当屈体头手倒立重心前移超过支撑面后，再迅速向前上方用力伸髋，同时用力推手。

（五）教法提示

（1）由直立开始，上体前屈双手向前撑地成短暂的屈体头手倒立。要求稍保持屈体头手倒立姿势，然后做向前滚翻。

（2）由仰卧屈体、肩背撑地开始，两人拉手帮助，做原地屈伸起练习。要求向前上方用力摆腿伸髋，使身体腾空呈反弓形姿势。

（3）保护帮助下，由高处向低处做头手翻。要求头撑地呈屈体头手倒立时应挺胸、立腰、翻臀，伸髋速度快。

（4）加大蹬摆腿伸髋的速度，体会伸髋的方向和推手的用力时机。

（六）常见错误及纠正方法

常见错误：伸髋过早或过晚。

纠正方法：反复练习后滚，翻掌撑地做伸髋推手动作，同时注意保护与帮助。

（七）保护与帮助

保护与帮助者单膝跪立在练习者前侧方，一手托其上臂或肩部，另一手托其腰部帮助翻转。

（八）训练注意事项

加强腰腹肌肉力量练习，增强身体柔韧素质，注意保护与帮助。

二、头手翻转体成俯卧撑

（一）准备姿势

直立侧平举姿势。

（二）动作过程

直立侧平举→上体快速前屈→头手倒立→俯卧撑。

（三）动作要领

直立侧平举开始，上体快速前屈，两臂屈肘体前撑地同时两腿屈膝，用头前额上部在两手前撑地，同时两脚用力蹬地，翻臀经屈体头手倒立。当臀部前移重心超过垂直面后，身体向一侧缓慢翻转，双手撑地，当身体转过 180 度时，身体迅速后摆落成俯卧撑姿势，抬头，挺胸（图 4－2－2）。

查看视频
头手翻转体
成俯卧撑

图 4－2－2　头手翻转体成俯卧撑

（四）重点难点

蹬伸快，头与手的着地点要正确；臀部过垂直面时躯干慢慢旋转；下落时身体依然紧绷，双腿并拢。

（五）教法提示

（1）由直立开始，上体前屈双手向前撑地成短暂的屈体头手倒立。要求稍保持屈体头手倒立姿势，然后做向前翻滚。

（2）由头手倒立开始，身体呈一条直线紧绷迅速后倒成俯卧姿势。要求身体处于紧张状态，脚尖着地。

（3）加大蹬摆腿伸髋的速度，注意伸髋的方向和转体时机及协调能力。

（六）常见错误及纠正方法

常见错误：头部离开垫面，转体之后双手用力推地，后倒后用双臂支撑。

纠正方法：先熟练头手倒立，再学会头手翻。

（七）保护与帮助

保护与帮助者单膝跪地在练习者前侧方，一手托其上臂或肩部，另一手托其腰部帮助翻转，然后帮助其躯干慢慢转动，双手抱住练习者双腿慢慢放下成俯卧姿势。

（八）训练注意事项

加强练习者的上肢力量和腰腹肌力量以及动作的协调性练习，加强练习者的空间感。

思考题

1. 头手翻类动作的共同点和不同点分别是什么？
2. 如何进行头手翻类动作的辅助练习？

第三节　手翻动作

一、前手翻

（一）准备姿势

直立前平举姿势。

（二）动作过程

直立前平举→助跑→趋步→并腿手倒立→直立。

（三）动作要领

直立前平举开始，助跑2至3步后趋步跳起同时两臂上举，上体前压，两臂前伸撑地同时后侧腿快速向后上方摆起，然后前腿蹬地，接近倒立部位时并腿、顶肩推手、含胸、紧腰、梗头，使身体腾空保持反弓形姿势至落地。落地时，膝、踝关节缓冲，成两臂上举直立姿势（图4－3－1）。

查看视频
前手翻

图4－3－1　前手翻

（四）重点难点

初学者应多练习各种手倒立动作。

（五）教法提示

（1）靠墙竖放保护垫，做趋步摆腿蹬地成靠墙倒立练习，要求撑地、顶肩紧腰。

（2）在保护与帮助下，做摆倒立顶肩推手练习。当手撑地将触保护垫时，应快速拉开肩角做顶肩推手动作。

（3）在保护与帮助下，由高向低做前手翻。体会腾空、翻转、着地动作。

（4）加大蹬摆腿的速度、制动性推手的力量及时机或角度。

（六）常见错误及纠正方法

常见错误：蹬摆撑地时冲肩。

纠正方法：多练习靠墙摆倒立和摆倒立顶肩推手。

（七）保护与帮助

保护与帮助者站于练习者手撑地点的侧前方，一手托其肩部，另一手托其腰部帮助翻转。

（八）训练注意事项

锻炼摆腿速度与力量、肩带力量及动作的协调性与灵巧性，注意保护与帮助。

二、前手翻单腿落地

（一）准备姿势

直立前平举姿势。

（二）动作过程

直立前平举→助跑→趋步→分腿手倒立→单腿落地→直立。

（三）动作要领

同前手翻，唯一不同的是经分腿手倒立，用摆动腿着地起立，即过垂直线后两腿空中交换，然后起立成直立（图 4－3－2）。

图 4－3－2　前手翻单腿落地

（四）重点难点

上体快速下压，两手积极前伸撑地，两腿蹬摆快速有力；接近手倒立时，快速顶肩推手；腾空后保持挺身。

（五）教法提示

（1）练习者面对墙摆手倒立，体会快速摆腿蹬地及顶肩推手动作，熟练后可离墙稍远。

（2）采用倒立推跳，体会顶肩推手动作。

（3）帮助者站立在练习者两手撑地点的前面，当练习者蹬地摆腿接近倒立时，帮助者两手托其腰髋部向上提起，助其体会推手腾空。

（4）在保护下，由高处向低处完成动作，再由低处向高处完成动作，提高推手顶肩的力量。

（六）常见错误及纠正方法

常见错误：身体腾空后有屈髋现象。

纠正方法：在 50 至 70 度的斜面保护垫上，助跑 1 至 2 步摆手倒立体会伸髋动作。

（七）保护与帮助

保护与帮助者站于练习者手撑地的前侧方，一手握其上臂或托肩，另一手托其腰或两手托腰帮助其推手翻转成直立。初学时，可以两人站在练习者两侧同时保护和帮助。

（八）训练注意事项

增强摆腿速度与力量、肩带力量及动作的协调性与灵巧性，同时注意保护与帮助。

三、后手翻

（一）准备姿势

直立前平举姿势。

（二）动作过程

直立前平举→上体快速后伸→手倒立→直立。

（三）动作要领

直立前平举，掌心向下开始，稍屈髋，臀、背稍后移，眼始终跟随手，迅速向后下甩臂，以臂带胸，伸髋挑腰，双手积极向近脚处插，双脚蹬离。手倒立时，用力顶肩推地，迅速屈体“灌腿”，使上体抬起成直立（图 4－3－3）。

查看视频
后手翻

图 4－3－3　后手翻

（四）重点难点

重心后移失去平衡后的甩臂、蹬地、展胸、展腹，身体充分后屈。

（五）教法提示

（1）按正确的技术要求做甩臂挑腰的动作。帮助者前后分腿站立用肩靠练习者的腰，双手扶腿，或做背向山羊或横马甩臂挑腰的动作（臂、背后移失去平衡时，腰刚好触及器械）。

（2）由手倒立推手“灌腿”。

（3）在帮助下，做甩臂挑腰成手倒立，再做推手“灌腿”。

（六）常见错误及纠正方法

常见错误：重心后移失去平衡后的甩臂、蹬地、展胸、展腹不及时，身体后屈不充分。

纠正方法：应多做眼看手以臂带胸的甩臂动作；若膝关节弯曲前冲，应注意重心稍后移，也可用手按其膝部。

（七）保护与帮助

保护与帮助者站在练习者后侧方，一手托腰，另一手托腿。翻转后，托腰的手转扶背。初学者需有两人帮助。

（八）训练注意事项

发展腿部和手臂的力量，加强身体柔韧素质和动作的协调性练习，注意保护和帮助。

四、侧手翻

（一）准备姿势

直立开始。

（二）动作过程

直立→双臂前上举左腿跨出→外转 90 度→分腿手倒立→直立。

（三）动作要领

由直立开始，两臂向前上方摆起，左腿前举向前跨出一大步成弓步，右腿向后上方摆起，同时上体积极下压，左腿蹬地摆起，同时左手在双脚延长线前手掌外展 90 度撑地，并带动肩、头、身体向左转体 90 度，右手依次向前撑地经分腿倒立，然后左右手依次顶肩推手，一腿落地屈膝蹬直，另一腿稍外展落地成两臂侧举分腿直立姿势（图 4－3－4）。

查看视频
侧手翻

图 4－3－4 侧手翻

（四）重点难点

先摆腿后手撑地，摆蹬腿方向正、迅速有力，顶肩推手主动积极。初学时手撑地姿势，左手应外旋 90 度撑地，右手应内旋 90 度撑地。

（五）教法提示

（1）在帮助下完成侧摆成手倒立练习，先摆腿，后手撑地。

（2）在帮助下完成侧手翻。经倒立时两臂充分顶肩，分腿大，身体伸直。

（3）在地上画一条直线做侧手翻，要求手、脚都落在一条直线上，推手快。

（4）利用摆蹬腿的力量，加大重心水平移动速度，以加快完成侧翻动作。

（六）常见错误及纠正方法

常见错误：手和脚的落点不在一条直线上；分腿倒立时屈髋、冲肩，侧翻不经倒立；翻转站立难以起立。

纠正方法：在地面或体操垫上画一条直线，沿直线练习，手和脚撑地依次落在直线上。

（七）保护与帮助

保护与帮助者站于练习者前跨腿一侧，两臂交叉扶托练习者的腰部，随着动作翻转给予助力，帮助其完成侧手翻动作。

（八）训练注意事项

加强基本技术训练，多次反复练习。

五、小翻踺子

（一）准备姿势

直立前平举姿势。

（二）动作过程

直立前平举→两臂向前上方摆起→前趋步侧手→手倒立→屈体灌腿→直立。

（三）动作要领

直立前平举开始，两臂向前上方摆起，趋步后含胸，上体下压，一手先前离身体约身高2/3处撑地，同时一腿后摆，一脚蹬地，身体以支撑臂为轴，以肩、头带动身体向内转体90度。然后，另一手撑地，稍屈臂，经倒立后快速推手，蹬地腿向摆动腿靠拢，稍屈髋，两腿主动下压，脚落地后迅速立腰，伸直膝关节、髋关节，同时借推手速度向上领臂、紧腰、含胸、梗头，向上跳起成直立（图4－3－5）。

查看视频
小翻踺子

图4－3－5　小翻踺子

（四）重点难点

推手有力，领臂迅速，含胸紧腰上跳，侧手翻向内转体 90 度。

（五）教法提示

（1）在保护帮助下或靠墙做侧手翻转体 90 度成斜倒立。
（2）手撑稍远处，摆起成斜倒立推手落下，领臂跳起。

（六）常见错误及纠正方法

常见错误：过多屈髋，造成灌腿后倒或推手无力。
纠正方法：手撑稍远处，摆起成斜倒立推手落下，领臂跳起。

（七）保护与帮助

保护与帮助者站于练习者转体方向同侧，在其侧手翻向内转体 90 度后，一手托其腹部，一手托其腰部上提，助其练习起跳。

（八）训练注意事项

加强基本技术的训练，在有保护下反复进行练习。

六、空翻踺子

（一）准备姿势

直立前平举姿势。

（二）动作过程

直立前平举→两臂向前上方摆起→趋步侧手→手倒立→屈体踹→直立。

（三）动作要领

直立前平举开始，蹬地、摆腿、推手转体基本同小翻踺子。不同点：两臂支撑点比小翻踺子稍远；推手后，两腿要向后下方“踹”去，接着用前脚掌积极蹬地，收腹、低头、领臂迅速向上跳起，眼看手（图 4－3－6）。

查看视频
空翻踺子

图 4－3－6　空翻踺子

（四）重点难点

两臂支撑点比小翻踺子稍远，注意推手有力，领臂迅速，含胸、紧腰上跳侧手翻向内转体 90 度。

（五）教法提示

（1）手撑跳箱盖或适度高的垫子做手倒立推手蹁腿、收腹、低头、领臂起跳。
（2）在保护与帮助下练习。

（六）常见错误及纠正方法

常见错误：着地时膝关节弯曲，起跳无力或起跳后收腹举腿、挺腹。

纠正方法：加强腿部爆发力的训练；手撑跳箱盖或适度高垫子做手倒立推手蹁腿、提气、低头、领臂起跳。

（七）保护与帮助

保护与帮助者站于练习者转体后脚落点的侧后方或后方，一手扶其背或蹬腿起跳时双手扶其腰上托。

（八）训练注意事项

加强基本技术训练；加强手臂力量练习；注意保护与帮助。

思考题

1. 手翻类动作需要哪些辅助练习？
2. 练习时保护者的职能有哪些？

第四节　空翻类动作

一、团身前空翻

（一）准备姿势

直立姿势。

（二）动作过程

直立→助跑单跳双落→刀手提背→抱膝翻转→屈髋屈膝落地。

（三）动作要领

直立开始，助跑单跳双落，两脚超过上体，同时两臂屈肘上举于头后，接着小臂向前上摆，手掌做拇指上顶、四指下压的“刀手”动作，同时低头、含胸、提背，向上跳起。接着迅速提臀、屈膝，两手紧抱小腿向前团身翻转。当翻转至3/4周时，两臂上领提气，伸展落地。如双脚依次落地，则在翻转近一周时，随身体伸展同时两腿主动屈膝缓冲落地（图4－4－1）。

查看视频
团身前空翻

图4－4－1　团身前空翻

（四）重点难点

跳起时，要注意团身，臀部高于头；身体充分伸展后落地。

（五）教法提示

（1）起跳练习。
（2）原地帮助下练习。
（3）在弹跳板上或助跳板上练习。

（六）常见错误及纠正方法

常见错误：起跳时身体前倾、挺胸，两腿没有充分蹬直，造成前冲，影响高度；跳起后没有充分含胸、提背、提臀，团身不紧，影响翻转。

纠正方法：加强起跳练习，并在原地帮助下练习加以体会纠正。

（七）保护与帮助

保护与帮助者原地站在练习者侧面，一手托其腹部，一手托其背部，帮助提臀翻转。

（八）训练注意事项

加强基本技术的训练，加强手臂的力量练习，注意保护与帮助。

二、屈体前空翻

（一）准备姿势

直立姿势。

（二）动作过程

直立→助跑单跳双落→刀手提背→屈体翻转→屈膝屈髋落地。

（三）动作要领

直立开始，助跑单跳双落，两脚超过上体，同时两臂屈肘上举于头后，接着小臂向前上摆，手掌做拇指上顶、四指下压的“刀手”动作，同时低头、含胸、提背，向上跳起。接着迅速提臀，上体压下，两臂侧举，向前屈体翻转。当翻转至3/4周时，双脚积极着地，伸髋，身体伸展落地（图4－4－2）。

图4－4－2　屈体前空翻

（四）重点难点

翻转时，双腿并拢直膝，上体紧跟双腿，翻转至3/4周时，展髋，双脚积极着地，身体伸展。

（五）教法提示

（1）起跳练习，增加蹬地的初速度，加大翻转惯量再缩短半径，增加角速度的运动变化规律。

（2）在原地帮助下起跳并保护，或在弹跳板、助跳板上练习。

（3）增强柔韧素质训练，特别是上体屈体动作练习。

（六）常见错误及纠正方法

常见错误：翻转着地时重心不稳，翻转过程中膝盖弯曲。

纠正方法：注意翻转时上体伸展时机，双脚积极下压，核心收紧；在保护下多练习。

（七）保护与帮助

保护与帮助者站于练习者起跳点前侧方，一手托其腹部，一手托其背部，帮助提臀翻转。

（八）训练注意事项

增强柔韧素质训练，完成动作之前需做好准备活动。加强身体核心力量及身体控制能力。

三、直体前空翻

（一）准备姿势

直立姿势。

（二）动作过程

直立→助跑单跳双落→直体前空翻→屈膝屈髋落地。

（三）动作要领

直立开始，助跑单跳双落，双腿快速蹬地，全力蹬摆腿，同时双手快速有力下压，翻转时、起跳时身体保持直立状态，迅速展臂。空中抬头挺胸，直膝绷脚面，身体形成“背弓”，继续抬头展体，抬头落地屈髋屈膝，双手向前下压，完成动作（图4－4－3）。

查看视频
直体前空翻

图4-4-3　直体前空翻

（四）重点难点

翻转时展腹拉成“弓形”，应抬头挺胸，身体姿态在空中保持不变。

（五）教法提示

（1）加强双腿起跳练习。
（2）控制空中身体姿态，在帮助者辅助下完成动作。

（六）常见错误及纠正方法

常见错误：空翻时屈髋，且出现“跟头”现象。
纠正方法：保护者扶练习者的腰部，防止出现屈髋动作；练习者颈部放松，避免跟头。

（七）保护与帮助

保护与帮助者站于练习者起跳点前侧方，一手托其腹部，一手托其背部，帮助提臀翻转，并帮助保持空中姿态不变。

（八）训练注意事项

动作练习中应注意保护与帮助，加强基础技术动作的练习。

四、团身后空翻

（一）准备姿势

直立侧平举。

（二）动作过程

直立侧平举→屈膝两臂后摆→带臂屈膝上举→抱腿抬头倒肩→屈髋屈膝落地。

（三）动作要领

由直立侧平举开始，两臂后摆，同时微屈髋、膝、踝等关节，降低重心，上体前倾。然后伸直身体，两臂用力向前上摆振，同时伸髋伸膝，用力蹬地向后斜上方跳起，上体快速后倒，屈膝上举近胸，两手抱小腿拉引，头后仰，向后空翻一周，及时挺身使上体抬起落地（图4－4－4）。

查看视频
团身后空翻

图4－4－4　团身后空翻

（四）重点难点

（1）摆臂动作越快越好，在未伸直身体跳至最高点时，不可过早做向后翻转的动作。

（2）在屈缩身体时必须做得迅速有力，团身越紧越好。

（3）两臂上摆、伸髋伸膝，接着上体快速后倒，两手抱小腿向胸前拉引等动作必须做得协调，才能增加旋转的速度。

（五）教法提示

（1）起跳练习。

（2）在原地帮助下练习。

（3）在弹跳板上或助跳板上练习。

（六）常见错误及纠正方法

常见错误：起跳时上体后仰；开团不及时。

纠正方法：摆臂起跳提膝团身，保护与帮助者站在练习者背后，两手扶腰上举；练习时，站在30至50厘米的高垫上向低垫做后空翻，或在海绵垫上完成练习。

（七）保护与帮助

用手提保护带，两名保护者各站在练习者两侧，各以一手执绳，向上提引，另一手托其腰部向后上拨送，接着只用提绳，并减轻力量，以探其能否独立掌握；最后可改用一人保护，在练习者右侧，当翻腾时，一手托其背部，一手托其大腿后侧向后掀送。

（八）训练注意事项

加强基础技术的训练，注意保护与帮助。

五、直体前空翻转体 180 度

（一）准备动作

直立姿势开始。

（二）动作过程

直立→双腿快速蹬地起跳→直体前空翻→转体 180 度→屈膝屈髋落地。

（三）动作要领

由直立姿势开始，双腿快速蹬地，全力蹬摆腿，同时两肩快速下压，翻转、起跳时身体保持直立状态，迅速将两臂与身体并紧，以头部转动带动身体转体 180 度。完成转体后，抬头展体，落地屈髋屈膝，双手向前侧平举，保持身体平衡（图 4－4－5）。

查看视频
直体前空翻
转体180度

图 4－4－5　直体前空翻转体 180 度

（四）重点难点

转体时以头部的转动带动转体，转动方向与转体方向一致。

（五）教法提示

（1）加强双腿起跳练习。
（2）控制空中身体姿态，在帮助者辅助下完成动作。

（六）常见错误及纠正方法

常见错误：空翻时屈髋转体时机过早或过晚。
纠正方法：以直体前空翻基础，在熟练掌握直体前空翻的基础上，加上转头转体动作。

（七）保护与帮助

保护与帮助者站于练习者起跳点前侧方，一手托其腹部，一手托其背部，帮助提升身体重心。

（八）训练注意事项

加强基础技术动作练习，动作练习中应注意保护与帮助。

思考题

1. 空翻类动作的共同特点及练习重点是什么？
2. 为什么空翻时要注意头部位置的改变？

【延伸学习】

动量矩守恒定理

在转动中，当人体所受合外力矩为零时，人体的动量矩保持不变，即 $J\omega_t = J\omega_0 =$ 恒量，此谓动量矩守恒定理。因为人体腾空后只绕重心轴翻转，此时无论是重力还是惯性离心力，都通过身体重心而不能产生力矩，空气阻力很小可以忽略不计，所以合外力矩为零。由此可见，该定理是研究体操腾空动作，尤其是空翻或空翻转体动作的理论基础。

由于腾空状态中的身体合外力矩为零，所以身体转动惯量 J 和角速度 ω 被约束为反比关系。而 J 的变化是主动性的，J 的变化将导致 ω 按反比例变化。因此，练习者可通过改变身体姿势来控制身体的翻转速度，其典型实例就是团身和展体，前者会加快旋转速度，后者正相反。

为顺利完成空中翻转动作，除上述外，更重要的是在腾起一瞬间，要获得较大的初始动量矩，即在离开器械或地面的瞬间，在具有较大的转动惯量条件下，获得尽可能大的初始角速度。

第五节　平衡类动作

一、燕式平衡

（一）准备姿势

直立姿势。

（二）动作过程

直立→单腿后举→单腿站立两臂侧平举。

（三）动作要领

直立姿势开始，单腿慢慢后举，上体前屈，当后腿举至最大限度高位时，挺胸抬头，成单腿站立，两臂侧平举的平衡稳定姿势（图4－5－1）。

（侧）　（正）

查看视频
燕式平衡

图4－5－1　燕式平衡

（四）重点难点

上下腿伸直，后腿膝关节要高于肩。

（五）教法提示

可扶把杆或肋木练习，动作教学开始前需进行后踢腿练习。

（六）常见错误及纠正方法

常见错误：腿低于髋水平面。
纠正方法：单腿着地保持身体平稳，脚尖高于髋。

（七）保护与帮助

保护与帮助者站在练习者侧方，一手托其腿，一手托其上臂。亦可站在练习者前方或后方，扶其双肩或脚尖。

（八）训练注意事项

加强平衡性练习和身体姿态的训练。

二、侧平衡

（一）准备姿势

直立姿势。

（二）动作过程

直立→左腿直立→右腿侧举→成侧平衡姿势。

（三）动作要领

由直立姿势开始（以右腿为例），左腿站立，右腿侧举，上体向左侧倒，手臂上举，成侧平衡姿势（图 4－5－2）。

图 4－5－2 侧平衡

（四）重点难点

举腿时应配合上体侧倒手臂上举的动作，保持身体平衡；侧平衡时脚要高于髋，身体重心要稳。

（五）教法提示

（1）加强髋、腰、腿的柔韧性练习。
（2）在扶持下做侧平衡。
（3）一腿放在高处肋木上做侧平衡。

（六）常见错误及纠正方法

常见错误：侧举腿的高度不够。

纠正方法：加强髋、腰、腿的柔韧性练习。

（七）保护与帮助

保护与帮助者立于练习者后面，一手托其侧举起的腿，一手扶其上臂或腰帮助其平衡。

（八）训练注意事项

增强柔韧素质训练，同时注意保护与帮助。

三、搬腿侧平衡

（一）准备姿势

直立开始。

（二）动作过程

直立→一脚站立→一腿侧上踢起→成搬腿侧平衡姿势。

（三）动作要领

由直立开始，一脚站立，一腿侧上踢起，同时一手握住小腿后，另一臂侧上举。身体伸直保持平衡（图4－5－3）。

图4－5－3　搬腿侧平衡

（四）重点难点

侧举腿高度平于上体、高于髋，身体保持平衡。

（五）教法提示

练习者一手扶器械做侧搬腿平衡动作。

(六) 常见错误及纠正方法

常见错误：侧平衡两腿夹角小于 135 度。
纠正方法：手扶肋木做前、侧压腿，做前后、左右劈腿。

(七) 保护与帮助

保护与帮助者站在练习者的后面，一手扶其腰，一手扶其腿，帮助平衡。

(八) 训练注意事项

做好练习前准备活动，注意保护与帮助。

四、肩肘倒立

(一) 准备姿势

直腿坐姿势。

(二) 动作过程

直腿坐→上体后倒→两臂压地举腿→肩肘倒立。

(三) 动作要领

由直腿坐姿势开始，上体后倒，两臂在体侧用力压地，接着举腿、翻臀，当脚尖至头部上方时，两腿上伸，髋关节充分伸直，用两手托住腰部成肩肘倒立姿势（图 4 - 5 - 4）。

查看视频
肩肘倒立

图 4 - 5 - 4　**肩肘倒立**

(四) 重点难点

收腹举腿要翻臀，眼睛应注视脚尖，向正上方伸直髋关节。

(五) 教法提示

(1) 直腿坐，屈体后滚向上做伸髋练习。注意脚尖向头部上方伸髋，体会伸腿方向。

（2）坐撑后滚动，屈体翻臀，两臂屈肘撑腰练习，要求夹肘撑腰，以稳定支撑。

（3）由身体的滚动到肩肘倒立，通过快速伸长半径达到制动的目的。因此，制动时应考虑身体重心控制在支撑面内。

（六）常见错误及纠正方法

常见错误：立不住，立不直。

纠正方法：先练习屈腿的肩肘倒立，立稳后，再慢慢将腿伸直；立腰、伸髋、收腹、伸腿、伸脚尖；二人一组，保护帮助者，两手提练习者踝关节向上，同时一膝抵腰部。

（七）保护与帮助

保护与帮助者站在练习者侧方，上提其小腿，必要时可用膝顶其腰背部。

（八）训练注意事项

加强身体的控制能力及协调能力训练，注意保护与帮助。

五、头手倒立

（一）准备姿势

蹲撑姿势。

（二）动作过程

蹲撑→前额与手撑地→头手倒立。

（三）动作要领

由蹲撑姿势开始，手指自然分开于体前撑地，以头的前额上部与两手成等边三角形撑地，身体重心前移，同时提臀，一腿上摆，一脚蹬地，接近倒立时，两腿并拢上伸，身体挺直成头手倒立（图 4－5－5）。

查看视频
头手倒立

图 4－5－5　头手倒立

（四）重点难点

初学时，先用头顶部撑地，再回到头的前额用力撑地，两臂内夹用力控制平衡。

（五）教法提示

（1）当头与手支撑成等边三角形位置后再做倒立，要求头手倒立始终控制重心在支撑面内。

（2）当身体重心稳定在支撑面内，稍靠向头部，形成一个稳定角。

（六）常见错误及纠正方法

常见错误：头手距离太近，用头顶撑地。

纠正方法：保护与帮助者纠正或要求练习者头手撑在标志点上。

（七）保护与帮助

保护与帮助者握住练习者的腿，帮助控制头手倒立。

（八）训练注意事项

提高练习者时空方位的判断能力及身体的控制能力。

六、手倒立

（一）准备姿势

直立前平举姿势。

（二）动作过程

直立前平举→双臂前举一脚前跨→上体前倒双手撑地→手倒立。

（三）动作要领

由直立前平举姿势开始，两臂前举，一腿前跨，然后上体前倒，两手向前，撑臂与肩同宽，稍含胸，眼带动头部始终紧跟手。一腿后摆一脚蹬地，接近倒立时，两腿并拢上升、顶肩、立腰、夹臀，伸直身体成倒立（图 4－5－6）。

查看视频
手倒立

图 4－5－6　手倒立

（四）重点难点

手倒立时五指分开并抓到地，充分顶肩伸直身体，控制身体重心在支撑面内；多做靠墙倒立练习加强手臂的控制能力；当手倒立失去平衡身体前翻时，应迅速屈臂、低头、团身做前滚翻。

（五）教法提示

（1）背对墙蹲撑，两脚依次蹬墙上移，直至膝、髋伸直成面向墙的斜倒立支撑或手倒立姿势。

（2）在保护与帮助下进行手倒立和靠墙手倒立练习。要求摆蹬腿有力，充分顶肩、紧腰伸直身体。

（3）当重心接近垂直位时微抬头，及时顶肩、伸髋制动，以便稳定重心成手倒立。

（六）常见错误及纠正方法

常见错误：倒立不直、冲肩、塌腰。

纠正方法：加强肩关节柔韧性练习，重点体会肩胛上抬顶肩动作，加强肩、臂、腰的力量练习。

（七）保护与帮助

保护与帮助者站在练习者的侧方，当练习者做倒立时，扶其腿上提，或站在正面用腿顶住其肩防止冲肩，两手扶其腿帮助控制平衡。

（八）训练注意事项

加强核心力量训练，加强基础技术的训练。

七、俯撑双腿摆越成仰撑

（一）准备姿势

俯撑姿势。

(二) 动作过程

俯撑→摆越→仰撑。

(三) 动作要领

由俯撑开始，稍塌腰，利用腰腹反弹立即收腹提臀，同时右手推离地面身体重心移向左臂，两腿迅速经右侧向前摆越，当两腿将摆至前面时迅速前伸，同时右手撑地，拉开肩角，顶肩，挺身成仰撑（图4－5－7）。

查看视频
俯撑双腿摆越成仰撑

图4－5－7　俯撑双腿摆越成仰撑

(四) 重点难点

俯撑时要紧腰，做塌腰反弹提臀动作。

(五) 教法提示

(1) 做俯撑收腹提臀两脚蹬离地练习。要求充分利用快速塌腰反弹收腹提臀力量完成。

(2) 由俯撑向侧摆越成侧撑。要求利用塌腰反弹收腹提臀做侧摆成侧撑动作。

(3) 在帮助下做俯撑双腿经侧摆越成仰撑。要求塌腰反弹收腹提臀速度快，顶肩推手及时有力，向前伸腿快，幅度大。

(六) 常见错误及纠正方法

常见错误：重心不稳，动作不连贯。

纠正方法：要求塌腰反弹收腹提臀速度快，顶肩推手及时有力，向前伸腿快，幅度大。

(七) 保护与帮助

保护与帮助者跪于练习者支撑臂一侧，一手扶其上臂，另一手推送其髋帮助完成动作。

(八) 训练注意事项

增强练习者的腰腹力量、协调性和灵活性。

八、俯撑单腿摆越成仰撑

（一）准备姿势

俯撑姿势。

（二）动作过程

俯撑→两手撑地支撑身体→单腿摆越→仰撑。

（三）动作要领

由俯撑开始，左腿支撑，右腿后伸，同时梗头紧腰，推手顶右肩，重心左移，右臂顺势带动身体向后转动，保持右腿在高点，经左腿、左手侧支撑后继续转体，右腿落地的同时挺身成仰撑（图 4 –5 –8）。

查看视频
俯撑单腿摆越成仰撑

图 4 –5 –8　俯撑单腿摆越成仰撑

（四）重点难点

两手分开同肩宽，顶肩移重心连贯，转体梗头紧腰。

（五）教法提示

（1）俯撑推手转体成侧支撑技术练习。要求推手顶肩力度大，转体速度快，侧支撑身体稳。

（2）先进行俯撑双腿摆越成仰撑的练习，后进行俯撑单腿摆越成仰撑的练习。

（六）常见错误及纠正方法

常见错误：单腿摆越时身体转动慢、塌腰。

纠正方法：强化顶肩推手的力量练习；体会快速顶肩推手，梗头紧腰，控制身体稳定。

（七）保护与帮助

保护与帮助者只需要用语言提示动作做法、节奏、幅度及姿态等。

（八）训练注意事项

增强练习者的腰腹力量、协调性和灵活性。

思考题

1. 平衡类动作的作用是什么？
2. 进行平衡类练习时如何保持稳定？

【延伸学习】

有限稳定平衡

有限稳定平衡是身体姿位在一定范围内偏离后仍能恢复到原来平衡位置的一种平衡。其特点是，当身体偏离时，若重力作用线（或重心在水平面上的投影）未越出支撑面边界，平衡不被破坏。在这个限度以内，重力形成稳定力矩，可以恢复平衡姿位。一旦重力作用线越出此界限，重力矩就变成倾倒力矩，即丧失平衡。体操练习者完成下支撑平衡动作时，即使重力作用线越出支撑面的边界，也能在一定范围内，通过相应的补偿动作和恢复动作，使重心回到平衡的位置上来。从这一意义上说，这也是有限稳定平衡。有限稳定平衡对于体操实践来说最有代表性。例如，手倒立直角支撑、燕式平衡等均属此类平衡。

第五章 单 杠

从内容属性上来讲，2018年新颁布的《军事体育训练大纲》，规定了垫上（技巧）运动、单杠、双杠、木马和山羊等属于基础体能、实用技能训练类内容。从项目属性上来讲，单杠、双杠、平衡木、高低杠、木马、吊环等属于器械类体操。本章及第六、第七章主要介绍单杠、双杠、木马及山羊练习。通过器械体操的练习，能增强速度、柔韧、协调、力量、灵敏等身体素质，提高前庭器官机能，培养勇敢、坚毅、果断等意志品质。

第一节 单杠项目介绍

一、单杠项目的特点

在体操范畴内，单杠归属于器械体操，是技术类体操中的一项重要内容，单杠动作很多，技术多样，连接多变，包括摆动、摆越、屈伸、回环、腾跃、空翻、空翻转体等动作，可单个动作练习，也可由多个动作组成整套练习。系统的单杠动作练习，可增强人体运动系统内脏器官和神经系统的机能，促进人体的正常发育和全面发展，特别是提高上肢力量、核心力量、肩部稳定性和时空感知觉等，深受青少年和徒手健身人群的喜爱。

单杠学习应先由低杠过渡到高杠，动作由简单到复杂，由单个动作过渡到组合动作、半套动作，再到整套动作。由于单杠动作是以摆动、回环、转体、上法和下法等形式为主，容易脱手或磨破手掌，因此，在教学中要加强学生的保护与帮助措施，注意培养学生的自我保护能力。

二、单杠的器材规格及场地设置

单杠是男子比赛项目之一。早期的单杠是木制的，1850年钢铁单杠的出现，为单杠的发展创造了条件。1862年在捷克斯洛伐克举行的体操比赛中，就出现了单杠项目。1896年第1届奥运会将其列为正式比赛项目。制式单杠基本构成包括立柱、横杠、4根斜拉钢索三部分。横杠为有弹性的圆钢，一般采用高碳钢、弹簧钢或镍铬钢等制成。立柱可以升降，下面有底座，可支撑立柱竖立在地面。钢索外有保护套包裹，钢索上有调节松紧的装置，四根绳索与四个地面钩相连，将单杠拉成直立。制式单杠规格：杠长240厘米，杠粗2.8厘米（直径），杠高200～240厘米（由垫上起量），如图5－1－1所示。比赛采用的器械是“活动”式单杠，可快速调整其高度。

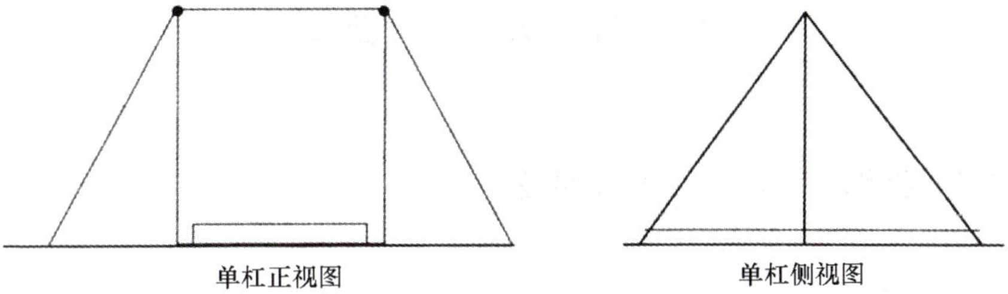

图 5－1－1 单杠示意图

单杠练习场地设置松软沙地或体操垫、镁粉。受训者着迷彩服或体能训练服、制式胶鞋或运动鞋。

三、单杠练习的队形与口令

（一）准备队形

练习时以班横队位于器械一侧或两侧，听到“成体操队形站立姿势”的口令后，左脚向左跨一步，背手（左手握右手手腕）成跨立姿势，上体保持正直。听到“第一名出列”的口令后，第一名受训者以齐步走向准备位置，成跨立姿势。听到“上器械”的口令，面向器械开始体操训练。此时第二名受训者出列走向准备位置。第一名操练完毕后，面向组训者站好，听候纠正；再听到“上器械”的口令，第二名开始训练，第一名取捷径走回队列原来位置。以此类推进行训练。

（二）换项口令

调换训练课目时，先下达“停止训练”的口令，指定下一训练课目后，下达“各班带开”的口令，各班以跑步带至下一器械，按要求站好，组训者指挥训练。

思考题

1. 举例说明单杠主要动作技术在日常训练中的应用。
2. 单杠练习场地及着装要求是什么？

第二节　单杠1练习

一、准备姿势、跳起悬垂及落地姿势

（一）准备姿势

受训者位于器械正下方，两腿屈膝并拢，全脚掌着地，两手向后侧张开，手掌心向后（图5－2－1）。

（二）跳起悬垂

在准备姿势基础上，抬头，双腿用力蹬伸，双手向上挥摆以握杠，呈直臂悬垂姿势，目视前方，手臂与躯干及下肢略成一直线，双腿并拢伸膝，踝关节（跖屈）下压。在单杠其他练习中，除非有动作技术的分腿、屈膝、勾脚要求，下肢的基本姿势均要求双腿并拢，伸膝，踝关节（跖屈）下压，简称“直膝、并腿、绷脚尖”（图5－2－2）。

（三）落地姿势

落地时，两腿顺势弯曲，两臂前平举（稍比肩宽），五指并拢伸直，掌心向内稍向下，上体保持正直（图5－2－3），尔后恢复立正姿势。

图5－2－1　准备姿势

图5－2－2　跳起悬垂

图5－2－3　落地姿势

二、动作过程

准备姿势→跳起悬垂→引体向上→还原悬垂→落地。

需要指出的是，关于引体向上的完成次数，新兵入伍、院校学员入学入伍训练标准为5次以上，通用训练课目考核标准为10次以上。

三、动作要领

从准备姿势开始，跳起悬垂，屈臂引体至下颌超过杠面（图5－2－4），然后两臂伸直，身体回落至悬垂，跳下后由落地姿势自然恢复为立正姿势。

查看视频
单杠1练习

图 5－2－4　单杠 1 练习

四、重点难点

（1）力量素质。针对难以完成引体向上动作练习者，重点加强肌耐力、最大力量的练习。

（2）动作路线。引体向上完成动作时胸部以上部位有后仰但不能过大，正确的路线是胸线始终在杠的正下方并沿直线向杠靠近。

（3）启动发力。引体向上启动时应重点体会挺胸、肩胛下沉、下回旋动作，感受菱形肌、背阔肌、肩胛下肌等协同发力。

五、教法提示

单杠引体向上是其他单杠练习的基础，完成此练习，专门动作技术较少，但需要具备一定的力量。因此，教学中应重点关注力量素质的练习，练习动作详见第十章，常用的练习方法有降难练习、抗阻练习、静力性练习、退让性练习等，其中，降难练习、抗阻练习是最主要的方法，不仅适用于难以完成动作的练习者，也适用于其他需要完成更多数量的练习者。

（一）降难练习

针对难以完成或不能完成动作的受训者，利用降低难度的方法做全角度练习，通常以多的完成次数（12～20 次）、中等的完成组数（3～5 组），稳步发展肌群整体力量。如膝（脚）踩弹力带引体向上（图 5－2－5）、帮助者托腰引体向上（图 5－2－6）、单杠斜拉（图 5－2－7）等练习。

图5-2-5 膝（脚）踩弹力带引体向上

图5-2-6 帮助者托腰引体向上

图5-2-7 单杠斜拉

（二）抗阻练习

对各种类型练习者，通过抗阻练习提高单关节或多关节肌肉最大力量或爆发力。通常最大力量训练、运动中枢对肌肉的协调控制能力训练以少的完成次数（最大重复次数3～6次）、较多的完成组数（3～6组）进行练习；爆发力训练以克服自重或较小的负荷，用爆发式速度，完成4～6组，每组6～10次练习。可利用杠铃、哑铃、弹力带或穿沙衣、背包或脚挂重物等形式进行。如弹力带、杠铃或哑铃弯举，哑铃或弹力带划船（图5-2-8），卧推或俯卧撑（图5-2-9）等练习。

图5-2-8 弹力带划船

图5-2-9 俯卧撑

（三）静力性练习

对各种类型练习者，发展引体向上在不同角度所需的力量，特别是在初始角度、中间角度、最大角度位置的练习。如直臂悬垂，（上臂前臂）大角度悬垂、（上臂前臂）90度悬垂、（上臂前臂）小角度悬垂等（图5-2-10）。

大角度悬垂　　90度悬垂　　小角度悬垂

图5-2-10 引体向上静力性练习

（四）退让性练习

发展引体向上所需的整体力量，特别是动作末端时的力量，同时提高离心控制能力。受训者在跳起或帮助下引体至下颌过杠开始，缓慢退让还原呈悬垂姿势。

（五）变换练习

对于有一定完成数量基础的练习者，需要能够完成更多次数，可采取变换练习，主要有变换训练负荷或变换训练模式的方法，如表 5－2－1 所示。首先是分析日常练习的训练学要素，找出瓶颈原因，以变换练习来打破机体的平衡，通过形成新的适应以提高成绩。

表 5－2－1　变换练习方法

序号	方法	要点
1	变换训练负荷	发展力量耐力；提高训练量，增加日常引体向上次数或组数
		发展最大力量或神经肌肉协调能力；单关节或多关节肌肉孤立训练或负重引体向上，2～5 Rm，3～6 组
2	变换训练形式	平衡肌群力量；调整握杠的方法，如正握或反握，宽握或窄握

六、常见错误与纠正方法

不考虑力量因素，在完成动作过程中，常见的错误主要是身体姿态的控制与协调方面的问题。

（一）上体过度后仰

仰头挺胸，造成上体过度后仰，上拉困难。

纠正方法：拉杠引体时，挺胸肩胛内收并保持胸线始终在杠的正下方，快速拉杠。

（二）停顿蹬腿

过程中短停顿而蹬腿，尔后二次发力。

纠正方法：加强核心力量练习。

七、保护与帮助

在完成动作过程中，帮助者站于受训者身后，当受训者屈臂拉杠力量不足时，可双手托其腰部或扶腿，向上助力帮助受训者完成动作。

八、训练注意事项

（1）认真检查场地器材，并做好充分的准备活动。

（2）在进行抓踝辅助练习中，当受训者接近力竭时，帮助者做好随时放下受训者踝关节的准备，并做好保护，以防其摔倒。

（3）受训者借助摆动力量完成向上引体可作为练习的一种方式，发展快速力量，但在考核时应避免此动作。

思考题

1. 单杠引体向上在哪些军事训练课目中有运用？请举例说明。
2. 单杠引体向上的增负训练和减负训练有哪些？

【延伸学习】

单杠引体向上的运动解剖学分析

单杠引体向上是体操的基础技术动作，也是基础体能训练内容，在生产生活、作战、训练中应用普遍。如攀爬中的爬绳、爬杆、软梯攀爬、攀登、牵引横越、战术爬行等；超越障碍中的通过高墙、翻越高板、吊越水平梯、攀上壕沟等；组合练习中的抱子弹箱、拖子弹箱、搬运伤员等。通过引体向上练习，可发展手臂及躯干肌群的力量。

1. 关节及运动

单杠引体向上参与完成动作的关节有肩关节复合体、肘关节、腕关节、掌指关节等。其中最主要的是肩关节复合体，包括肩锁关节、胸锁关节、肩胛胸廓关节和盂肱关节，这 4 个关节所包含的肌群构成了单杠引体向上的最主要原动肌群，肘关节肌群是次要原动肌群，腕指关节肌群主要起稳固锁定作用。

单杠引体向上全过程包括直臂悬垂—引体向上—退让还原为直臂悬垂姿势，从以力量训练为目的的角度来看，参与用力主要指直臂悬垂至引体向上至下颌过杠环节。关节运动主要有腕屈、指屈、肘屈、肩伸、肩胛骨下回旋、肩胛骨内收及胸锁前回旋，根据身体姿势的不同，还可能会有肩内旋、肩内收。

2. 参与肌群

根据关节运动，参与用力的肌群如表 5－2－2 所示。

表 5－2－2　不同关节运动的主要参与肌群

序号	关节运动	主要参与肌群
1	肩胛骨内收	菱形肌、斜方肌中束、斜方肌下束
2	肩胛骨下回旋	菱形肌、胸小肌
3	肩内收	肩胛下肌、喙肱肌
4	肩内旋	胸大肌、背阔肌、三角肌前束、肱二头肌长头、大圆肌、肩胛下肌

序号	关节运动	主要参与肌群
5	肩伸	背阔肌、三角肌后束、小圆肌、大圆肌、冈下肌、肱三头肌长头、胸大肌
6	肘屈	肱肌、肱二头肌、肱桡肌、旋前圆肌
7	腕屈	桡侧腕屈肌、尺侧腕屈肌、掌长肌、指深屈肌、指浅屈肌、拇长屈肌
8	指屈	指深屈肌、指浅屈肌、拇长屈肌

3. 单杠引体向上不同动作模式对原动肌群功率的影响

（1）最优路线下的身体姿态控制

悬垂状态下，人体额状面位于单杠横杠正下方，运动的正确路线是胸线始终在杠的正下方并沿直线向杠靠近，要求在身体上升至下领过杠前，胸椎上部及颈椎要后伸，后伸时，身体重心离开杠下垂直面而靠近后方，此时为保持身体重心不变，身体会自然有微前摆动作。因此，在动作练习中，为保持最短路线及用力的最大效率，应控制身体重心尽可能靠近杠下垂直位，具体而言，一是胸椎以上部分不能过度后伸（仰），致使重心过于靠后，二是身体自然微前摆，以平衡微屈髋及抑制过度屈髋而导致的重心过于靠前。

（2）宽握、中握与窄握

握杠后，双手之间的不同握距会形成不同的运动轨迹，进而改变原动肌群参与用力的贡献率，但无论是哪种握距，参与贡献率最大的原动肌仍以背阔肌、胸大肌、斜方肌、菱形肌等大肌群为主。

当双手握距宽于肩，称为“宽握”。在准备姿势中，相当于肩增加了外展，在引体向上过程中，将更加注重肩内收，减少肘屈来完成动作，即突出肩胛下肌、喙肱肌参与用力的贡献率，减少了肘屈肌群用力。当双手握距小于肩，称为“窄握”。因握距窄，在引体向上过程中，躯干会阻挡上臂肩屈向后，并会有含胸的动作出现，此时为了下领能够过杠，须肩外展才能完成动作，这将减少胸大肌的用力参与，相对增加了屈肘肌群的参与贡献率，即肱肌、肱二头肌短头、肱桡肌、旋前圆肌等，也适度增加了外展肌群的用力。事实上，大多数人的握距是稍宽于肩，称之为“中握”，这样能够综合、充分协同各个肌群参与，能够兼顾“宽握”和“窄握”的优点，肘屈、肩内收的角度适中，是三种握距中相对最省力的方式。这也提示日常练习应该根据自己的能力特点及训练的目标来使用不同的握距。

（3）正握与反握

标准引体向上要求是双手正握杠，于标准解剖姿势的中立位而言，肩处于相对旋内姿势，即会缩短肩关节复合体旋内肌群的初长度，包括胸大肌、背阔肌、三角肌前束、肱二头肌长头、大圆肌、肩胛下肌等。在进行动作练习时，因肌初长度的变化，会导致肌肉做功的距离相对缩短，功率降低，效率下降。因此，一般而言，双手反握杠练习会更加容易，提示我们在不同的练习场景特别是肌力不足时应用的重要性。

第三节　单杠 2 练习

一、准备姿势、跳起悬垂及落地姿势

见本章第二节单杠引体向上。

二、动作过程

准备姿势→跳起悬垂→卷身上→还原悬垂→落地。

需要指出的是，关于单杠卷身上的完成次数，军兵种专项训练（二类人员 24 岁以下）、院校学员标准为 12 次以上。

三、动作要领

从准备姿势开始，跳起悬垂，屈臂向上引体，同时含胸、收腹、屈髋上举大腿，上体后倒（臂部紧贴身体，眼看脚），在屈臂引体时，腿向后上方伸出过杠，使腹部贴杠，翻转手腕，挺胸抬头，身体绕单杠转动成杠上直臂正撑动作，身体后倒，微收腹屈臂，两腿向前下，自然送出，顺势伸直臂跳下（图 5－3－1）。

查看视频
单杠2练习

图 5－3－1　单杠 2 练习

四、重点难点

1. 屈臂引体倒肩，使腹部靠杠；躯干接近杠下垂直位挺胸抬头。

2. 力量素质是基础：找准力量素质薄弱环节并针对性练习；卷身上从身体悬垂至动作完成过程中肩胛骨应具备良好下沉、下回旋、内收能力，要求在完成动作过程中保持双臂贴身体的锁定，应重点体会引体向上正确动作发力过程。

五、教法提示

单杠卷身上以完成单杠引体向上为基础，完成此练习，专门动作技术较少，相比较而言，增加了腹部核心肌群及屈髋肌群的协同发力。因此，除关注完成引体向上所需力量之外，教学中还应重点发展核心肌群和屈髋肌群力量。

（一）帮助练习

帮助者位于受训者前侧方，一手托其腰，另一手推其肩部，帮助其完成动作。

（二）仰卧两头起

受训者仰卧，两臂上举。练习时，收腹举腿，同时上体前屈，两手碰触脚背部位（图5－3－2）。

图5－3－2　仰卧两头起

（三）单杠悬垂收腹举腿

双手握住单杠或肋木，身体呈悬垂姿势。练习时，两腿伸直上举，上举幅度根据腹部肌肉力量而定，力量较好者双脚举至单杠杠面，力量较差者可减小幅度，或屈膝完成（图5－3－3）。

图5－3－3　单杠悬垂收腹举腿

（四）仰卧屈髋上举腿

仰卧位，双腿并拢屈髋至最大角度，尔后收腹将腿上举至最高点，稍停顿后还原成仰卧姿势（图5－3－4）。

图5－3－4　仰卧屈髋上举腿

（五）负重练习

腹部力量较强者可在踝关节或小腿部位负重后进行练习，逐渐增加重量。

六、常见错误与纠正方法

（一）过早抬头挺胸

过早抬头挺胸，造成收腹举腿困难。

纠正方法：体会抬头挺胸的时机。在低杠上，受训者成抬头挺胸为正撑前的姿势，腹部贴杠，通过帮助者下压受训者双脚，受训者在助力下抬头挺胸成正撑，反复练习（图 5－3－5）。

（二）上卷身体下沉

在卷腹过程中，上体后倒时，臂放松，上臂与躯干夹角增大，身体下沉，导致难以卷腹过杠。

纠正方法：首先，需要进一步加强肩胛下肌、背阔肌、菱形肌的力量练习；其次，要体会引体向上的正确发力模式，强调肩胛骨的锁定，手部紧贴身体；最后，可握低杠站立，一脚蹬地，一腿向上摆起，腹部贴杠，在助力下体会动作（图 5－3－6）。

图 5－3－5　过早抬头挺胸纠正方法

图 5－3－6　上卷身体下沉纠正方法

（三）上卷无法过杠

在卷腹过程中，腿部难以向后上方伸出过杠，使腹部贴杠，导致空中停留，不能完成动作。

纠正方法：进一步加强腹部肌群的力量练习，如单杠悬垂收腹举腿、仰卧屈髋上举腿等。

七、保护与帮助

保护与帮助者位于杠前侧方，当受训者卷身上动作力量不足时，一手托其腰，另一手推其肩向上助力完成。

八、训练注意事项

（1）训前认真检查器械，安排好保护人员；可使用镁粉以防脱手。
（2）充分做好肩、颈、胸、腰部准备活动，预防拉伤。
（3）若有腰疾，应避免参加相关练习。

思考题

1. 单杠卷身上在哪些军事训练课目中有运用？请举例说明。
2. 单杠卷身上时，为什么向后上方举腿时上体向后倒？

第四节　单杠 3 练习

一、准备姿势、跳起悬垂及落地姿势

见本章第二节单杠引体向上。

二、动作过程

准备姿势→跳起悬垂→立臂上→单腿摆越成骑撑→后倒挂腿上成骑撑→腿向后跨杠成正撑→弧形跳下（图 5－4－1）。

图 5－4－1　单杠 3 练习

三、技术动作与练习方法

（一）立臂上

1. 动作要领

直臂悬垂，两臂引体至胸部时，右（左）手顺势向上迅速翻腕立肘，同时，身体稍向左（右）转，含胸微收腹，重心移至右（左）臂，胸部贴杠。左（右）手翻腕立肘，身体稍向右（左）转，上体前倾，两臂用力撑杠成直臂正撑（图 5－4－2）。

图 5－4－2　立臂上

2. 重点难点

高位引体并锁定肩胛，便于立肘翻腕。

3. 教法提示

（1）力量练习

立臂上以引体向上为基础，更加注重高位引体向上的能力，即需要进一步加强肩伸肌群、肩胛内收肌群的练习，主要是背阔肌、菱形肌的力量练习，同时可通过高位引体向上后的静力性练习，体会肩胛的锁定；立肘翻腕需要一定的腕屈、指屈、伸肘力量，可通过反缠重锤、杠铃抖腕、指卧撑等动作来练习。

（2）模仿练习

①原地站立，两臂上举，掌心向前，模仿做拉杠至胸部时，翻腕立肘，转体和立臂

动作。

②屈臂握低杠或双杠（可利用脚蹬地），做翻腕立肘转体和立臂动作（图5－4－3）。

图5－4－3 翻腕立肘动作

4. 常见错误及纠正方法

常见错误动作以立臂上困难为主，有3种形式。

（1）引体不到位，倒上体过早或引体向上拉脱节，造成翻腕立肘困难。

纠正方法：握低杠站立（肩略高于杠）体会翻、转、立的动作。

（2）立肘、倒上体立臂时，收腹过大，臀部下沉，影响立臂上。

纠正方法：在帮助下体会立臂上动作；加强肩伸肌群力量练习，加强高位引体向上能力练习。

（3）翻腕立肘不充分，反复立肘。

纠正方法：进一步加强腕、指屈肌群力量练习及高位引体向上练习。

5. 保护与帮助

保护与帮助者站于杠下一侧，当受训者立不起臂时，两手扶其腿或腰部向上助力完成。

（二）单腿摆越成骑撑

1. 动作要领

上体躯干左（右）倾移，左（右）臂支撑，右（左）肩肩胛下沉的同时手推离杠，右（左）腿向前摆越，右（左）手握杠成骑撑（图5－4－4）。

查看视频
单腿摆越成骑撑

图5－4－4 单腿摆越成骑撑

2. 重点难点

（1）推手倒肩几乎同时进行，且速度快而有力。

（2）直腿摆越，且骑撑时，两腿开度大。

3. 教法提示

（1）低杠练习

针对心理惧怕者，可在低杠上先熟练动作后再到高杠上练习。

（2）分步练习

重点练习腿跨越单杠前的动作，腿部摆动幅度可由小到大，手推杠和上体倒重心应快速有力，使身体重心迅速靠近另一手，当动作熟练后加大腿部摆动幅度。

4. 常见错误及纠正方法

（1）腿摆不过杠

因倒上体推手不及时或用力大小不合适，致使腿部摆动困难。

纠正方法：在低杠进行练习，也可不摆腿，仅反复练习沉肩推杠倒重心动作。

（2）身体前倒

腿摆过杠后，重心前倒不稳。

纠正方法：摆越腿过杠后，两腿迅速开立制动，以稳定重心。

5. 保护与帮助

保护与帮助者站于杠下非摆动腿一侧杠后，一手扶其上臂，另一手托其腿，帮助完成动作。

（三）后倒挂腿上成骑撑

1. 动作要领

两臂撑杠，身体重心后移，微收腹屈臂，上体后倒，左（右）腿屈膝挂杠，右（左）腿向前上方送出。当身体前摆接近极点时，两臂和左（右）膝窝用力压杠，右（左）腿后上摆，伸直臂成骑撑（图 5－4－5）。

查看视频
后倒挂腿上成骑撑

图 5－4－5　后倒挂腿上成骑撑

2. 重点难点

前摆时及时制动腿，回摆时使摆动腿加速后摆。

3. 教法提示

（1）制动及加力时机体会

上体后倒过程中，下肢会因为摆荡的惯性自然屈髋，当腿部前摆接近杠前水平位置时开始制动腿，保持身体略成一直线；在前摆接近极点时，腿部伸髋加力后上摆。

（2）挂腿摆荡练习体会

在掌握用力方向及时机后，可通过挂腿反复摆荡重点体会手部、膝部压杠，双手和膝部压杠用力要快速，可体会不同力量的压杠效果。

4. 常见错误及纠正方法

（1）重心后移时腿部擦杠

两臂撑杠用力不够，腿部仍然压在杠面，导致身体重心后移时腿部擦杠，移动困难。

纠正方法：（低杠上）两臂伸直，向下顶肩（肩胛下沉）用力撑杠，直至腿部离开杠面。

（2）前摆屈髋撞杠

在身体前摆过程中，因摆动腿屈髋而撞到杠面。

纠正方法：前摆过程中，腿部在接近杠前水平位置时主动制动，稍伸髋下压向前上方送出，可在杠前上方放一标志物（高低距离要适当），受训者后倒时目视标志物，将其腿向标志物送出，体会正确的动作要领。

（3）回摆屈臂

在身体回摆过程中，因摆动速度不够而主动拉杠，导致屈臂及成正撑困难。

纠正方法：通过挂腿反复摆荡，强调前摆接近极点时，腿部顺势加力伸髋后上摆，同时双臂及挂杠腿用力压杠。

5. 保护与帮助

保护与帮助者站于摆动腿一侧，受训者挂腿上无法完成时，手托摆动腿膝关节助力完成。

（四）腿向后跨杠成正撑

动作要领：左（右）手向内、右（左）手向外依次换握，身体重心右（左）移，左（右）腿向后跨杠成正撑。

腿向后跨杠成正撑的教法提示、重点难点等与单腿摆越成骑撑相似，可参照练习。

查看视频
腿向后跨杠
成正撑

（五）弧形下

1. 动作要领

直臂撑杠，上体快速后倒，同时微收腹，腹部贴杠，腿向前上方举起。当肩部接近杠下垂直部位时，两臂顺势肩屈向头后带杠，拉开肩角，使腿、髋部向前上方伸出，挥臂挺身下（图 5－4－6）。

①　②　③　④

⑤　⑥　⑦

查看视频
弧形下

图 5－4－6　弧形下

2. 重点难点

主动倒肩；两臂推离杠前，保持直臂，腹部贴杠。

3. 教法提示

（1）低杠弧形练习

分四步进行体会练习。一是倒肩贴腹。手握低杠，脚用力蹬地，向后上跳起的同时上体后倒，腹部主动贴杠，体会肩在下，脚在上（图 5－4－7①）。二是向后带杠。在第一步基础上，当肩接近杠下位置时，两臂顺势肩屈向头后带杠，拉开肩角，使腿、髋部向前上方伸出，挥臂挺身下（图 5－4－7②）。三是失重弧形下。手握低杠，双腿用力蹬地跳起至身体重心稍高于杠的位置，在身体失重的同时，主动倒肩完成第一步、第二步练习。四是低杠完整练习。直臂支撑于低杠上，主动倒肩并进行完整动作练习。重点体会腹部贴杠、迅速倒肩。

①　②　③

查看视频
腿向后跨杠
成正撑

图 5－4－7　低杠弧形练习

（2）腹回环练习

在保护与帮助下，进行完整腹回环练习，体会身体绕杠一周时在不同位置的本体感觉。

（3）帮助练习

在保护与帮助下，托其腰部、肩部，顺势助力将受训者肩角拉开。

4. 常见错误及纠正方法

（1）臀部下掉

弧形后倒时，心理惧怕或仰头挺身或屈臂、收腹过大，臀部下掉。

纠正方法：低杠进行练习。强调始终直臂，臀部收紧，腹部贴杠，主动倒肩。

（2）送髋不及时

弧形下时，两腿前伸，送髋、直臂顶肩的动作不连贯、不协调，导致身体难以送出，影响下法。

纠正方法：在杠前上方放一横杆（绳）或标志物（高低距离要适当），诱导受训者将腿、臀部从横杆（绳）上或标志物方向送出，体会动作要领。

5. 保护与帮助

保护与帮助者站在杠下一侧，当受训者上体后倒时，手托其腰并推其肩部向前上方助力，落地时手扶其腰腹部，防止摔倒。

四、训练注意事项

（1）训练前认真检查器械，并充分做好准备活动。

（2）注意弧形跳下时，屈膝缓冲，防止膝关节及腰部受伤。

（3）注重动作的衔接节奏及连贯性。

思考题

1. 立臂上动作可运用到哪些军事训练课目中？
2. 简述弧形下的动作要领。

【延伸学习】

“弧形下”物理学动作分析

“单摆模型”是在日常生活中常见的物理模型，同样，单杠技术动作也可以抽象为这个浅显易懂的物理模型，而且有益于对技术动作的理解学习。首先分析一下单摆模型，如图 5－4－8 所示。

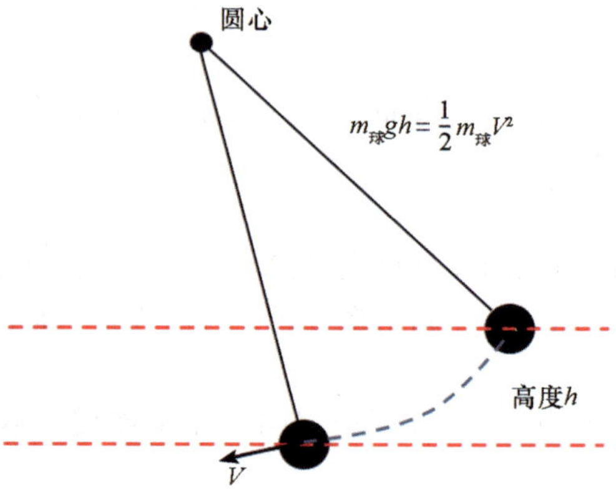

图 5-4-8 单摆模型

根据能量守恒，假设从静止开始释放小球，下降一定高度得到速度 V，可以得到图中的公式。单摆模型有一个重要的特点，就是这个小球所做的运动是圆周运动的一部分，这说明了对整个模型而言，上述式子成立的条件之一就是运动的半径不能改变，否则会有其他能量损耗。在整个运动中，这根作为半径也是提供向心力的绳子，实际上起的作用是不断改变小球速度的方向，而不减小速度的大小，因为其一直与速度垂直。把这一点迁移到单杠技术动作“弧形下”上，就可以很好地理解为什么要伸直手臂，身体贴杠而下了。

为了研究动作，首先建立模型。找到人体的重心，将其抽象为“单摆模型”中的小球；将人的直臂作为半径，相当于“单摆模型”中运动的半径。这就像从单杠的侧面观察动作一样。在这个模型里，与“单摆模型”有所不同的是，这根牵着“小球”的“绳子”实际上是不可弯曲的手臂，也就是一根“轻杆”，如图 5-4-9 所示。

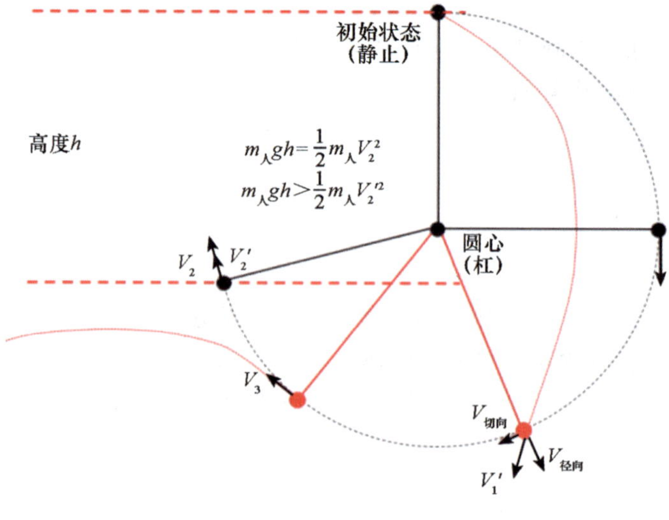

图 5-4-9 弧形下的抽象单摆模型

可以看出，弧形下杠上动作到最后基本上可以处理为一个圆周运动，会形成一个向斜上方的速度，从而让练习者更好地完成在空中“画弧”的过程。顺利完成整个动作的重要一点，就是要伸直手臂后倒，这样才可以最贴切理想模型，做得也最省力、最标准。同时，图 5-4-9 也可以解释为什么屈臂会带来不良的结果。

可以看出，整个后倒过程可能成为一个复杂的曲线运动，下面讨论其中的临界状态。因为身体重力作用，人在低点“被迫”做回圆周运动的时候，把速度分为切向速度和径向速度。只有切向速度是有效的圆周运动速度，而径向速度需要用手臂的力量额外做功去克服。所以，做圆周运动的速度比正常做动作时更小了，从而导致后续可能的两个结果：结果一，可以到达先前正确的高度位置（V_2'处），但是由于中途做功抵消了速度，因此这个向斜上方的速度就减慢了，从而影响了滞空“画弧”动作的时间；结果二，没有很好地到达正确动作离杠高度（V_3处），虽然此时速度相对更快一点（相对下落高度 h 更大），但由于速度方向会较为平直，从而导致“画弧”的弧形出不来，动作会偏离标准。

通过简单模型的构建，可以看出“直臂”事实上就是要让身体保证“单摆”能量守恒的一个重要条件：圆周运动。通过圆周运动，可以利用好身体的重力势能，将其充分转化为所需的速度，从而辅助整个技术动作的完成。

第五节 单杠 4 练习

一、准备姿势、跳起悬垂及落地姿势

见本章第二节单杠引体向上。

二、动作过程

准备姿势→悬垂摆动→挂腿上→骑撑前回环→杠上转体 180 度成正撑→弧形摆动后摆挺身下（图 5-5-1）。

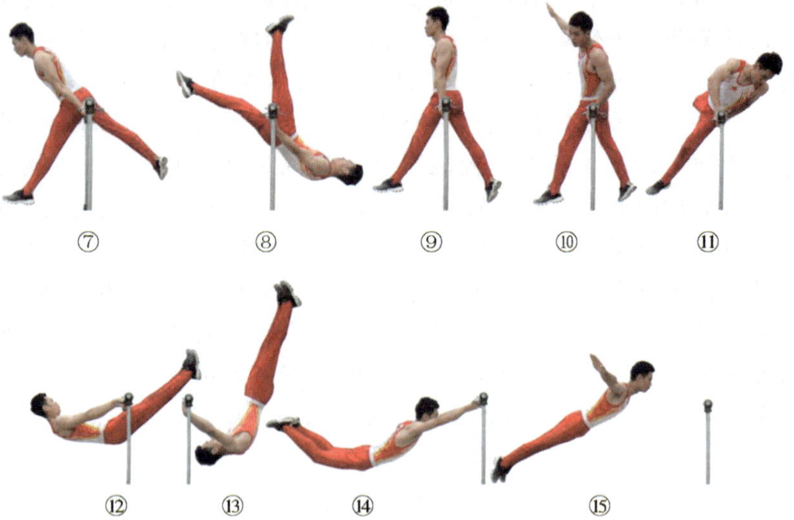

查看视频
单杠4练习

图 5－5－1　单杠 4 练习

三、技术动作与练习方法

（一）悬垂摆动

1. 动作要领

跳起悬垂，两手屈臂引杠，收腹举腿，上体后倒，将腿、臀部迅速向前上方送出，两臂向后带杠，拉开肩角，身体自然回摆（图 5－5－2）。

查看视频
悬垂摆动

图 5－5－2　悬垂摆动

2. 重点难点

注意摆动的节奏。

3. 教法提示

（1）指、腕屈肌群力量练习

悬垂摆动转动半径相对之前的练习要大，对指、腕屈肌群力量更高，因此要加强力量练习。

（2）注重节奏

收腹举腿的时机在下颌接近杠时；伸髋将腿、臀向前上方送出并拉出肩角后，保持伸膝以脚尖主动指向远点。

4. 常见错误及纠正方法

（1）腿下掉

收腹举腿后，因上体后倒不及时，导致送髋不及时而腿回摆下掉。

纠正方法：在收腹举腿后，上体迅速后倒，当腿部上举接近前上方 45 度时，伸髋将腿、臀向前上方送出。

（2）摆动中握不住杠

因手部腕、指屈肌力量不足，而导致握不住杠，并可能脱手。

纠正方法：通过爬绳、小幅度多次数悬垂摆动等练习，加强腕、指屈肌力量。

5. 保护与帮助

保护与帮助者站于杠下一侧，当受训者举腿出浪时，手托其腰部，推其肩部向前上助力；当受训者后摆时，手托其腰腹部，防止其脱手。

（二）挂腿上

1. 动作要领

前摆过垂直部位时，收腹举腿，一腿屈髋屈膝从两臂间穿过。当身体回摆时，穿杠腿屈膝挂杠。身体摆过垂直部位后，摆动腿顺势伸髋发力向后上摆，同时臂、腿用力压杠，跟上体，撑直臂，前腿伸膝成骑撑（图 5－5－3）。

查看视频
挂腿上

图 5－5－3　挂腿上

2. 重点难点

收腹举腿后，穿杠屈膝挂腿要快。后摆腿向后上方摆，屈膝腿用力压杠，跟上体，及时伸膝制动腿。

3. 教法提示

（1）仰卧模仿练习

仰卧地面，两臂伸直上举，体会收腹举腿、穿杠屈膝挂腿的要领。

（2）空杠挂腿体会

在低杠前放一纵木马（高低距离要适当），手握杠，一脚屈腿抵马头，一脚举起做穿杠挂腿上的动作。

（3）保护与帮助练习

在保护与帮助下做挂腿上。

4. **常见错误及纠正方法**

（1）穿腿晚，屈臂拉杠

穿腿时，仰头、挺身或穿腿过晚，导致屈膝挂腿时，屈臂拉杠。

纠正方法：强调屈髋屈膝及穿腿动作要快。可仰卧地面，手握体操棍或竹竿，在头上稍后举起，体会收腹举腿、穿杠挂腿的动作要领。

（2）腿向下砸浪

收腹过大或挂腿不到位（用小腿挂杠），腹部放松，导致摆动腿向下砸浪。

纠正方法：在挂腿的同时，稍伸髋以制动，防止过度屈髋上举。

（3）跟上体脱节

挂腿上时，挂杠腿放松，屈臂拉杠，身体靠杠或压杠、后摆腿，跟上体的动作脱节。

纠正方法：在杠上做屈膝挂腿悬垂摆动挂腿上，体会摆腿、压杠、跟上体的动作。

5. **保护与帮助**

保护与帮助者站在受训者摆动腿一侧稍前面，挂腿上时，手托摆动腿助力完成。悬垂摆动前摆时，保护与帮助者虚托受训者腰部及肩部，防止脱手摔倒。

（三）骑撑前回环

1. **动作要领**

由反握骑撑开始，直臂顶肩，撑杠重心上提，前腿绷直抬起，向前迈出，后腿靠杠，上体前倒，目视前方。回环至上体过杠水平面后，前腿伸、压杠，直臂压杠跟上体，翻腕制动成骑撑（图 5 –5 –4）。

查看视频
骑撑前回环

图 5 –5 –4　骑撑前回环

2. **重点难点**

两臂用力撑起身体，上体积极前倒使身体重心尽量远离握点，回环过程中后腿始终贴杠；当上体回环至杠后水平部位时，直臂压杠、挺胸、翻腕、制动腿成骑撑。

3. **教法提示**

（1）理解回环原理

骑撑前回环是“增加转动半径—缩小转动半径—再增加转动半径（制动）”的过程。增加转动半径是指撑起身体至上体前倒前的过程；缩小转动半径是指前倒至回环接近 3/4 周即杠后水平位置的过程；再增加转动半径是指杠后水平位至还原为骑撑的过程。理解并利用此过程的回环加力原理是高质量完成动作的前提。

（2）原地模仿练习

原地立正站好，两臂伸直贴于体侧，拳心向前，一腿抬起（约 90 度）向前迈出，同时挺胸，上体前倒，脚着地成燕式平衡，体会抬迈、挺倒动作（图5-5-5）。

图5-5-5 原地模仿练习

（3）放标志物前倒体会

在低杠前放一纵木马（高低距离要适当），两臂用力撑起身体，前腿抬起向前迈出的同时，挺胸上体前倒，后大腿靠杠，脚踩在木马上，体会要领（图5-5-6）。

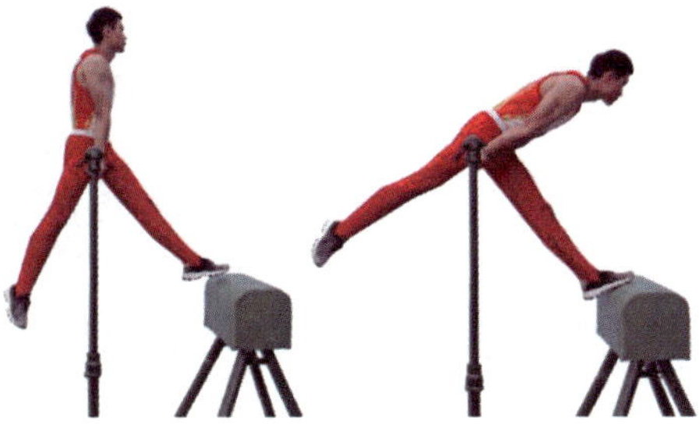

图5-5-6 放标志物前倒体会

（4）保护与帮助练习

在保护与帮助下做骑撑前回环，要求大胆前倒，核心收紧，分腿大。

4. 常见错误及纠正方法

（1）前倒转动半径过小

上体前倒时，身体未撑起，含胸收腹，夹腿，导致后续动作难以完成。

纠正方法：强调肩胛下压顶肩以撑起身体，上体作为整体前倒，后腿始终贴杠。

（2）回环转动半径过小

回环时，屈臂，收腹过大，臀部下沉或两腿用力夹杠，影响动作完成。

纠正方法：在保护与帮助下做回环动作。保护与帮助者站在受训者前腿一侧，将腿向前上抬起，上体前倒，然后松手，让其回环。亦可在杠前放一标志物（高低距离要适当），诱导受训者向标志物方向迈腿（尽可能触到物）和前倒。

5. 保护与帮助

保护与帮助者站在受训者前腿的同侧，一手从杠下反握手腕，当上体回环过杠下垂直位后，一手扶其前腿，另一手托其腰背部，帮助成骑撑。

（四）杠上转体180度成正撑

1. 动作要领

由反握杠骑撑开始（以左转为例）。左手贴近大腿握杠，重心移于左臂，右手推离杠，上体稍向左后倒。同时以左臂为轴向左转体，挺身控腿，右腿过杠随身体转动向左腿靠拢，右手握杠成正撑（图 5 –5 –7）。

查看视频
杠上转体180度
成正撑

图 5 –5 –7　杠上转体 180 度成正撑

2. 重点难点

身体重心移向支撑手一侧（以左转为例），以左臂为轴向左转体，转体时要展髋，核心收紧，制动前腿。

3. 教法提示

（1）支撑模仿练习

在横木马上或在低杠前放一木马，做骑撑转体 180 度成正撑，体会动作要领。

（2）帮助练习

在帮助下做杠上转体成正撑。受训者应大胆向侧后倒上体，边转体边展髋，帮助者辅助调整受训者身体重心。

4. 常见错误及纠正方法

（1）转体重心不稳

转体时，上体后倒过小，导致转体时重心在前而不稳。

纠正方法：在杠上侧后放一标志物，诱导受训者上体向标志物后倒，转体，身体保持适度紧张。

（2）转体困难

支撑手距离大腿较远，导致转体困难。

纠正方法：强调支撑手贴近大腿。

5. 保护与帮助

保护与帮助者站在受训者前腿一侧，手扶其脚协助转体。

（五）弧形摆动后摆挺身下

1. 动作要领

直臂撑压杠，上体后倒，含胸微收腹，腿向前上方举起。当肩部接近杠下垂直部位时，两臂顺势肩屈向头后提杠，将腿向前上方送出，伸髋，扣腕，自然后摆。摆过杠下垂直部位时，两腿用力向后上方摆，接近极点时，直臂压杠，抬上体，推杠挥臂挺身下（图 5 –5 –8）。

查看视频
弧形摆动后摆挺身下

图 5-5-8 弧形摆动后摆挺身下

2. 重点难点

直臂撑杠，上体后倒，腹部贴杠，腿向前上方举起，身体略成一直线。腿向后上方摆，近极点时，手压杠，抬上体，挥臂挺身下。

3. 教法提示

（1）悬垂摆动练习

先悬垂小摆动做后摆挺身下，然后逐渐加大摆幅，体会动作要领。

（2）弧形摆动练习

在低杠上做上体后倒，腿向前上送出，伸髋、顶肩，向后摆动。

（3）帮助练习

在保护与帮助下做弧形摆动后摆挺身下。

4. 常见错误及纠正方法

（1）臀部下掉

弧形后倒时，心理惧怕或仰头挺身或屈臂、收腹过大，臀部下掉。

纠正方法：在低杠上进行练习。强调始终直臂，臀部收紧，躯干在杠上方过垂直部位后手向腹部方向用力压杠，使其腹部始终贴杠，身体略成一直线。亦可在低杠前上放一标志物（高低距离适当），当受训者上体后倒时，将腿向标志物蹬出，伸髋，直臂顶肩。

（2）后摆加力时机不当

后摆时，肩角未拉开和加力过早；挺身下时，腿没有向后上摆动，塌腰。

纠正方法：强调过垂直位时，两腿用力向后上方摆，近极点时，手压杠及挥臂动作要快。

5. 保护与帮助

保护与帮助者站于杠下一侧，当受训者后倒出浪时，手托其臀和肩部向前上方助力；当其向后上方摆腿时，手托其腰腹部，防止脱手。

四、训练注意事项

（1）训练前认真检查器械，并做好充分的准备活动。

（2）挂腿上时，应借助身体后摆的回浪挂腿后摆。

（3）骑撑前回环时，双手向上撑起身体，上体向前压，完成身体回环。

思考题

1. 骑撑前回环时，为什么上体向前送而不向下压？
2. 弧形摆动后摆挺身下，身体支撑后倒时为什么髋部要贴杠？

【延伸学习】

垂直摆动中的下摆技术与上摆技术

1. 下摆技术

下摆技术是指身体预先达到尽可能高的位置，然后放浪下摆至垂直面这一阶段的技术。其任务是为进入动作的基本阶段做好准备，它在很大程度上决定整个动作的好坏。

通常，正确的下摆技术，可以使身体获得较大的角速度。从角速度的公式 $\omega = \sqrt{\omega_0^2 + \frac{2pr\ (\cos\theta_0 - \cos\theta)}{J}}$ 可以看出，在下摆过程中，提高身体重心的初始位置 $r\cos\theta_0$，以及增大身体重心半径 r，都可有效增大下摆角速度。下摆过程中身体工作姿势不同，增大重心半径方式亦不同；直体大摆时可以用顶开肩和主动拉长身体的办法。

在下摆过程中，练习者要根据预定动作的需要，通过内力做相应与改变身体姿势有关的主动动作，以便在双腿做决定性的摆动前，使身体各环节处于最合理的位置。最典型的是，当下摆接近垂直部位时，往往要做沉肩留腿动作。沉肩，即肩部加速下沉，使身体重心沿法向产生一个直线加速运动。设人体对器械的作用力为 N，肩沉到底瞬时的转动半径为 r，沉肩的法向加速度为 a_r；身体可做法向加速运动的部分质量为 Km（m 为身体质量，K 为比例系数），则有：$N = mr\omega^2 + P\cos\theta + Km\,a_r$。在上式中，$mr\omega^2$ 为离心力，$P\cos\theta$ 为重力在沉浪方向上的分量，$Km\,a_r$ 则是由于沉肩动作，使人体对器械又产生了一个法向作用力，它加大了器械的形变程度，这对踢（甩）腿时充分利用器械形变弹力有利。从上式可知，身体越接近杠下垂直面，ω、r 及 a_r 越大，则 N 越大，同时，器械对人体的支撑反作用力也越大。此外，由于充分沉肩留腿，根据肌肉初长度理论可知，这可拉长肩带肌和腹（背）侧诸肌群，对紧接着的相应肌肉爆发用力也极为有利。总之，沉肩留腿动作要积极、放松、适时。

2. 上摆技术

上摆技术是指从握点下垂直面开始，一直摆到预定动作所要求的最高点的技术。上摆技术是完成摆动动作最基本、最关键的技术。由于在上摆过程中身体重力做负功，所以除了要利用在下摆阶段所获得的转动动能外，还要通过内力改变身体姿势，同时手臂以相应动作对器械施加一作用力。所有这些动作因素，可以产生颇大的能量，这样才能完成预定动作。

在上摆过程中，一般是先沿摆动路线做腿的加速摆动。若是前摆动作，就在充分沉肩留腿之后，马上做急速的踢腿动作；若是后摆动作，则在摆过垂直部位之后，立刻向后上方甩腿，即做鞭打动作。由于踢腿时的屈髋和甩腿时的体后屈，都可使身体重心靠近转轴，减小转动惯量，从而加大角速度。从能量学角度看，练习者做摆动动作时，整个身体的动能等于该系统各环节动能之和。由于末端环节（尤其是小腿和足）具有高度的可动性，在加速摆动中是速度最快的环节，拥有最大的运动能量，因此，双腿在这一动作因素中是做功的主要环节。该动作因素的技术要求是适时、有力、方向准确。

在摆动动作的后半部技术中，当做完加速摆动之后，往往要紧接着做腿的减速制动动作。即练习者通过内力来减慢下肢运动速度，使上体运动速度增加，从而使动量得到重新调配以完成预定动作。其理论依据是动量传递原理。若制动前腿的速度越大，制动后所传递的速度也越多，制动做得越短促有力，就越能使腿有效地减速，上体速度就能更有效地增加。因为腰是联系下肢与上体的纽带，所以为使动量传递的效果更好必须硬腰。在动量向上体传递的同时，上体和手臂要配合做相应的动作，如压臂、推手、带杠、梗头、急振上体等。它们与制动腿和硬腰有机结合，才是完整的制动技术。

由于动作结构不同，制动技术之运用亦不同。如果动作后半部的旋转方向与前半部相同，则制动现象几乎没有或者不明显；若动作后来的旋转方向与原来相反，则在其后半部技术中制动十分明显。

下摆和上摆技术，除了是所有摆动动作共同的技术特点外，主要是指摆动动作中最典型的大摆动作的技术特点。至于其他摆动动作，由于各自动作结构的差别，还有自己的技术特征。

第六节 单杠 5 练习

一、准备姿势、跳起悬垂及落地姿势

见本章第二节单杠引体向上。

二、动作过程

准备姿势→悬垂摆动→屈伸上→支撑向后回环→弧形后摆→交叉握前摆转体 90 度挺身下（图 5 -6 -1）。

查看视频
单杠5练习

图 5－6－1　单杠 5 练习

三、技术动作与练习方法

（一）悬垂摆动

该动作与单杠 4 练习中的悬垂摆动技术相同，请参照练习。

（二）屈伸上

1. 动作要领

前摆过杠下垂直部位时，直臂含胸沉肩，近极点时收腹举腿，脚面靠杠。当回摆肩至杠下垂直部位时，两腿沿杠用力向前上方蹬出，同时两臂伸直压杠，翻腕，上体迅速前跟成支撑（图 5－6－2）。

查看视频
屈伸上

图 5－6－2　屈伸上

2. 重点难点

当前摆近极点，收腹举腿。肩回摆到垂直位时，两腿蹬出，两臂压杠，跟上体，腹部贴于杠上。腹部贴于杠上的同时，两腿迅速后摆，两臂撑直。

3. 教法提示

（1）仰卧模拟练习

屈体仰卧地面，帮助做屈伸起练习。受训者两侧各站一人拉住手，当腿向前上方蹬送伸髋时，用力拉手向上腾起，体会蹬送方向和伸、压动作（图5－6－3）。

（2）低杠摆动体会

在低杠前放一纵木马（高低距离要适当），一脚屈腿抵马头，一腿小摆动做屈伸上（图5－6－4）。

图5－6－3　仰卧模拟练习

图5－6－4　低杠摆动体会

（3）帮助练习

保护与帮助者站在杠前受训者一侧，一手托其背，另一手托其大腿，帮助其回摆成支撑。

4. 常见错误及纠正方法

（1）收腹举腿过早

前摆至杠下即收腹举腿，此时肩角未拉开，仰头挺身导致泄浪下掉。

纠正方法：强调当前摆近极点时，迅速举腿翻臀，可由保护与帮助者根据受训者动作的位置给予信号提示进行练习。

（2）屈臂拉杠

向前上方蹬腿送髋时，蹬的方向过高、过低或屈臂拉杠，导致胸部碰杠，腿向下砸浪，影响动作完成。

纠正方法：屈体仰卧地面，做向前上方蹬腿伸髋练习，体会蹬伸的方向。

5. 保护与帮助

保护与帮助者站在杠前受训者一侧，前摆时虚托其背部，防止脱手摔倒。

（三）支撑向后回环

1. 动作要领

支撑后摆，当身体下落至腹部接近杠时，梗头，上体迅速后倒，直臂顶肩腿前摆，稍屈髋，两臂用力压杠，使腹部紧贴杠回环。当回环至杠前水平面时，制动腿，迅速抬上体，翻转手腕，挺身成正撑（图5－6－5）。

图 5－6－5　支撑向后回环

2. 重点难点

后倒时机是腹部下落近杠，上体顺势主动后倒。两臂压杠，挺身向后回环。

3. 教法提示

（1）回环速度

支撑向后回环是运用力偶原理完成动作，必须使躯干与下肢的速度基本相等，在保持相对平衡的状态下进行回环。

（2）低杠回环练习

在低杠上，用绳（带子）从腰部将身体固定好，做向后回环练习，体会动作要领。

（3）支撑后摆练习

由杠上直臂支撑开始，屈髋后快速后上摆，保持身体撑杠重心在杠上方，然后身体自然落下腹部贴杠成直臂支撑。

4. 常见错误及纠正方法

（1）腹部撞杠或离杠

回环时，倒肩过晚或无后倒，使腹部撞杠或离杠，并产生恐惧心理。

纠正方法：一是后摆的幅度由小到大，有利于控制身体，即使腹部碰杠也不会太重；二是保护者注意正确运用帮助方法，帮助受训练者腹部靠杠与防止成支撑时两腿前踢的现象。

（2）回环不连贯

回环至四分之三时，无向上带臂、转手腕和抬上体的动作，影响完成动作。

纠正方法：在低杠上帮助体会动作要领。

5. 保护与帮助

保护与帮助者站于杠下一侧，一手按压受训者腰部使其腹部靠杠，另一手拨腿助其回环，当回环至肩过杠下垂直部位后，一手托其腿，另一手托其肩，帮助其控腿抬上体，维持平衡。

（四）弧形后摆

弧形后摆同 4 练习（挂腿上）。

（五）交叉握前摆转体 90 度挺身下

1. 动作要领

后摆接近极点时，身体重心左（右）移，右（左）臂迅速在左（右）臂上交叉握杠，身体保持正直，顶开肩角前摆。摆过杠下垂直部位后，两臂夹紧，用力向左（右）前上方兜腿。接近极点时，向右（左）转体90度，同时右（左）臂伸直压杠，挥左（右）臂挺身下（图5－6－6）。

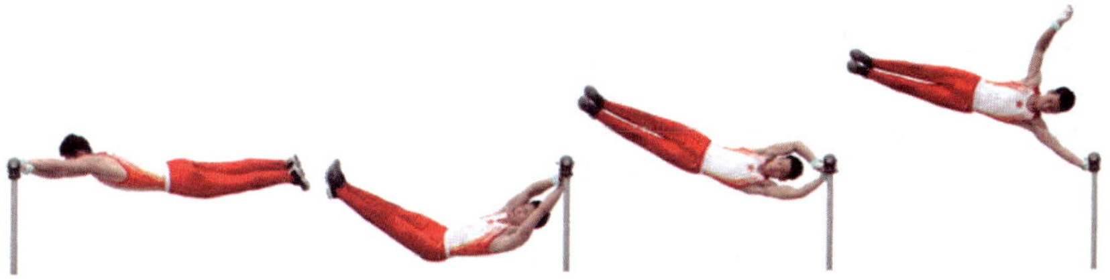

查看视频
交叉握前摆转体
90度挺身下

图5－6－6　交叉握前摆转体90度挺身下

2. 重点难点

交叉握前摆转体90度挺身下。

3. 教法提示

（1）交叉握悬垂摆动练习

先做交叉握悬垂或交叉握悬垂摆动，体会交叉臂的动作要领。

（2）逐渐增大摆幅

做小摆动，交叉握前摆转体下，然后逐渐加大摆幅。

（3）帮助练习

在保护与帮助下做完整动作练习。

4. 常见错误及纠正方法

交叉握前摆时，塌腰、挺胸，两臂弯曲、拉杠，肩部放松，影响前摆；前摆转体下时，转体过早、无兜腿动作，或兜腿、转体、挥臂、挺身动作不连贯。

纠正方法：在杠前上方放一标志物（高低距离要适当），诱导受训者向标志物兜腿（尽可能踢到物）体会兜、转、挥、挺的动作要领。

5. 保护与帮助

保护与帮助者站于杠下左侧，当受训者向前上方兜腿时，手托其腰部向上助力，转体挺身下时，手扶其腰部防止摔倒。

四、训练注意事项

（1）训练前认真检查器械，并充分做好准备运动。

（2）屈伸上的穿腿时机为身体回摆接近杠垂直位置。

（3）支撑向后回环时，双手压杠紧贴髋部。

思考题

1. 屈伸上穿腿压杠时，屈臂压杠会对该动作产生什么影响？
2. 如何防止支撑向后回环髋部离杠？

【延伸学习】

单杠垂直摆动中的砸浪、摩擦力

1. 砸浪

砸浪是指练习者在器械上放浪下摆时，由于技术上的错误，至悬垂时所引起的向下急速震手现象。在多数项目的体操动作中，都可能出现砸浪现象。合理的下摆技术，既要缓震，又要不失下摆速度。所以，正确的做法是，在下摆的大部分空间，身体伸直移动，只是在接近下垂直面时（此处正是容易砸浪的部位），才以快速的主动动作使身体各环节的下落速度有明显差别。这样做，会使练习者过渡到下垂直面所持续的时间延长，由于身体重心的负加速度小，结果使此时的下落过渡动作变得柔和，就不会出现砸浪现象。

2. 摩擦力

在单杠摆动练习中，人体受到器械表面的阻力，即摩擦力。由于手握杠面并绕其转动，便会产生与旋转方向反向的摩擦力。若练习者正握前摆，该力沿手指的曲线指向指尖，使手指缠绕在杠上而作用，趋向于加强握杠；若正握后摆，该摩擦力正好相反，趋向于削弱握杠甚至脱手，因此，通常在后摆时，要加大屈腕，注重深握杠。

第六章　双　杠

第一节　双杠项目介绍

一、双杠项目的特点

在体操范畴内，双杠归属于器械体操，是技术类体操中的一项重要内容。在双杠动作的技术结构上，大致可分为静力性动作和动力性动作两大类别，以动力性动作为主。静力性动作有支撑、慢起肩倒立、手倒立等，动力性动作有支撑摆动、挂臂摆动、悬垂摆动、滚翻、转体、屈伸上、后摆上、空翻等。近年来，双杠项目竞技比赛动作难度越来越大，而且难新动作涌现越来越多，例如团身后空翻一周半转体 180 度成挂臂、团身后空翻两周成挂臂、蒂佩尔特成悬垂等动作。

双杠运动有很高的锻炼价值，经常进行双杠动作练习，能有效地发展上肢躯干、肩带肌和腹背肌力量，并对身体各部分的控制能力、协调能力和平衡能力等均有着积极的促进作用，双杠练习可进行单个动作练习，也可以多个动作巧妙地组合在一起进行套路练习，还可以将静力性动作与动力性动作结合进行合理的编排，突出以支撑和摆动为主的双杠练习特征，以达到更好的锻炼效果。通过双杠动作练习，还能培养勇敢顽强、果断和勇于克服困难、刻苦练习的良好心理品质。本章重点介绍双杠 1 至 5 练习。

在双杠项目教学过程中，首先要遵从循序渐进原则，在抓好全面及相应身体素质运动的前提下，先抓基础动作，后教有难度的动作，同时要重视保护措施与帮助手法的运用。教学重点要以支撑摆动、挂臂摆动、杠上移动、转体、滚翻、慢起肩倒立等简单动作为基础，易于学生学习与掌握，然后逐步提高动作学习难度，从而促进学生的力量、柔韧、灵敏、协调控制能力和平衡能力等运动素质的不断提高。

二、双杠的器材规格及场地设置

双杠由横杠、立柱和底座三部分组成。两根横杠平行，用木料或玻璃钢制作，内插直径 1~1.2 厘米的弹性钢筋，横切面为椭圆形，下设铸铁底座。制式双杠其规格为横杠长 350 厘米，横杠上端距离地面 115~155 厘米，横杠截面长轴直径 5 厘米，短轴直径 4 厘米，两杠立柱之间距离 48 厘米，上端活动横杠之间距离 42~52 厘米。比赛采用的器械是“活动”式单杠，可快速调整其高度（图 6－1－1）。

双杠练习场地设置松软沙地或体操垫、镁粉。受训者着迷彩服或体能训练服、制式

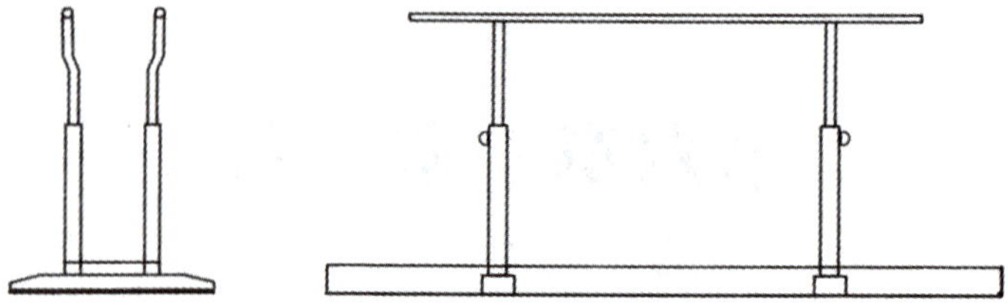

图6-1-1　双杠示意图

胶鞋或运动鞋。

三、双杠练习的队形与口令

见第五章第一节单杠项目介绍。

思考题

1. 举例说明双杠主要动作技术在日常训练中的应用。
2. 双杠练习场地及着装要求是什么？

第二节　双杠1练习

一、准备姿势及跳起支撑

（一）准备姿势

受训者两脚屈髋屈膝并拢，全脚掌着地，两手向后侧张开，掌心向后（图6-2-1）。

（二）跳起支撑

受训者位于双杠一端外侧，在准备姿势基础上，两手握杠端，跳上成直臂支撑动作，躯干与下肢略成一直线，双腿并拢伸膝，踝关节（跖屈）下压。在双杠练习中，除非动作要求分腿、屈膝、勾脚，下肢的基本姿势均要求双腿并拢，伸膝，踝关节（跖屈）下压，简称“直膝、并腿、绷脚尖”（图6-2-2）。

图 6－2－1　准备姿势

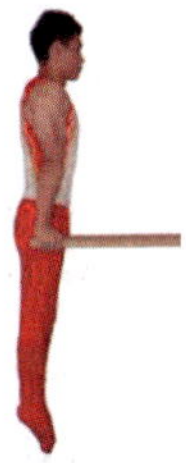

图 6－2－2　跳起支撑

二、动作过程

准备姿势→跳起支撑→臂屈伸→支撑跳下。

需要指出的是，关于双杠臂屈伸的完成次数，新兵入伍、院校学员入学入伍训练标准为 6 次以上。

三、动作要领

由直臂支撑开始，屈臂时，双肘向后弯曲稍外展，身体自然下垂至肩低于肘；伸臂时，双肘内合用力撑杠成直臂（图 6－2－3）。支撑下杠时，上体后移，两手向前推杠落地，落地时，两腿主动屈膝缓冲，手部握杠，尔后恢复立正姿势。

查看视频
双杠1练习

图 6－2－3　双杠 1 练习

四、重点难点

1. 力量素质练习。针对难以完成双杠臂屈伸动作练习者，重点加强其整体肌耐力、不同肌群最大力量的练习。

2. 身体重心应保持平衡。屈肘时，身体前倾，胸部及以上部分在握杠点前方，胸部以下部分在握杠点稍后方，伸肘时身体还原为竖直。

3. 启动发力。臂屈伸由屈肘还原为直臂支撑过程中，启动时应重点体会肩胛下沉、内收动作，体会斜方肌下束、肩胛下肌等协同发力。

五、教法提示

双杠臂屈伸是双杠练习的基础，完成此练习，专门动作技术较少，但需要具备一定的力量。因此，在教学中应重点关注力量素质的练习，练习动作详见第十章，常用的练习方法有降难练习、抗阻练习、静力性练习、退让性练习等，其中，降难练习、抗阻练习是最主要的方法，不仅适用于难以完成动作的练习者，也适用于其他需要完成更多数量的练习者。

（一）降难练习

针对难以完成或不能完成动作的受训者。利用降低难度的方法做全角度练习，通常以多的完成次数（12～20次）、中等的完成组数（3～5组），稳步发展肌群整体力量。如脚踩弹力带臂屈伸（图6－2－4）、帮助者托腰或小腿臂屈伸（图6－2－5）、脚踏双杠臂屈伸（图6－2－6）等练习。利用降低难度的方法做部分角度的练习，在力量提高后，逐步加大练习的角度，如杠下体前放一高凳，在需要帮助时，抬腿将脚置于凳上，亦可双手握于双杠杠面，两手交替向前移动。

图6－2－4　脚踩弹力带臂屈伸

图6－2－5　帮助者托腰或小腿臂屈伸

图6－2－6　脚踏双杠臂屈伸

（二）抗阻练习

对各种类型练习者，通过抗阻练习提高单关节或多关节肌肉最大力量或爆发力。通常最大力量训练、运动中枢对肌肉的协调控制能力训练以少的完成次数（最大重复次数3～6次）、较多的完成组数（3～6组）进行练习；爆发力训练以克服自重或较小的负荷，用爆发式速度，进行4～6组，每组6～10次练习。可利用杠铃、哑铃、弹力带或受训者穿沙衣、背包或脚挂重物等形式进行。如弹力带内收下拉、弹力带或哑铃肩屈上抬、哑铃或弹力带伸肘、卧推或俯卧撑、穿沙衣或脚挂重物臂屈伸等练习。

（三）静力性练习

对各种类型练习者，发展双杠臂屈伸在不同角度所需的力量，特别是在初始角度、中间角度、最大角度位置的力量。如直臂正撑、（上臂前臂）大角度屈肘撑、（上臂前臂）中等角度屈肘撑、（上臂前臂）小角度屈肘撑等（图6－2－7）。

图 6－2－7　臂屈伸静力性练习

（四）退让性练习

发展臂屈伸所需的整体力量，特别是动作末端时的力量，同时提高离心控制能力。受训者从杠上直臂支撑开始，缓慢退让至肩低于肘。

六、常见错误与纠正方法

（一）撑杠重心前移

向上撑杠时，挺腹，造成身体重心前移，支撑困难。
纠正方法：向上撑杠时，含胸微屈髋，快速撑起。

（二）摆动借力

做臂屈伸时前后摆动借助外力完成。
纠正方法：用一个标志物放在受训者脚后。

七、保护与帮助

保护与帮助者站在受训者身后，双手托受训者两腰外侧，当其伸臂支撑力量不足时，可托其腰向上助力。

八、训练注意事项

（1）认真检查场地器械，充分做好准备活动。
（2）做屈臂动作时，肘关节低于肩关节，做伸臂动作时，肘关节伸直。
（3）当受训者力竭时，保护与帮助者要做好保护，以防其受伤。

思考题

1. 臂屈伸主要增强哪些力量素质？
2. 针对难以完成臂屈伸动作的练习者，可采取哪种练习方法？请举例说明。

第三节　双杠 2 练习

一、准备姿势、跳起支撑及落地姿势

（一）准备姿势

受训者从双杠前端进行入双杠内约 1 米处，两腿屈膝并拢，全脚掌着地，两手向后侧张开，手掌心向后，身体姿势参考图 6－2－1。

（二）跳起支撑

在准备姿势基础上，向上跳起双手撑杠成直臂支撑动作，此时躯干与下肢略成一直线，双腿并拢伸膝，踝关节（跖屈）下压，身体姿势参考图 6－2－2。

（三）落地姿势

双手握杠，双腿并拢，屈髋屈膝以缓冲落地（图 6－3－1）。

图 6－3－1　落地姿势

二、动作过程

准备姿势→跳起支撑→摆动臂屈伸→分腿坐杠→向外转体 270 度下。

需要指出的是，关于摆动臂屈伸的完成次数，院校学员标准为 12 次以上。

三、动作要领

从直臂支撑开始，上体稍向后仰，同时收腹举腿，将腿和臀部向前上方送出，伸展身体向后摆动，摆至极点时，屈臂自然前摆。前摆过垂直部位后用力向前上方踢腿，同时双手用力撑杠伸直臂（图 6－3－2）。完成练习后，前摆成分腿坐杠姿势，左（右）手反握支撑，右（左）手上举，右（左）腿向左（右）摆越，转体 270 度跳下，双手握杠，恢复成立正姿势。

查看视频
双杠2练习

图 6－3－2　双杠 2 练习

四、重点难点

支撑摆动技术；踢腿时机和屈臂下落时机。

五、教法提示

双杠 2 练习，以双杠 1 练习的技术及力量素质为基础，在动作上有一定的技术难度，是从双杠力量素质练习至双杠成套动作练习的过渡，需要学习顶肩、加速摆动等技术，需要控制身体的姿态。

（一）直臂支撑摆动练习

直臂支撑摆动，摆动幅度由小到大，重点体会摆动时重心控制、直臂顶肩。由支撑开始，举腿送髋前伸，后摆时紧腰夹臀直体自然下落，直臂顶肩以肩为轴前后摆动。前摆时，身体由后上方保持顶肩直体自然下摆，摆过垂直部位后，主动收腹屈髋向前上方用力摆腿，同时两手用力向后下方撑杠顶肩，并积极拉开肩角，伸髋送腿，自然伸直身体至最高点；后摆时，身体由前摆至最高点保持顶肩、紧腰、夹臀，直体自然下摆，当身体下摆至杠垂直位时，用力向后上方甩腿加速后摆，并逐渐顶开肩角，保持含胸、紧腰、夹臀，直体上摆到最高点（图 6－3－3）。

（二）下肢姿态稳固练习

可双脚夹轻重量物体（如纸片）进行摆动，帮助保持并腿姿态。

图 6-3-3　直臂支撑摆动练习

（三）踢腿体会练习

做屈臂伸小摆动练习，体会踢腿时机和伸直臂动作。

（四）降难练习

先做小摆动臂屈伸，动作熟练后，逐渐加大摆幅。

（五）帮助练习

在帮助下做连贯动作。

六、常见错误及纠正方法

（一）屈臂时机不当

屈臂过早或过晚，造成腿向下砸，肩前冲。
纠正方法：体会后摆至最高点时自然屈臂下摆。

（二）屈臂角度过小

后摆至最高点屈臂时，屈臂角度过小导致身体始终处于过度用力的支撑状态，影响后续动作完成。
纠正方法：屈臂至两肩接近双杠平面，身体自然下摆。

（三）踢腿时机不当

前摆踢腿过早或过晚，影响撑杠伸臂动作。
纠正方法：在斜杠上（面向低端）连续做小摆动臂屈伸。

（四）伸臂时机不当

伸臂过早或过晚，致前摆高度过低。
纠正方法：前摆近最高点时，顺势伸直双臂。

七、保护与帮助

保护与帮助者站在受训者一侧，当受训者向前上方踢腿时，手托其腰部向上助力。

八、训练注意事项

（1）认真检查场地器械，充分做好准备活动。
（2）支撑后摆应过肩，接近最高点时屈臂；摆动时应注意动作协调一致。

思考题

1. 双杠摆动臂屈伸的主要作用是什么？
2. 如何纠正摆动不协调的问题？

第四节　双杠 3 练习

一、准备姿势、挂臂支撑

（一）准备姿势

受训者从双杠前端进入双杠内约 1 米处向后转，两腿屈膝并拢，全脚掌着地，两手向后侧张开，手掌心向后，身体姿势参考图 6－2－1。

（二）挂臂支撑

在准备姿势基础上，双腿蹬伸挥臂向上跳起，肩高于杠，身体自然下落时，双手握杠使大臂挂撑，大臂略平，躯干与下肢略成一直线，双腿并拢伸膝，踝关节（跖屈）下压（图 6－4－1）。

图 6－4－1　挂臂支撑

二、动作过程

准备姿势（→挂臂支撑）→挂臂撑摆动→屈伸分腿坐杠→支撑摆动 1 次→前摆内转 90 度下（图 6 -4 -2）。

图 6 -4 -2　双杠 3 练习

三、技术动作与练习方法

（一）挂臂撑摆动

1. 动作要领

从挂臂支撑开始，上体稍后仰，收腹举腿至臀部过杠面，双脚靠近杠平面，然后两腿和臀部向前上方弧形送出，伸展髋关节。当身体下摆接近垂直部位时，留腿稍屈髋，摆过垂直部位后，迅速向后上方摆腿，同时两臂用力压杠，使肩部稍腾起。前摆时，肩部稍后撤，微收腹，脚尖远伸下落前摆。当前摆接近垂直部位时，伸髋，摆过垂直部位后，屈髋向前上方送腿。当腿摆出杠面时，立即伸髋制动腿，同时两臂用力压杠，使肩部稍腾起（图 6 -4 -3）。

2. 重点难点

后摆：下摆过垂直部位后，迅速向后上方摆腿。前摆：脚尖远伸下落前摆，前摆接近垂直部位时，伸髋。摆过垂直部位后，屈髋向前上方送腿。

3. 教法提示

（1）分解练习

分别练习后摆动作和前摆动作，即在练习中区分重点，体会前摆、后摆。

（2）降难练习

摆动幅度由小到大。小幅度摆动是基础，重点体会以肩为转动轴，过垂直位后，后摆时向后上方摆腿，前摆时向前上方送腿。

查看视频
挂臂撑摆动

图 6－4－3　挂臂撑摆动

（3）保护帮助练习

在帮助下完成动作。

4. 常见错误及纠正方法

（1）后摆塌腰

后摆时以腰为转动轴，导致肩角拉不开，摆动幅度小，塌腰。

纠正方法：小幅度摆动体会以肩为轴摆动，亦可通过倒立、直臂支撑摆动体会以肩为轴摆动。

（2）前摆腿下掉

前摆时收腹举腿过高，前送不够，肩角拉不开，导致后摆时腿下掉。

纠正方法：练习者前摆过垂直位后向前上方送腿，（帮助者托其臀部助力其过杠面）当臀部过杠面后伸髋制动，拉开肩角。

5. 保护与帮助

保护与帮助者站于杠侧方，一手托其腰，一手推其肩，助其送腿移肩。后摆时，顺势托其腹、腿，以助其肩部腾起。

（二）屈伸分腿坐杠

1. 动作要领

前摆过杠下垂直部位后，收腹举腿，臀部高出杠面，两臂伸直稍向内转成屈体挂臂撑。当臀部下落接近杠面时，迅速向两侧分腿，用力压杠，跟上体，臂伸直成分腿坐杠（图 6－4－4）。

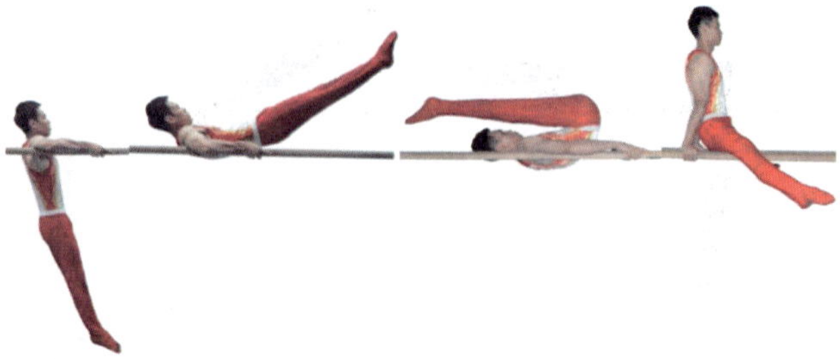

查看视频
屈伸分腿坐杠

图 6－4－4　屈伸分腿坐杠

2. 重点难点

分腿时，直臂撑压杠。跟上体，两臂伸直成分腿坐杠。

3. 教法提示

（1）仰卧模仿练习

模仿练习，仰卧地面做屈伸分腿坐起，体会分腿、压杠、跟上体、撑臂动作。

（2）斜杠降难练习

在斜杠上做屈伸分腿坐杠。

（3）帮助练习

在帮助下做连贯动作练习。

4. 常见错误及纠正方法

（1）挺胸，屈臂拉杠

收腹举腿时，仰头，挺胸，屈臂拉杠，造成臀部高出杠面困难。

纠正方法：在低杠以脚蹬地面助力完成练习，同时要加强屈髋卷腹的力量素质。

（2）分腿砸杠

分腿坐杠时，过早或过晚，造成腿砸杠、掉臂和跟上体困难。

纠正方法：仰卧地面做屈伸分腿坐杠，体会分腿、直臂撑压杠和跟上体的动作。

5. 保护与帮助

保护与帮助者站于受训者侧后，当受训者屈伸分腿坐杠时，手从杠下托、推其臀背部向上助力，协助完成。

（三）支撑摆动一次

1. 动作要领

由分腿坐杠开始，上体前倾，两手移握杠端撑杠，两腿内侧夹杠弹起，支撑前摆。前摆过垂直部位后，将腿、臀部向前上方送出，拉开肩角，伸展身体自然后摆。当后摆垂直部位后，腿用力向后上摆起，同时两手向下撑杠，顶肩，身体伸直后上摆（图 6－4－5）。

查看视频
支撑摆动一次

图 6－4－5　支撑摆动一次

2. 重点难点

伸直臂以用力支撑；以肩为轴基本保持在支撑点垂直位；前后摆动加力时机均在垂直位。

3. 教法提示

详见双杠 2 练习直臂支撑摆动练习教法提示。

4. 常见错误及纠正方法

（1）撑杠屈臂

撑杠时向下顶肩无力，手臂弯曲，造成后续动作困难。

纠正方法：撑杠夹腿时，肩位于手部前方，应沉肩，臂伸直。

（2）夹杠无力

腿夹杠时，弯曲无力，屈臂塌腰，造成腿进杠困难。

纠正方法：双腿用力压杠以伸髋展体，可在杠上连续做手撑杠夹腿支撑前摆练习，体会动作要领。

5. 保护与帮助

保护与帮助者站于受训者一侧，一手握其手腕，一手从杠下推托其腰部，协助摆动。

（四）前摆内转 90 度下

1. 动作要领

支撑前摆过垂直部位后，两腿用力向右（左）前上方摆，同时左（右）手用力向下推杠，身体重心移至右（左）臂，顶肩，前摆至最高点时，向右（左）转体 90 度，撑臂挺身下（图 6－4－6）。

查看视频
前摆内转90度下

图 6－4－6　前摆内转 90 度下

2. 重点难点

向侧前上方摆腿，推杠移重心，挥臂，转体，挺身下。

3. **教法提示**

（1）仰撑模仿练习

模仿练习，仰撑地面（可垫高脚）做转体动作，体会推、移、挥、转、挺的要领（图6－4－7）。

图6－4－7　仰撑模仿练习

（2）低杠小摆动转体练习

低杠上先做小摆动转体下，然后逐渐加大摆幅。

（3）帮助练习

在保护与帮助下做前摆转体下。

4. **常见错误及纠正方法**

（1）推手困难

前摆时上体过度后仰，重心向后，导致推手困难，下法难以完成。

纠正方法：体会直臂支撑摆动。

（2）转体衔接慢

转体时，无推、移、挥、挺动作，影响下法。

纠正方法：在杠下异侧前上方放一标志物，诱导受训者向标志物送腿时，推移、挥转下练习。亦可在地面仰撑，一腿举起，体会推手、伸髋转体、单臂侧撑动作。

5. **保护与帮助**

保护与帮助者站于练习者的左侧（以左转为例），当练习者前摆时，一手握其左手腕，一手由杠下向上托其腰部，协助其转体，落地时，手扶其腰腹部。

四、训练注意事项

（1）训练前认真检查场地器材，并充分做好准备运动。

（2）屈伸分腿坐杠时，收腹举腿力量不宜过大，以防身体后翻。

（3）前摆内转90度下，转体时应以脚尖带动身体转动。

思考题

1. 分腿坐杠时，如何防止臀部下坠？
2. 前摆内转 90 度下的转体时机是什么？

【延伸学习】

双杠支撑摆动的转轴及支撑转体技术

1. 支撑摆动的转轴

转轴是指练习者身体或某些环节转动时所围绕的中心线。练习者在支撑状态中做具有旋转成分的动作，身体主要绕支点转动，此转轴为定轴。有时，身体绕定轴转动的同时，某些环节还绕某一关节相对于其他环节转动，此转轴为动轴。

在双杠支撑摆动时，握点轴为双手的连线是定轴，肩轴为动轴。尽管肩轴为动轴，但肩仍会在一定的幅度内前后摇摆，即后摆时肩前倾，前摆时肩后仰。这里的前倾与后仰是指利用肩关节肌群的相互作用来完成动作，而不是躯干的前倾或后仰，从而保持重心支撑的稳定。所谓肩前倾，主要是指肩胛骨由上抬前引至下沉内收的过程，而不是躯干主动前倾（顶肩后引）；肩后仰，是指肩胛骨由下沉内收至上抬前引的过程，而不是躯干主动后倾（顶肩前引）。如果在练习时，有躯干的主动前倾或后仰动作出现，将会导致支撑重心偏移过大，影响摆动稳定性。

2. 前摆内转 90 度下的支撑转体技术

支撑转体技术是指以支撑臂为定轴，同时绕身体纵轴转体的技术。以向左为例，前摆内转 90 度下以该左臂为定轴，同时绕身体纵轴转体来实现。所以，首先要完成由双臂支撑向单臂支撑的过渡，即重心移动。把身体重心向单手支撑面上方靠近，是保证顺利转体的先决条件。移重心的方法，由转体异侧臂即右臂在前摆最高点时，迅速推离器械，使身体移向单臂支撑点的正上方。由于人体与支撑的相互作用，便产生了引起人体绕纵轴转体的一外转矩，此为转体动力来源。

转体时要控制好身体姿势。应顶肩力腰，不要冲肩塌腰。只有这样，身体的纵轴才能又直又硬，这对绕纵轴的转体有利。同时，要注意转体的头部姿势，由运动生理学的颈紧张反射原理可知，只要头部位置变化，就会影响相应肌肉的紧张度。一般来说，要求头部与身体转体度数一致，即头部在中立位，转体过早往往会造成身体横扫、甩歪及冲肩的现象。

第五节　双杠 4 练习

一、准备姿势、挂臂支撑

（一）准备姿势

受训者从双杠前端进入杠内约 1 米处，两腿屈膝并拢，全脚掌着地，两手向后侧张开，手掌心向后，身体姿势参考图 6－2－1。

（二）挂臂支撑

在准备姿势基础上，双腿蹬伸挥臂向上跳起，肩高于杠，身体自然下落时，双手握杠使大臂挂撑，大臂略平，躯干与下肢略成一直线，双腿并拢伸膝，踝关节（跖屈）下压，身体姿势参考图 6－4－1。

二、动作过程

准备姿势（→挂臂支撑）→立臂上→直角支撑（停止 3 秒）成分腿坐杠→挂臂撑前摆屈伸上接支撑后摆→前摆转体 90 度下（图 6－5－1）。

查看视频
双杠4练习

图 6－5－1　双杠 4 练习

三、技术动作与练习方法

（一）立臂上

1. 动作要领

挂臂撑开始，两肩稍下沉，两臂迅速用力压杠夹肘，拉杠翻肘立臂，跟上体撑直臂（图6－5－2）。

查看视频
立臂上

图6－5－2　立臂上

2. 重点难点

两臂用力压杠，翻肘立臂，跟上体，两臂伸直。

3. 教法提示

（1）低杠降难练习

低杠上做立臂动作（脚可蹬地），体会压杠、翻肘、立臂和跟上体动作要领。

（2）帮助练习

在帮助下做立臂上练习。

4. 常见错误及纠正方法

动作脱节。沉肩、压杠，翻肘、立臂，与跟上体动作不协调、不连贯；立臂上时，两臂用力拉杠，造成身体向前滑。

纠正方法：在斜杠上（面向低端）做立臂上练习。同时要加强臂屈伸的基础力量练习。

5. 保护与帮助

保护与帮助者站于受训者侧后，当其立臂上力量不足时，手扶其腿向上助力协助完成。

（二）直角支撑（停止3秒）成分腿坐杠

1. 动作要领

由直臂支撑开始。上体稍向后倾，直臂顶肩，两臂内合外旋，收腹举腿成直角支撑保持直角支撑3秒后，两腿外展成分腿坐杠姿势（图6－5－3）。

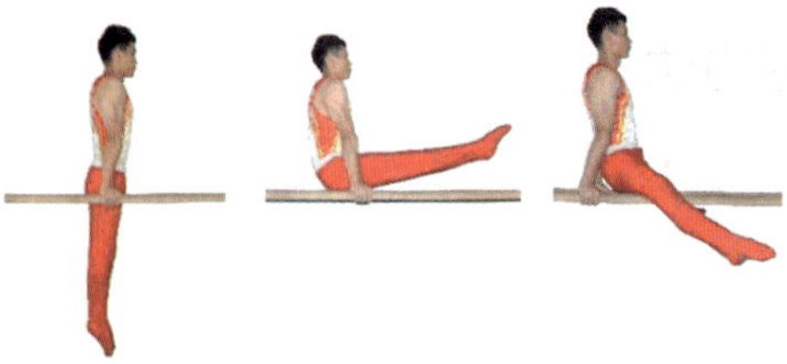

查看视频
直角支撑成
分腿坐杠

图6－5－3　直角支撑成分腿坐杠

2. **重点难点**

屈髋力量及灵活性。

3. **教法提示**

直角支撑主要考查屈髋力量及灵活性，重点加强前侧核心肌群及股四头肌的力量练习，加强臀大肌、腘绳肌的柔韧性练习。

4. **常见错误及纠正方法**

（1）屈膝过大

支撑后，屈膝大。

纠正方法：主要加强腘绳肌的柔韧性练习，同时进一步加强屈髋肌群力量练习。

（2）支撑难以完成

身体前倾过大，提臂，两臂外张，影响直角支撑完成。

纠正方法：在杠上做挂臂收腹举腿成直角练习；在协助下做直角支撑练习；加强屈髋肌群、肩胛下沉力量练习。

5. **保护与帮助**

保护与帮助者站于受训者一侧，手托其腿向上助力完成。

（三）挂臂撑前摆屈伸上接支撑后摆

1. **动作要领**

由分腿坐杠开始。两手体前握杠，上体前倒，并腿成挂臂撑前摆，摆过杠下垂直部位后，收腹举腿，臀部高出杠面，两臂伸直稍向内转并压杠，尔后腿迅速向前上方伸出，展髋，同时两臂压杠，跟上体成直臂支撑向后摆动（图6－5－4）。

查看视频
挂臂撑前摆屈伸
上接支撑后摆

图6－5－4　挂臂撑前摆屈伸上接支撑后摆

2. **重点难点**

两腿向前上方伸出，展髋，两臂伸直压杠，跟上体成直臂撑。屈伸上接支撑后摆动作。

3. **教法提示**

（1）屈伸上坐撑体会

杠上放海绵垫，面向垫子成屈体挂臂撑连续做屈伸上坐撑，体会动作要领（图 6－5－5）。

（2）屈伸上接摆动练习

在斜杠上先小摆动做屈伸上，体会接支撑后摆，然后逐渐加大摆幅（图 6－5－6）。

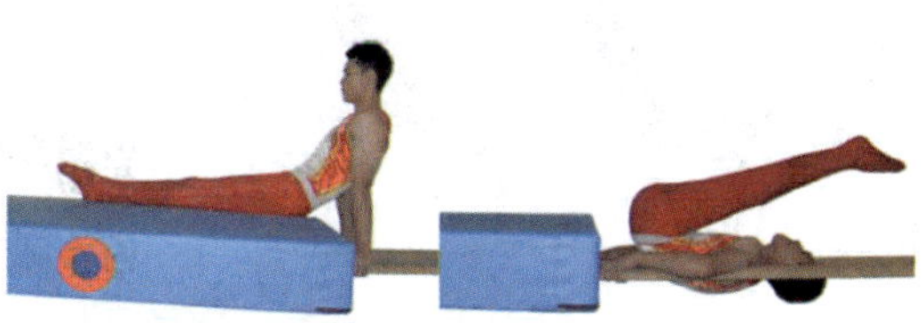

图 6－5－5　屈伸上坐撑体会

图 6－5－6　屈伸上接摆动练习

（3）帮助练习

在保护与帮助下做连贯动作练习。仰卧屈体于海绵垫上做向前上方伸腿展髋练习，要求两臂伸直压垫，两腿迅速向前上方伸腿、送髋、展体、夹臀并稍停，保护与帮助者站在前面，手握其小腿（靠近踝关节处）顺势提拉。

4. **常见错误及纠正方法**

（1）伸腿下掉

伸腿方向过高、过低，或屈臂拉杠，腹部放松，腿向下打。

纠正方法：在地面成屈体仰卧，连续做伸腿、送臀动作（图 6－5－7）。

图 6－5－7　伸腿下掉纠正方法

（2）屈伸上动作不连贯

屈伸上时，伸、送、压、跟、撑动作不连贯。

纠正方法：在杠的一端放块垫子，当挂臂撑前摆成屈体时，迅速将垫子推到近臀部，做屈伸上坐撑（图 6－5－5）。

5. **保护与帮助**

保护与帮助者站于受训者一侧，当受训者屈伸上时，手由杠下托其腰部或背部向前上方助力，完成后，手立即收回。

（四）前摆转体 90 度下

1. 动作要领

支撑前摆过垂直部位后，两腿向右（左）上方摆起，右（左）手推杠挥臂，同时向左（右）转体 90 度，左（右）手用力推杠，两手迅速握右（左）杠，身体自然伸展下（图 6－5－8）。

查看视频
前摆转体90度下

图 6－5－8　前摆转体 90 度下

2. 重点难点

腿向侧上方摆起，推杠挥臂，转体下。

3. 教法提示

（1）低杠模仿练习

重点体会推、转动作。在低杠内侧站立，两手握杠，脚蹬地，臂用力撑杠，腿向侧上摆起转体 90 度下，体会摆、推、转动作。

（2）摆动转体下练习

先做小摆动转体下，然后逐渐加大摆幅，重点解决摆动与推、转的衔接。

（3）帮助练习

在保护与帮助下做前摆转体 90 度下。

4. 常见错误及纠正方法

（1）摆动中肩后倒

前上摆腿时，抬头，挺胸，肩后倒，导致下法困难。

纠正方法：加强直臂支撑小幅摆动练习，提高肩部专项力量及协调性，同时重点体会摆动时肩部的稳定。

（2）转体下不协调

转体下时，右手推杠时机过早或过晚，推杠后，重量未移至支撑臂上或屈体、收腹过大，造成转体困难或不协调脱节。

纠正方法：在下杠一侧前上方放一标志物，诱导受训者向标志物方向摆腿，推杠，转体 90 度下。

5. 保护与帮助

保护与帮助者站于受训者下杠方一侧，当受训者向前上方摆腿时，一手从杠下托其髋部向上助力，协助转体，然后两手扶其腰部落地。

四、训练注意事项

1. 训练前认真检查器械，并充分做好准备运动。
2. 挂臂前摆屈伸上时，应向上伸腿，防止向下打腿。
3. 前摆转体 90 度下时，身体重心移至支撑臂上。

思考题

1. 挂臂前摆屈伸上时，如何防止伸腿后跟上体晚现象？
2. 前摆转体 90 度下，推杠过早会对动作产生什么影响？

第六节　双杠 5 练习

一、准备姿势、挂臂支撑

（一）准备姿势

受训者从双杠前端进入杠内约 0.7 ~ 0.8 米处，两腿屈膝并拢，全脚掌着地，两手向后侧张开，手掌心向后，身体姿势参考图 6 – 2 – 1。

（二）挂臂支撑

在准备姿势基础上，双腿蹬伸挥臂向上跳起，肩高于杠，身体自然下落时，双手握杠使大臂挂撑，大臂略平，躯干与下肢略成一直线，双腿并拢伸膝，踝关节（跖屈）下压（图 6 – 4 – 1）。

二、动作过程

准备姿势（→挂臂支撑）→挂臂摆动→前摆上→肩倒立（停止 3 秒）→屈体前滚成分腿坐杠→两手前握杠，并腿前摆→后摆挺身下（图 6 – 6 – 1）。

查看视频
双杠5练习

图6－6－1　双杠5练习

三、技术动作与练习方法

（一）前摆上

1. 动作要领

从挂臂支撑开始，收腹举腿至臀部过杠面，双脚靠近杠平面，然后两腿和臀部向前上方弧形送出，伸展髋关节。当身体下摆接近垂直部位时，留腿稍屈髋，摆过垂直部位后，迅速向后上方摆腿，同时两臂用力压杠，使肩部稍腾起。前摆时，肩部稍后移，微收腹，脚尖远伸下落前摆。

前摆接近垂直位时，稍沉肩，前摆过垂直位后，主动加速向前上方摆，同时两臂用力压杠，含胸，快速跟上体成支撑（图6－6－2）。

查看视频
前摆上

图6－6－2　前摆上

2. 重点难点

前摆过垂直部位后，主动加速向前上方摆，两臂用力压杠，快速跟上体成支撑。前摆上接支撑后摆。

3. 教法提示

（1）挂臂支撑摆动

挂臂支撑摆动是前摆上技术的基础动作，应重点练习。

（2）低杠前摆上练习

在中低杠由挂臂撑开始，做一腿前摆，一脚蹬地前摆上，体会摆、压、振动作要领（图 6－6－3）。

图 6－6－3　低杠前摆上练习

（3）斜杠前摆练习

斜杠上先小摆动做前摆上，然后逐渐加大摆幅。

（4）帮助练习

在保护与帮助下做前摆上练习。

4. 常见错误及纠正方法

（1）前摆上发力时机不当

前摆踢腿过早或过晚，抬头，挺身和屈臂、收腹过大。

纠正方法：在中低杠上挂臂撑，做一腿前摆，一脚蹬地前摆上，重点体会向前上方踢，同时体会压臂、跟上体的动作要领。

（2）前摆上不连贯

前摆上时，踢腿、压杠、振上体动作不连贯。

纠正方法：杠前上方放一标志物（高低距离适当），诱导受训者向标志物做前摆踢腿练习。

5. 保护与帮助

保护与帮助者站于受训者一侧，当受训者前摆上时，手从杠下托其臀部迅速向前上方助力，完成后，手立即收回。

（二）肩倒立（停止 3 秒）

1. 动作要领

由支撑后摆开始。两腿后摆过肩水平部位后，两臂弯曲，肩部前移，当上体前倒肩着杠的同时两肘外张，抬头，挺身成肩倒立（图6-6-4）。

查看视频
肩倒立

图6-6-4　肩倒立

2. **重点难点**

两腿后摆，两臂弯曲，上体前倒肩着杠，两肘外张，抬头挺身。

3. **教法提示**

（1）地面倒立练习

在地上做头手倒立或倒立架上做肩倒立，体会倒立要领（图6-6-5）。

（2）低杠肩倒立练习

低杠上先做小摆动接肩倒立（图6-6-6）。

图6-6-5　地面倒立练习

图6-6-6　低杠肩倒立练习

（3）帮助练习

在保护与帮助下做肩倒立。

4. **常见错误及纠正方法**

（1）屈臂时机不当

支撑后摆屈臂过早或过晚，影响上体前倒动作。

纠正方法：在地上协助做头手倒立，或倒立架、低杠上做肩倒立。

（2）着杠时身体前翻

前倒肩着杠时，低头（勾头），两臂内收，腹部放松，肩下掉或身体前翻。

纠正方法：在低双杠上协助做摆动接肩倒立，体会肩着杠、臂外展动作要领。

5. **保护与帮助**

保护与帮助者站于受训者一侧，当受训者后摆成肩倒立时，一手扶其腰腹部，一手从杠下托其肩，协助其完成和防止其摔下。

（三）屈体前滚成分腿坐杠

1. 动作要领

由肩倒立开始。低头（眼看腹部）收腹屈体，重心前移，屈体前滚至臀部（在杠上方）接近杠面时，两手快速向前移握杠成屈体挂臂撑。分腿坐杠上法同3练习（图6－6－7）。

查看视频
屈体前滚成分腿坐杠

图6－6－7　屈体前滚成分腿坐杠

2. 重点难点

低头、收腹、屈体，重心前移，两手前握杠成屈体挂臂撑。

3. 教法提示

（1）低杠上由肩倒立开始，做屈体前滚成分腿坐杠。

（2）在保护与帮助下做完整动作练习。

4. 常见错误及纠正方法

错误动作：收腹屈髋时，仰头，挺胸，臀部下沉；屈髋前滚时，手前移握杠过晚或屈臂，腹部放松，腿砸杠，影响分腿坐杠。

纠正方法：在地上做屈体前滚或倒立接屈体前滚成分腿坐杠。

5. 保护与帮助

保护与帮助者站于受训者一侧，当受训者屈体前滚时，手从杠下托其腰、背部向上助力。

（四）支撑前摆

1. 动作要领

由分腿坐杠开始，上体前倾，两手体前撑杠，身体挺直，两腿内侧夹杠弹起，支撑前摆。前摆过垂直部位后，将腿、臀部向前上方送出，拉开肩角。该动作与双杠3练习中支撑摆动的前摆技术相同，身体姿势参考图6－4－5。

查看视频
支撑前摆

2. 重点难点、教法提示与常见错误及纠正方法

重点难点、教法提示与常见错误及纠正方法详见双杠2练习直臂支撑摆动练习。

3. 保护与帮助

保护与帮助者站于受训者一侧，一手握其小臂，一手从杠下托其腿部，协助前摆。

（五）后摆挺身下

1. 动作要领

后摆过垂直部位后，腿用力向后上摆起，身体重心向右（左）移，接近极点时，顶肩，手推杠，同时左（右）手迅速换握右（左）杠，右（左）臂向侧上挥挺身下（图6－6－8）。

2. 重点难点

两腿后摆，重心侧移，顶肩，推手换握杠，挥臂挺身下。

查看视频
后摆挺身下

图6－6－8 后摆挺身下

3. 教法提示

（1）地面俯撑推移体会

俯撑或双脚垫高做推手移重心，顶肩成单臂撑动作。要求右（左）手推离至左（右）手前撑地，然后左手迅速推离成侧举单臂俯撑，快速移动，身体仍保持直体（图6－6－9）。

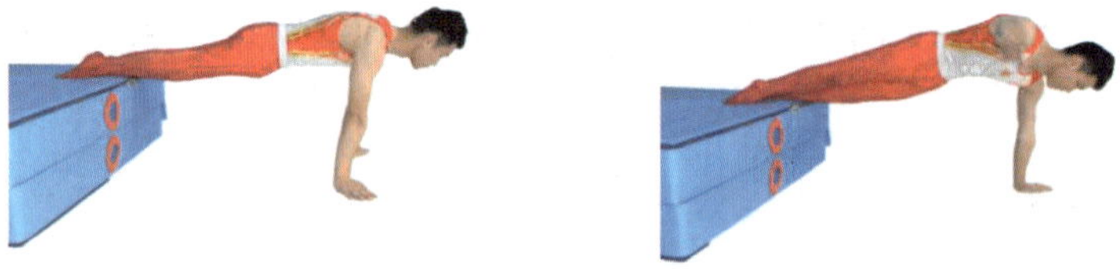

图6－6－9 地面俯撑推移体会

（2）保护练习

在杠侧方将海绵垫叠放至过杠高一半，在保护与帮助下，先小幅度摆动做后摆挺身下，然后逐渐加大摆幅，重点掌握空中换握杠的动作和时机。

4. 常见错误及纠正方法

（1）后摆重心靠后

后摆用力过早，向后摆过多，上摆不够，导致重心靠后，影响推手换握杠动作。

纠正方法：加强直臂支撑摆动基础练习，体会后摆动作要领。

(2) 挺身下单臂支撑困难

挺身下重心侧移过大或过小，造成出杠，顶肩，单臂撑困难。

纠正方法：在杠上，左（右）脚踩在右（左）杠上，右（左）腿向后上摆时。左（右）脚用力蹬杠并向上摆起，左（右）手换握右（左）杠，顶肩，挺身下（图 6－6－10）。亦可地面俯撑推移，体会重心移动。

图 6－6－10 挺身下单臂支撑困难纠正方法

5. 保护与帮助

保护与帮助者站于受训者下杠方一侧，当受训者后摆时，手从杠下托其腹部向上，助力完成下法。

四、训练注意事项

1. 训练前认真检查器械，并充分做好准备活动。
2. 屈体前滚成分腿坐杠，屈体慢，分腿快，以防重心不稳。

思考题

1. 如何防止前摆上时肩后倒现象？
2. 后摆挺身下时，如何纠正身体重心不在支撑臂上？

第七章　木马与山羊

体操跳跃是由助跑、踏跳、腾空、落地等七个技术环节组成的运动项目。在腾空时，可做各种姿势的动作，要求落地稳定。它主要包括一般跳跃和支撑跳跃。本章主要介绍的是支撑跳跃中的木马、山羊练习。木马、山羊练习，主要是以强有力的推手腾越器械。通过跳跃，能够增强上肢、肩部、腰背肌群力量及弹跳力，提高身体平衡协调能力。此外，由于支撑跳跃动作有腾越器械的要求，需要一定的腾起高度和落地远度，因此它对培养练习者勇敢顽强的意志品质、掌握超越障碍的本领有极其重要的作用。

第一节　木马 1 练习

一、场地设置

木马，又称跳马，由马身、马腿底座和腹下拉链组成。以前跳马为四腿支撑，随着跳马技术的发展以及对运动员的安全考虑，跳马形状发生了很大改变，“马身”宽度增加了两倍多，有助于运动员完成撑马动作，减少运动员损伤发生，同时由四腿支撑改为两腿支撑。军队院校制式器械为老式木马。木马由金属支架和木制或塑料制主体组成。主体包毛毡或者橡胶海绵、麻袋布以及由特殊弹性材料制成的防滑套（天然软质皮鞍或人造革），长度不小于 1.4 米，宽度不小于 0.3 米，距离地面高度为 0.9 ~ 1.35 米，固定在金属支撑上。木马高度为 1.2 ~ 1.35 米（图 7 – 1 – 1）。

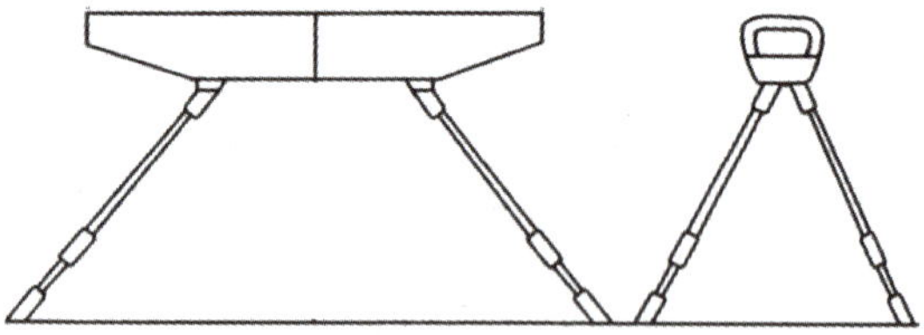

图 7 – 1 – 1　木马示意图

踏跳板距离木马 1 ~ 1.5 米。它的外部由硬木制成，内部装有加粗弹簧。一般长 1.2 米，宽 0.6 米，高 0.25 米。场地设置体操垫或沙坑、镁粉。

二、动作要领

屈腿腾跃横木马：直立，加速助跑至距离踏跳板约一大步时，积极（两脚赶过肩）

上板，踏跳快速有力，单跳双落，充分蹬直膝、踝，同时含胸摆臂，上体稍前倾，向前上方腾起。两臂主动前伸撑器械，同时稍提臀，迅速屈腿、提膝团身，顶肩推手后，两腿迅速下伸制动，同时抬上体，两臂侧上举，展髋挺身落地（图 7－1－2）。

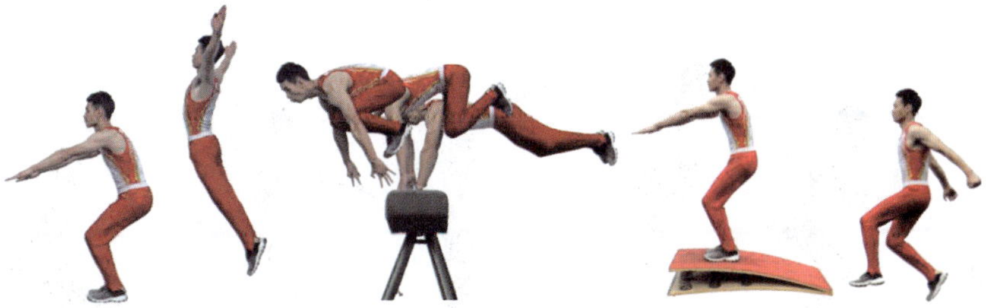

查看视频
木马1练习

图 7－1－2　木马 1 练习

三、重点难点

（1）两臂积极前伸撑马，顶肩推手，迅速提臀、屈膝向胸部前引，迅速伸腿。
（2）两个腾空明显，动作娴熟、连贯、流畅，落地稳定。
（3）培养自信，消除畏惧心理。

四、教法提示

（一）辅助练习

1. 上板与踏跳动作练习

模仿练习，走两步后，当走第三步的同时双脚踏地跳起，两臂前上摆（略高于肩），体会落步、起跳；助跑 5～7 步做上板练习，体会单脚起跳、双脚踏板动作要领；踏跳练习，将跳板放至离墙约 0.4 米处或沙坑边，结合助跑、上板做踏跳练习，体会助跑下落步、踏板、起跳动作要领。

2. 助跑挺身跳

助跑、上板、踏跳，跳起后，空中微挺胸、立腰、梗头，尽量保持挺身姿势，缓冲落地，体会助跑后踏跳展体及落地（图 7－1－3）。

图 7－1－3　助跑挺身跳

3. **助跑屈腿跳**

助跑、上板、踏跳，当身体腾起接近最高点时，屈膝上提团身，同时两手迅速抱膝，然后两臂上摆，腿下伸迅速挺身，缓冲落地，体会空中挺身展体及落地（图 7-1-4）。

图 7-1-4　助跑屈腿跳

4. **踏板起跳练习**

原地踏板起跳，做团身收腹练习（不跃过器械），保护与帮助者站于木马前方及侧面，当练习者撑马肩部的位置在木马后方时，托其腹部助其立肩支撑，当练习者重心过于前冲时，推其两肩助其立肩支撑。

（二）分解练习

跳上经蹲撑挺身跳下：直立，5~7 步助跑，上板踏跳。两臂主动前伸撑器械，同时稍提臀，屈腿、提膝团身，经蹲撑向前挺身跳下（图 7-1-5）。

图 7-1-5　跳上经蹲撑挺身跳下

（三）完整动作练习

在保护与帮助下进行完整动作练习，高度由低至高。

五、常见错误及纠正方法

（一）起跳不充分

助跑时不敢加速或踏跳时制动或过度后蹬，导致起跳不充分。

纠正方法：反复体会上板与踏跳动作练习，亦可缩短起跳距离和降低木马高度，使练习者逐步克服畏惧心理，树立完成的信心。

（二）上体前冲

起跳后，臀部提得高，上体前冲，造成屈膝靠胸困难。

纠正方法：反复进行踏板起跳练习，重点体会起跳后手支撑，肩在手上方位置。

（三）推手无力

推马时，无顶肩动作，导致第二腾空时间较短。

纠正方法：利用墙壁做直臂推手顶肩练习，体会发力要领，同时加强上肢力量、局部力量训练。

（四）展体不充分

伸腿伸展动作不明显，导致第二腾空不明显。

纠正方法：从高处跳下做伸腿伸展身体跳下动作练习。

六、保护与帮助

保护与帮助者站在器械前侧方，当练习者推手后身体失去平衡或脚碰马摔下时，两手迅速扶其胸腹部帮助其维持平衡。或站在器械侧方，当练习者撑手时，一手握其上臂，另一手托其腰部，帮助其越过器械。

思考题

1. 屈腿腾跃横木马的动作技术可分为哪七个部分？
2. 如何练习屈腿腾跃横木马动作中的推马技术？

【延伸学习】

木马（山羊）动作技术解析

1. 助跑

助跑是支撑跳跃技术环节之一。助跑的作用是为了获得足够的水平速度并为上板做好最佳准备。木马练习中，通常有两种助跑方法。一种是开始2至3步小跑后，随即增加摆臂和后蹬速度来加快频率，到最后3步时，适当抬起上体，最后1步要缩短步长，正确落在单足起跳点上。这种跑法一般用于水平型动作，适合于军队院校进行木马、山羊练习。另一种是一开始就积极后蹬，全力加速。要求摆臂快、落腿快、后蹬快，上体始终前倾，直到最后一步落地后适当调整上体位置。这种“三快一倾”全程加速的助跑多半用于手翻型动作。

2. 上板

上板是支撑跳跃技术环节之一。上板的目的是利用助跑获得的水平速度为踏跳做好积极的准备。木马练习中，一般是面向上板的助跑方法。面向上板按所跳动作不同，通常有搓板和踹板两种。

搓板的特点是水平型和手翻“单跳双落”的抛物线“低而平”，触板前两腿完全伸直。搓板技术主要适用于水平型或第一腾空加转体接前手翻等动作，木马、山羊练习多用此技术。在初学训练中，上板通常和助跑结合起来进行。

3. 踏跳

踏跳是支撑跳跃技术环节之一。踏跳的作用是使人体获得足够的腾起初速度和适宜的腾起角。踏跳技术，由“踏”和“跳”两个动作组成。“踏”的动作就下肢肌群的工作特点来说是属于退让性（离心收缩）工作，而“跳”的肌肉工作特点则属于爆发性向心工作。根据对踏跳力量测量相关研究表明，国内体操运动员（健将级）的撞板力量和蹬板力量均达到运动员本身体重的10倍以上，而且彼此差别很小。所以当练习者承受不了撞板力量时，必然会延长缓冲时间，从而加大了膝关节的弯曲度。众所周知，膝关节缓冲角大约在135度左右时有利于下肢肌群发挥最大的力量，为此在初学训练时，除重视起跳力量和速度的训练外，还要重视下肢肌群退让性力量的训练。

两臂的摆动技术对“腾”的缩短和正确的入射均有积极的作用。随着现代跳马技术的发展，两臂的摆动也必然有所变化。面向器械的摆臂，过去偏重向上，现在强调向前远，动作是由屈到直，出手早而快；背向器械的摆臂，则强调直臂摆动，向头后方伸项。总之，现代跳马摆臂的特点，都要尽早完成快速入撑。

4. 第一腾空

第一腾空是支撑跳跃技术环节之一，第一腾空（下称“一腾”）的作用，是调整人体的相对位置，为创造最佳的入射角提供准备。根据现代跳马技术的发展，“一腾”的时间要短，所以总的来说手臂必须“早撑”。腿的运动特点则表现为“快摆”和“晚摆”（留腿）两种。对“一腾”的技术常用“早撑快摆”四个字来概括，这主要是针对面向上板的水平型和手翻型等动作而言。

但自从20世纪80年代初，苏联女选手尤尔琴科创造了踺子上板、背向起跳、背向撑马的新技术后，“一腾”的技术虽然同样要求“早撑”，但对腿的运动则表现出“留腿”或者“晚摆”的特点。所以“一腾”的技术应该有“早撑快摆”“早撑留腿”和“早撑晚摆”三种。它们在技术上的共性是：起跳后上体下压，两臂前伸撑向器械的同时，脚面发力带动下肢向后摆起，但涉及不同类型动作时，对手臂和两腿的运动（方向、强度、持续时间等）又表现出各自的特征。木马、山羊等水平型动作要身体向两头拉长，为此，离板后下肢运动应是脚面带动紧腰向后摆伸，掌根触马瞬间入射角为20度到30度。而“早撑留腿”则要求起跳后，两臂顺势后甩，留腿紧髋出胸，并尽量打开肩角去撑马（头不抬），手掌刚触马瞬间的入射角为45度，身体后屈成桥。

5. 推手

推手是支撑跳跃技术环节之一，是跳马运动中第二次起跳。只有手“跳”得有力，人体进入第二腾空才能又高又飘，所以，推手的作用是使人体获得尽可能大的腾越初速度和完成动作需要的最佳腾起角。现代跳马对推手的技术，从总的要求上是短促有力，“短促”是指从掌根触马到最后离马时间要短。水平型动作一般为0.1～0.2秒，所以应在意识上把入射视为推离，二者不能分开。“有力”是指手臂肩带肌群在推手瞬间要最大限度发挥效能。为此，推离时下肢的急骤制动实现动量传递和通过憋气来收缩核心肌群，稳定躯干脊柱，从而固定胸廓和肩带，能使推手发挥更大效能是十分重要的。为了提高推手效果，在教学训练过程中，应重视和加强两臂和肩带肌群训练。

6. 第二腾空

第二腾空是支撑跳跃动作技术环节之一。当两手推离马后直至脚掌触垫时止，称之为第二腾空阶段（下称“二腾”）。“二腾”历来是评价完成跳马动作质量的重要环节。腾起的高度、飞出的距离，动作的勇敢性、独创性、熟练性的体现，都将在这阶段中得到表现和检验。“二腾”的任务是：根据动作的技术要求，及时调整人体各环节的相对位置，保持空中平衡，为落地做好最佳准备。“二腾”的技术：总体来说是通过缩短和伸长及时改变人体各环节的相对位置。缩短是指人体各环节快速靠近总重心，从而增大翻转角速度。伸长是指人体各环节远离总重心从而制动翻转角速度。

根据动作技术特点，在做缩短或伸长时，要使人体的外形符合转动力学的最佳条件，必须分析人体各环节的解剖特征。首先，实践证明，越是运动幅度小的关节，如脊柱、骨盆等，意识上应全力以赴使它们弯曲，如团身前空翻时，注意力要全部集中在梗头、圆背含胸、提腰翻臀的技术上，把屈髋屈膝降为次要地位。其次，运动幅度大的关节，如肩、膝、髋等，在做伸长时就必须全力以赴，注意集中在这些部分的伸长。与此同时，还要配合憋气和腹壁内收，使整个人体绷紧近似刚体，这样就有利于纵轴转动。

7. 落地

落地是支撑跳跃技术环节之一。落地标志着一个跳马动作的完成，是最后评定动作质量的重要因素。为此，落地的任务主要是解决平衡稳定。落地的技术，根据物体平衡原理，脚掌必须落在人体总重心运动轨迹最后一点的切线与地面相交点的附近，这才不会产生转动力矩。所以，凡属正面向前落地的动作，两腿必须适时前伸，如木马、山羊落地动作；属于背向落地的动作，两腿必须适时后引，如空翻毽子落地动作；属于侧向落地的动作，两腿必须积极侧伸，如侧手翻落地动作。

此外，落地稳定性还取决于练习者在空间位置、空间定向能力、飞进速度判断能力、腿部肌群离心控制能力以及手臂配合维持平衡的能力等。落地稳定是训练有素的一个重要标志，跳马落地纹丝不动往往是取得高分的关键。

第二节　木马 2 练习

一、场地设置

采用制式木马，由金属支架和木制或塑料制主体组成。主体包毛毡或者橡胶海绵、麻袋布以及由特殊弹性材料制成的防滑套（天然软质皮鞍或人造革），长度不少于 1.4 米，宽度不小于 0.3 米，距离地面高度为 0.9 ~ 1.35 米，固定在金属支撑上。木马高度为 1.2 ~ 1.35 米，重量为 60 千克左右。

踏跳板距离木马 1 ~ 1.5 米。它的外部由硬木制成，内部装有加粗弹簧。一般长 1.2 米，宽 0.6 米，高 0.25 米。场地设置体操垫或沙坑、镁粉。

二、动作要领

分腿腾跃横木马：助跑、上板、踏跳要领同屈腿腾越。两臂主动前伸撑器械，两腿稍后摆，空中紧腰、固髋，两臂向前下方顶肩推手。推手同时，两腿侧分，稍提臀屈髋，立即制动腿，同时上体急振，向上抬起，展髋挺身，并腿落地（图 7 - 2 - 1）。

查看视频
木马2练习

图 7 - 2 - 1　木马 2 练习

三、重点难点

（1）积极摆臂前伸，推手顶肩快速有力。

（2）推离器械瞬间，两腿制动侧分，主动侧上举臂，同时起肩、抬头、挺身展体，并腿缓冲落地。

（3）两个腾空明显，动作娴熟、连贯、流畅，落地稳定。

四、教法提示

（一）辅助练习

1. 俯卧撑腾起

俯撑，两脚用力蹬地，腿向后上摆起，两脚落地的同时，推手，身体向上腾起，体会腾空展体动作要领（图 7－2－2）。

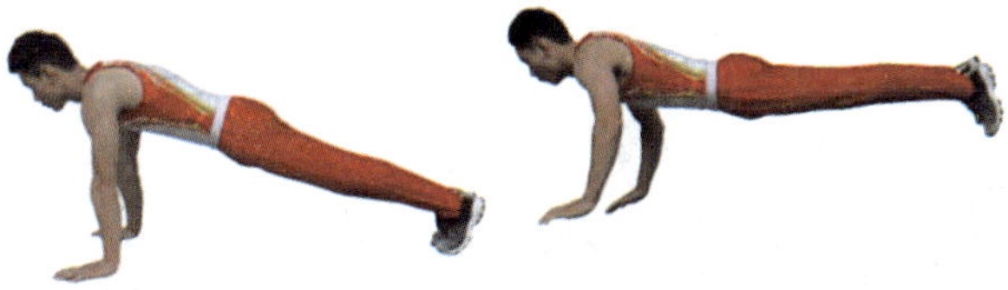

图 7－2－2　俯卧撑腾起

2. 俯撑后分腿支撑

俯撑后摆推起成分腿支撑练习，体会撑马分腿动作要领（图 7－2－3）。

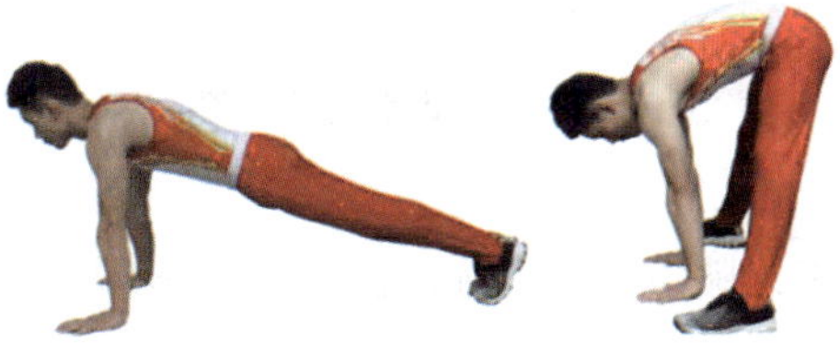

图 7－2－3　俯撑后分腿支撑

3. 助跑分腿挺身跳

助跑、上板、踏跳，腾空时两腿侧分，空中微挺胸、立腰、梗头，尽量保持挺身姿势，缓冲落地，体会助跑下分腿挺身及落地动作要领（图 7－2－4）。

图 7－2－4　助跑分腿挺身跳

4. **助跑屈体分腿跳**

助跑、上板、踏跳，当身体腾起接近最高点时，迅速收腹举腿，两腿外分，同时上体前倾，两手触脚背，然后两腿下压，臂上摆，迅速挺身，缓冲落地，体会助跑下模拟推马及挺身展体、落地动作要领（图 7－2－5）。

图 7－2－5　助跑屈体分腿跳

5. **踏板起跳练习**

原地踏板起跳，做屈体分腿练习（不跃过器械）（图 7－2－6）。

图 7－2－6　踏板起跳练习

（二）分解练习

跳上经分腿立撑挺身跳下：直立，助跑3～5步，上板踏跳。两臂主动前伸撑器械，同时含胸提臀、屈体分腿，经分腿立撑向前挺身跳下（图7－2－7）。

图7－2－7 跳上经分腿立撑挺身跳下

（三）完整动作练习

在保护与帮助下进行完整动作练习，高度由低至高。

五、常见错误及纠正方法

（一）起跳不充分

助跑时不敢加速或踏跳时制动或过度后蹬，导致起跳不充分。

纠正方法：反复体会上板与踏跳动作练习，缩短起跳距离和降低木马高度，使练习者逐步克服畏惧心理，树立完成的信心。

（二）上体冲肩

起跳后，臀部提得高，上体冲肩，造成分腿过器械困难。

纠正方法：反复进行踏板起跳练习，重点体会起跳后手支撑，肩在手上方位置。

（三）推手无力

推马时，无顶肩动作，导致第二腾空时间较短。

纠正方法：利用墙壁做直臂推手顶肩练习，体会发力要领，同时加强上肢力量、局部力量训练。

（四）伸展不充分

伸腿伸展动作不明显，导致第二腾空不明显。
纠正方法：从高处跳下做伸腿伸展身体跳下动作练习。

六、保护与帮助

保护与帮助者站于器械侧前方，当练习者推手后身体失去平衡或脚碰马摔下时，两手迅速扶其肩腹部帮助其维持平衡。

七、训练注意事项

（1）训练前认真检查场地器材，并充分做好准备运动。
（2）良好的踏跳动作能使身体获得合理的腾起初速，良好的推手动作是实现第二腾空一定高度、远度的必要条件。
（3）加强保护与帮助，防止伤害事故的发生。

思考题

1. 木马 2 练习的常见错误与纠正方法是什么？
2. 在木马 2 练习中如何进行保护与帮助？

【延伸学习】

屈腿腾越和分腿腾越

1. 屈腿腾越

屈腿腾越是支撑跳跃基础动作之一。推手形成的支撑反作用力，通过人体总重心的前方，使身体产生逆向转动进入腾空，属水平型动作。运动形态特征是：推离后，屈膝呈蹲踞姿势飞越器械。做法有预先后摆和不预先后摆两种。初学者通常是从不后摆腿开始。

2. 分腿腾越

分腿腾越也是支撑跳跃基础动作之一。手推器械形成的支撑反作用力，通过人体总重心的前方，使身体产生与第一腾空身体转动方向相反的逆向转动进入腾空，属水平型动作。运动形态特征是：手推离后，呈分腿姿势向前飞越器械。做法有预先后摆和没有预先后摆两种。初学者通常是从没有后摆腿开始。

第三节　木马 3 练习

一、场地设置

采用制式木马，由金属支架和木制或塑料制主体组成。主体包毛毡或者橡胶海绵、麻袋布以及由特殊弹性材料制成的防滑套（天然软质皮鞍或人造革），长度不少于 1.4 米，宽度不小于 0.3 米，距离地面高度为 0.9 ~ 1.35 米，固定在金属支撑上。木马高度为 1.2 ~ 1.35 米，重量为 60 千克左右。

踏跳板距离木马 1 ~ 1.5 米。它的外部由硬木制成，内部装有加粗弹簧。一般长 1.2 米，宽 0.6 米，高 0.25 米。场地设置体操垫或沙坑、镁粉。

二、动作要领

分腿腾跃纵木马：直立，加速助跑，积极（两脚赶过肩）上板，踏跳快速有力，单跳双落，充分蹬直膝、踝，同时含胸摆臂，上体稍前倾，向前上方腾起。两臂主动前伸撑器械，两腿后摆，手撑器械的远端，猛力推手顶肩（掌根着力），同时稍提臀，两腿侧分，手推离器械后，身体前上腾起，挥臂挺身，并腿落地（图 7 – 3 – 1）。

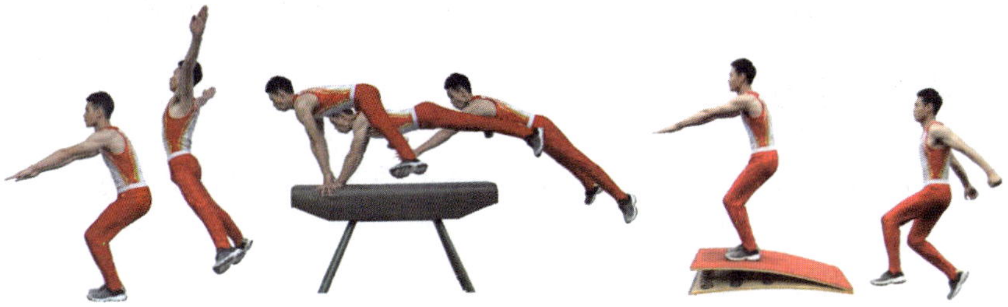

查看视频
木马3练习

图 7 – 3 – 1　木马 3 练习

三、重点难点

（1）加快助跑的水平速度和加强制动性踏跳相结合，使起跳更有力。
（2）起跳后，迅速向前上摆臂，拉开肩角，含胸，手撑器械远端。
（3）两个腾空明显，动作娴熟、连贯、流畅，落地稳定。

四、教法提示

（一）辅助练习

踏跳模仿练习、原地踏板起跳练习、分腿支撑跳上及跳下木马练习等。

（二）分解练习

1. 俯卧撑腾起

俯撑，两脚用力蹬地，腿向后上摆起，推手，身体向上腾起，体会动作要领。

2. 摆腿练习

保护者站在跳板前背向马成半蹲立，当练习者腾起时，手扶托其腰髋部或站在跳板侧前，手托其腹、腿部向上助力（图 7－3－2）。在保护与帮助下做连贯动作。

图 7－3－2　摆腿练习

（三）完整动作练习

在保护与帮助下进行完整动作练习，逐渐加大板距，逐步提高后摆高度。

五、常见错误及纠正方法

（1）踏跳时，挺腹前冲或身体前倾过大；手撑木马时，屈臂，上体前冲，收腹，坐在木马上。

纠正方法：跳高垫子练习，体会后摆腿、推手动作。

（2）下法时，手推离木马过晚或无力，影响挺身跳下。

纠正方法：俯撑在木马上做分腿下或帮助做分腿下。保护与帮助者站在木马前面向练习者，当推手时，手扶托其大臂或腋窝向前上助力成分腿下（图 7－3－3）。同时应加强肩关节肌群的力量素质。

图 7－3－3　帮助做分腿下

六、保护与帮助

保护与帮助者站在器械侧前方，当练习者推手后，上体抬不起或手滑，身体向前冲时，手托其肩部或扶其腰腹部，帮助其维持平衡，防止摔倒。

七、训练注意事项

（1）训练前认真检查场地器材，并充分做好准备运动。

（2）多用语言提示法，使练习者两腿主动踏跳，身体向前上方腾起，两臂前伸，腿后摆，手撑木马；两手短促有力推离木马后，身体迅速向前上腾起，挥臂挺身。

（3）加强保护与帮助，防止伤害事故的发生。

思考题

1. 木马3练习的常见错误与纠正方法是什么？
2. 木马3练习的动作要领是什么？如何进行保护与帮助？

第四节　山羊1练习

一、场地设置

山羊是体操简易器械之一，形状似跳马，由四腿支撑，只是比木马短而小。通常称比它大的器械为“马”，故称它为“羊”，可作为跳马、跳箱与鞍马训练的辅助器械。在军队院校器械体操训练中，山羊是女学员的训练课目。制式山羊，由金属支架和木制或塑料制主体组成。主体包毛毡或者橡胶海绵、麻袋布以及由特殊弹性材料制成的防滑套（天然软质皮鞍或人造革），山羊头长0.6米，宽0.36米，高0.33米，立轴升降间距5厘米，山羊腿直径3厘米，山羊身平整，软硬适宜。山羊高度为1～1.3米（图7－4－1）。

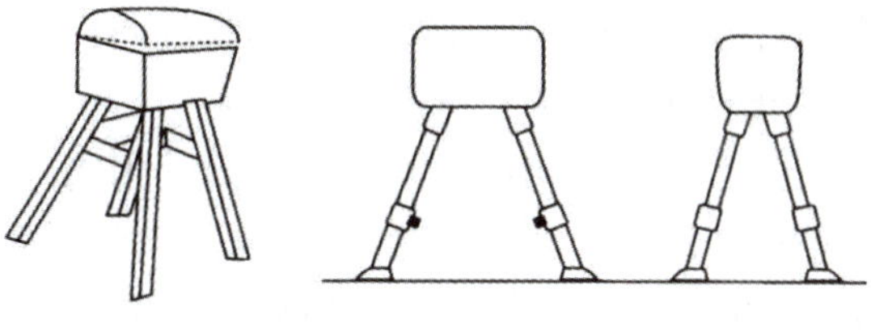

图7－4－1　山羊示意图

踏跳板距离山羊 1～1.3 米。它的外部由硬木制成，内部装有加粗弹簧。一般长 1.2 米，宽 0.6 米，高 0.25 米。场地设置体操垫或沙坑、镁粉。

二、动作要领

分腿腾跃山羊：直立，加速助跑，积极（两脚赶过肩）上板，踏跳快速有力，单跳双落，充分蹬直膝、踝，同时含胸摆臂，上体稍前倾，向前上方腾起。两臂主动前伸撑器械，两腿稍后摆，空中紧腰、固髋，两臂向前下方顶肩推手。推手同时，两腿侧分，稍提臀屈髋，立即制动腿，上体急振，向上抬起，展髋挺身，并腿落地（图 7－4－2）。

查看视频
山羊1练习

图 7－4－2　山羊 1 练习

三、重点难点

（1）积极摆臂前伸，推手顶肩快速有力。

（2）推离器械瞬间，两腿制动侧分，主动侧上举臂，同时起肩、抬头、挺身展体，并腿缓冲落地。

（3）两个腾空明显，动作娴熟、连贯、流畅，落地稳定。

四、教法提示

（一）辅助练习

（1）上板与踏跳动作练习：模仿练习，走两步后，当走第三步的同时双脚踏地跳起，两臂前上摆（略高于肩）；助跑 5～7 步做上板练习，体会单脚起跳，双脚踏板动作；踏跳练习，将跳板放至离墙约 0.4 米处或沙坑边，结合助跑、上板做踏跳练习。

（2）对墙顶肩动作练习，也可做跳起对墙顶肩动作练习。

（3）俯撑后摆推起成分腿支撑练习。

（4）助跑分腿挺身跳：动作基本与助跑挺身跳一致，但腾空时要求两腿侧分开。

（5）助跑屈体分腿跳：助跑、上板、踏跳，当身体腾起接近最高点时，迅速收腹举腿，两腿外分，同时上体前倾，两手触脚背，然后两腿下压，臂上摆，迅速挺身，缓冲落地。

（6）踏板起跳练习：原地踏板起跳，做屈体分腿练习（不跃过器械）。

（二）完整动作练习

在保护与帮助下进行完整动作练习，高度由低至高，距离由近至远。

五、常见错误及纠正方法

（1）助跑时不敢加速或踏跳时制动，导致水平速度锐减，起跳不充分。

纠正方法：可缩短起跳距离和降低山羊高度，使练习者逐步克服畏惧心理，树立完成的信心。

（2）推手无力，导致第二腾空时间较短。

纠正方法：利用墙壁做直臂推手顶肩练习，体会发力要领，同时加强上肢力量、局部力量训练。

六、保护与帮助

保护与帮助者站在器械前方，当练习者撑手时，两手顶住其双肩并顺势握其上臂稍上提，同时后退帮助其越过器械。或站在器械前侧方，当练习者推手后身体失去平衡或脚碰山羊摔下时，两手迅速扶其肩腹部，帮助其维持平衡。

七、训练注意事项

（1）训练前认真检查场地器材，并充分做好准备运动。

（2）良好的踏跳动作能使身体获得合理的腾起初速，良好的推手动作是实现第二腾空一定高度、远度的必要条件。

（3）加强保护与帮助，防止伤害事故的发生。

思考题

1. 山羊1练习与木马2练习有何区别？
2. 山羊的辅助练习有哪些？

第五节　山羊2练习

一、场地设置

采用制式山羊，由金属支架和木制或塑料制主体组成。主体包毛毡或者橡胶海绵、麻袋布以及由特殊弹性材料制成的防滑套（天然软质皮鞍或人造革），山羊头长0.6米，宽0.36米，高0.33米，立轴升降间距5厘米，山羊腿直径3厘米，山羊身平整，软硬适宜。山羊高度为1～1.3米。

踏跳板距离山羊1～1.3米。它的外部由硬木制成，内部装有加粗弹簧。一般长1.2米，宽0.6米，高0.25米。场地设置体操垫或沙坑、镁粉。

二、动作要领

屈腿腾跃山羊：助跑、上板、踏跳要领同分腿腾越。两臂主动前伸撑器械，同时稍提臀，迅速屈腿、提膝团身，推手后，两腿迅速下伸，同时抬上体，两臂侧上摆，充分挺身，并腿落地（图7－5－1）。

查看视频
山羊2练习

图7－5－1　山羊2练习

三、重点难点

（1）起跳后积极摆臂前伸撑山羊，随即用力顶肩推手，同时迅速提臀、屈膝向胸部前引，接着迅速伸腿。

（2）两个腾空明显，动作娴熟、连贯、流畅，落地稳定。

（3）培养自信，消除畏惧心理。

四、教法提示

（一）辅助练习

（1）助跑挺身跳练习：助跑、上板、踏跳，跳起后，空中微挺胸、立腰、梗头，尽量保持挺身姿势，缓冲落地。

（2）助跑屈腿跳练习：助跑、上板、踏跳，当身体腾起接近最高点时，屈膝上提团身，同时两手迅速抱小腿，然后两臂上摆，腿下伸迅速挺身，缓冲落地。

（3）踏板起跳练习：原地踏板起跳，做团身收腹练习（不跃过器械）。

（4）对墙顶肩动作练习，也可做跳起对墙顶肩动作练习。

（5）蹲撑挺身跳练习：俯撑开始做屈膝靠胸成蹲撑，然后推手接挺身跳练习（图7－5－2）。

图 7－5－2 蹲撑挺身跳练习

（二）分解练习

跳上经蹲撑挺身跳下：直立，助跑 3～5 步，上板踏跳。两臂主动前伸撑器械，同时稍提臀，屈腿、提膝团身经蹲撑向前挺身跳下（图 7－5－3）。

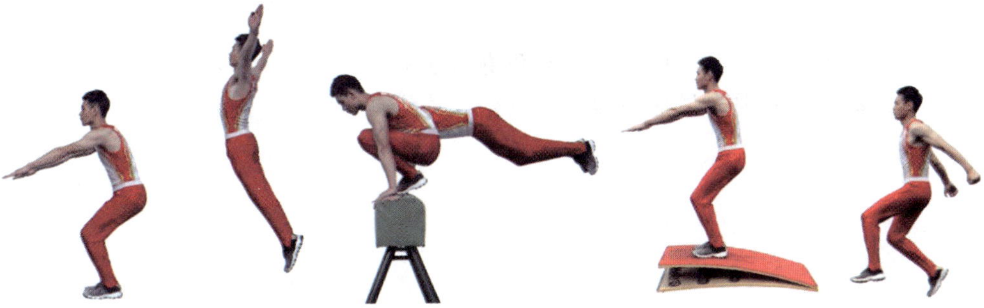

图 7－5－3 分解练习

（三）完整动作练习

在保护与帮助下进行完整动作练习，高度由低至高，距离由近至远。

五、常见错误及纠正方法

（1）助跑时不敢加速或踏跳时制动，导致水平速度锐减，起跳不充分。

纠正方法：可缩短起跳距离和降低山羊高度，使练习者逐步克服畏惧心理，树立完成的信心。

（2）推手无力，导致第二腾空时间较短。

纠正方法：利用墙壁做直臂推手顶肩练习，体会发力要领，同时加强上肢力量、局部力量训练。

（3）伸腿伸展动作不明显，导致第二腾空不明显。

纠正方法：从高处跳下做伸腿伸展身体跳下动作练习。

六、保护与帮助

保护与帮助者站在器械侧方，当练习者撑手时，一手握其上臂，另一手托其腰部，帮助其越过器械。或站在器械前侧方，当练习者推手后身体失去平衡或脚碰山羊摔下时，两手迅速扶其肩腹部帮助其维持平衡。

七、训练注意事项

（1）训练前认真检查场地器材，并充分做好准备活动。

（2）良好的踏跳动作能使身体获得合理的腾起初速，良好的推手动作是实现第二腾空一定高度、远度的必要条件。

（3）加强保护与帮助，防止伤害事故的发生。

思考题

1. 山羊2练习与山羊1练习技术动作有何区别？
2. 山羊2练习的常见错误动作与纠正方法是什么？

第八章　健美操

健美操起源于传统的有氧健身运动，是有氧运动的一种。它是在音乐的伴奏下，以身体练习为基本手段，以有氧运动为基础，达到增进健康、塑造形体和娱乐目的的一项体育运动。它体现了人体在力量、柔韧、协调、节奏感、审美及表现力等诸多方面的综合能力。

健美操运动主要分为健身健美操、竞技健美操和表演健美操三类。本章重点介绍健身健美操。健身健美操，又称为大众健美操，其主要目的是“锻炼身体、保持健康”。它将人体语言艺术和体育美学融为一体，不仅突出动作的“健”和“力”，而且更强调“美”，是一个极具观赏性的体育运动项目。在长期的实践过程中，健美操在运动形式、动作技术特征等方面形成了鲜明的特点。随着现代物质文明的提高，健美操因其动作简单、适用性强受到越来越多人的喜爱，成为现代文明生活不可或缺的健身运动。

第一节　健美操基本动作

健美操基本动作是健美操运动的基础，是最小的健美操运动元素。了解和掌握健美操基本动作，能够使练习者掌握健美操动作的动作规格、所用拍数，更好地体会发力和控制的过程，是学习健美操组合动作、成套动作的必经之路。此外，掌握好健美操基本动作有助于健美操编排者更好地编排组合动作、成套动作。

健美操基本动作主要由上肢动作、下肢动作和躯干动作组成。其中，上肢动作主要包括基本手型和常用的手臂动作，它是由体操、艺术体操、健身器械练习、舞蹈中的动作演变而来。下肢动作包括基本步法、下肢的动作伸展。其中，基本步法是健美操最为基础的组成部分，是健美操学习的基本内容。根据动作形式把基本步法分为无冲击、低冲击和高冲击步法三种。躯干动作是基于一些常见的头部、胸部、肩部、背部、腰腹部位的动作，如含胸、绕肩、屈髋等。在健美操中，它可以作为动作的组成部分，也可以将其看成为修饰性动作，本节中不做重点介绍。

一、上肢动作

上肢动作主要包括基本手型和常用的手臂动作，它既能使动作变化多样，又能改变动作的强度和难度，提高观赏价值。

（一）基本手型

（1）并掌：四指并拢伸直，大拇指内扣（图 8－1－1）。

（2）开掌：五指伸直并用力分开（图8－1－2）。

（3）立掌：手掌用力上屈，五指自然弯曲（图8－1－3）。

（4）花掌（西班牙手型）：在开掌的基础上，小指、无名指、中指依次内旋，形成一个扇面（图8－1－4）。

（5）拳：四指并拢握拳，拇指第一关节扣在食指与中指的第二关节处（图8－1－5）。

（6）一指：拇指与中指、无名指、小指相叠，食指伸直（图8－1－6）。

（7）剑指：拇指与无名指、小指相叠，中指、食指并拢伸直（图8－1－7）。

（8）响指：无名指、小指屈，拇指与中指用力摩擦打响（图8－1－8）。

（9）舞蹈手型：引用芭蕾、拉丁等手型。

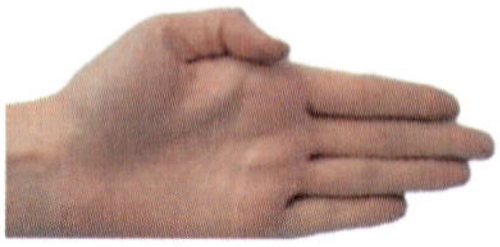

图8－1－1　并掌

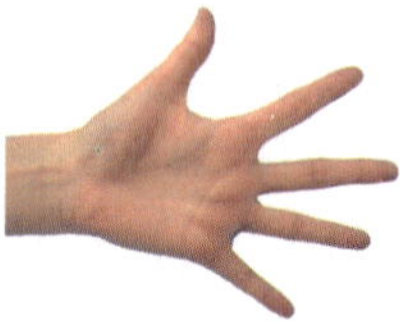

图8－1－2　开掌

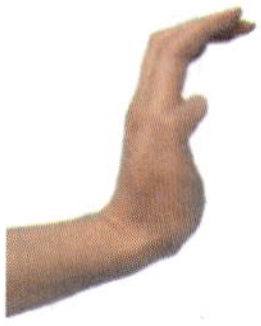

图8－1－3　立掌

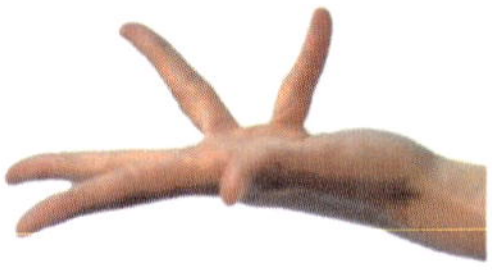

图8－1－4　花掌

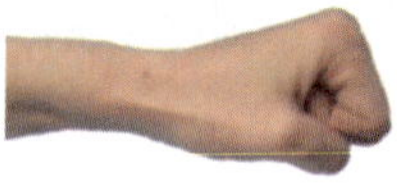

图8－1－5　拳

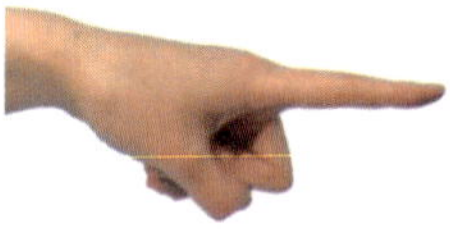

图8－1－6　一指

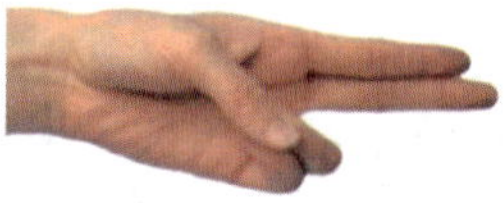

图8－1－7　剑指

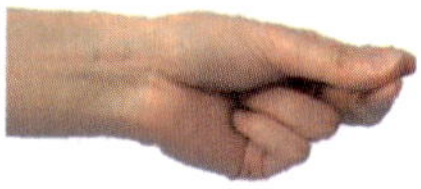

图8－1－8　响指

（二）手臂动作

（1）摆动：以肩关节为轴，屈臂（或直臂）摆动，可同时或依次运动。

（2）屈、伸：上臂固定，以肘关节为轴，肘关节由弯曲到伸直或由伸直到弯曲。常见的有胸前上屈、胸前平屈、肩侧上屈、肩侧屈等动作。

（3）举：以肩关节为轴，两臂伸直，向某方向抬起并停止在某一位置。常见的有前平举、上举、前上举、前下举、侧平举、侧上举、侧下举、下举等。

（4）绕、绕环：两臂或单臂以肩为轴做弧线运动。或上臂固定，前臂以肘关节为轴做弧线运动。

（5）推：手掌由肩侧同时或依次推至某位置。

（6）冲拳：屈臂握拳由腰间同时或依次冲至某位置。

（7）交叉：屈肘，前臂重叠成 X 型。

二、下肢动作——基本步法

根据人体运动时对地面的冲击力大小，大众健美操的基本步法主要分为无冲击步法、低冲击步法和高冲击步法。

（一）无冲击步法

无冲击步法动作是指两脚始终接触地面的动作，身体重心在两脚之间，没有腾空动作。

（1）半蹲（Squat）：两腿分开或并拢，屈膝（图 8－1－9）。

（2）弹动（Spring）：两腿分开或并拢，膝关节有弹性地屈伸。

（3）提踵（Calf raise）：脚跟向上提起，然后还原（图 8－1－10）。

（4）弓步（Lunge）：一腿向前（或向侧、后）迈步屈膝，另一腿伸直，重心在两脚之间（图 8－1－11）。

图 8－1－9 半蹲

图 8－1－10 提踵

图 8－1－11 弓步

（二）低冲击步法

低冲击步法是指在做动作时始终有一只脚接触地面。可分为：踏步类（March）、迈步类（Step touch）、点地类（Tap）和抬起类（Lift step）。

1. 踏步类

两脚交替落地。

（1）踏步（March）

节拍：1 拍。

动作要领：两脚在原地交替抬起和落地。由前脚掌过渡到全脚掌，踝关节、膝关节、髋关节依次缓冲，腰腹肌肉收紧（图 8－1－12）。

（2）一字步（Easy walk）

节拍：4 拍。

动作要领：一脚向前迈步，另一脚迈步并拢，然后依次还原。向前迈步时由脚跟过渡到全脚掌，向后迈步时由前脚掌过渡到全脚掌，落地时屈膝缓冲（图 8－1－13）。

图 8-1-12　踏步

图 8-1-13　一字步

(3) V 字步（V step）

节拍：4 拍。

动作要领：以右脚为例，右脚向右前方迈一步，左脚向左前方迈一步，然后依次还原。两脚运动轨迹成 V 字形。向前迈步时由脚跟过渡到全脚掌，向后迈步时由前脚掌过渡到全脚掌，落地时屈膝缓冲（图 8-1-14）。

(4) 曼巴步（Mambo，简称曼步）

节拍：4 拍。

动作要领：一脚向前或向侧迈一步，屈膝缓冲，重心前移，另一脚稍抬起，原地落下。重心后移，右脚后撤一步，左脚稍抬起，原地落下，落地时屈膝缓冲（图 8-1-15）。

图 8-1-14　V 字步

图 8-1-15　曼巴步

(5) 小曼巴步（Baby mambo，简称小曼步）

节拍：6 拍。

动作要领：以右脚为例，右脚向左前做二分之一曼步后还原，然后左脚再向右前方做二分之一曼步还原，落地时屈膝缓冲（图 8-1-16）。

(6) 恰恰步（Cha cha）

节拍：2 拍。

动作要领：以右脚为例，第一拍右脚迈一步，然后左脚在右脚后方快速跟进一步或跳起并步，一拍两动；第二拍右脚再向前一步（图 8-1-17）。

图 8-1-16 小曼巴步

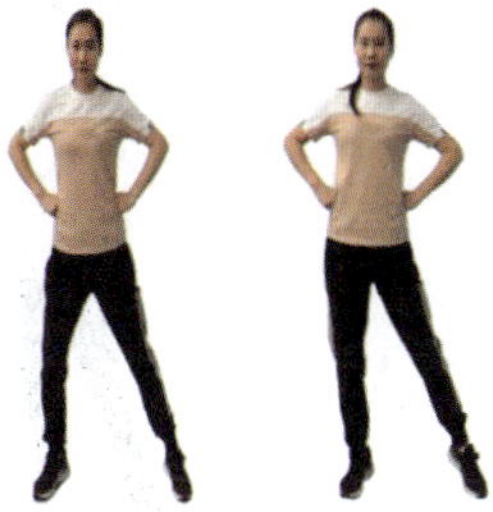

图 8-1-17 恰恰步

2. **迈步类**

一脚先迈出一步，同时重心移动，另一腿做点、抬、并等动作。

（1）并步（Step touch）

节拍：2 拍。

动作要领：以右脚为例，右脚向右侧迈一步，然后左脚脚尖点地，并于右脚，屈膝缓冲，呈半蹲姿势，同时腰腹肌肉收紧，可接反方向（图 8-1-18）。

（2）迈步后屈腿（Step curl）

节拍：2 拍。

动作要领：以右脚为例，右脚向右侧迈一步，稍屈膝，保持关节的弹性控制，然后左腿小腿后屈，脚跟尽量靠近臀部，重心位于右腿，可接反方向（图 8-1-19）。

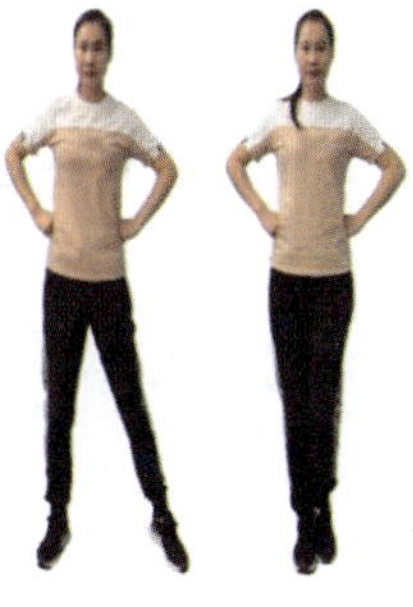

图 8-1-18 并步

图 8-1-19 迈步后屈腿

(3) 迈步吸腿 (Step knee)

节拍：2拍。

动作要领：一脚向前或向侧迈一步，另一腿屈膝抬至大腿水平，然后还原。保持腹肌收紧，上体可稍前倾，同时保持关节的弹性控制（图8－1－20）。

(4) 交叉步 (Grapevine)

节拍：4拍。

动作要领：以右脚为例，右脚向右侧迈一步，左脚在其后交叉，稍屈膝，随之右脚再向侧一步，左脚脚尖点地，并拢。落地时顺势屈膝缓冲，保持腰腹的稳定。此外，作为侧向移动的主要步法之一，应尽可能增大步幅，可接反方向（图8－1－21）。

图8－1－20 迈步吸腿

图8－1－21 交叉步

(5) 滑步（Slide）

节拍：2拍。

动作要领：以右脚为例，右脚右侧迈一大步，屈膝站立，左脚侧点地滑行至两脚约与肩同宽，上体稍侧屈。重心保持在支撑腿上，上体侧屈并先行引领四肢动作（图8－1－22）。

(6) 迈步前踢腿（Kick）

节拍：2拍。

动作要领：一脚向前迈一步，另一脚向前下弹踢，弹踢时保持重心稳定，腰腹收紧，脚背朝上，然后两脚依次还原（图8－1－23）。

(7) 迈步侧踢腿 (Side kick)

节拍：2拍。

动作要领：以右脚为例，右脚迈一步，左脚向左侧踢出，弹踢时保持重心稳定，腰腹收紧，脚背朝上，可接反方向（图8－1－24）。

图 8－1－22　滑步

图 8－1－23　迈步前踢腿

图 8－1－24　迈步侧踢腿

3. 点地类

一腿屈膝，站立，另一腿向前、侧、后点地，还原。

（1）脚跟前点地（ Heel down）

节拍：2 拍。

动作要领：一腿稍屈膝站立，另一脚脚跟前点地，然后还原。重心始终落于支撑腿，保持支撑腿的弹动及腰腹稳定（图 8－1－25）。

（2）侧点地（Side tap）

节拍：2 拍。

动作要领：一腿稍屈膝站立，另一脚脚尖侧面点地，脚背向前，然后还原。重心始终落于支撑腿，保持支撑腿的弹动及腰腹稳定，幅度尽量大（图 8－1－26）。

（3）后点地（ Tap back）

节拍：2 拍。

动作要领：一腿稍屈膝站立，另一脚脚尖向后点地，然后还原。重心始终落于支撑腿，保持支撑腿的弹动及腰腹稳定，幅度尽量大（图 8－1－27）。

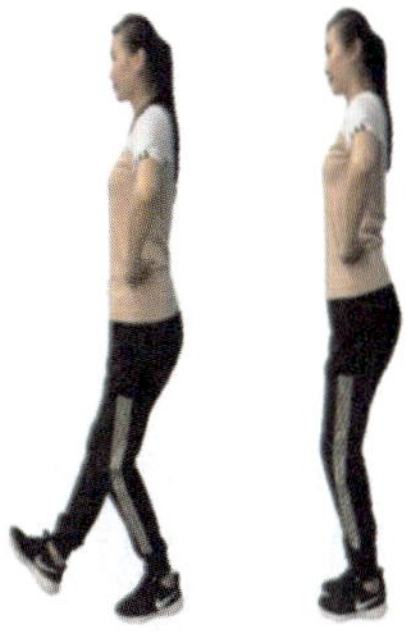

图 8－1－25　脚跟前点地

图 8－1－26　侧点地

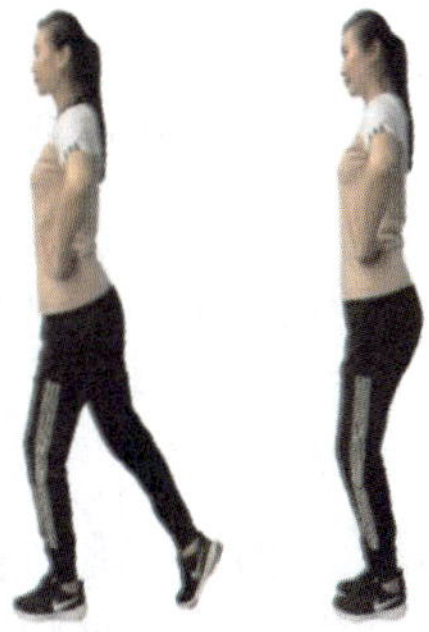

图 8－1－27　后点地

4. 抬起类

一腿支撑地面，另一腿以直腿或屈腿形式向上抬起。

（1）吸腿（Knee lift）

节拍：2 拍。

动作要领：一腿支撑地面，另一腿屈膝向上抬起至大腿水平，还原。保持支撑腿的弹性缓冲及腰腹稳定，可吸腿跳起（图 8－1－28）。

（2）踢腿（Kick）

节拍：2 拍。

动作要领：一腿支撑地面，另一腿向前或向侧弹踢，还原。保持支撑腿的弹性缓冲及腰腹稳定（图 8－1－29）。

（3）摆腿（ Leg lift）

节拍：2 拍。

动作要领：一腿支撑地面，另一腿向前或向侧摆踢，还原。保持支撑腿的弹性缓冲及腰腹稳定，动力腿的踢腿高度可根据个人情况进行调整（图 8－1－30）。

图 8－1－28　吸腿

图 8－1－29　踢腿

图 8－1－30　摆腿

（三）高冲击步法

高冲击步法是指在做动作时，有双脚同时离开地面的动作，即有腾空的动作。高冲击步法主要由无冲击、低冲击步法演变而来。通常情况下，低冲击动作都可以以高冲击形式完成。高冲击步法可分为：迈步跳起类（Hop）、双腿起跳类（Jumping）、单腿起跳类（Leap）和后踢腿跑类（Jogging）。

1. 迈步跳起类

一脚迈出，重心移动，跳起后单脚或双脚落地。

（1）并步跳（Step Jump）

节拍：2 拍。

动作要领：以右脚为例，右脚向侧迈一步，然后蹬地起跳，左脚并右脚，两脚同时落地。单脚起跳，双脚落地，腾空时保持腰腹收紧，落地时屈膝缓冲（图 8－1－31）。

（2）上步吸腿跳（Step knee）

节拍：2 拍。

动作要领：一脚向前迈一步，同时蹬地起跳，另一腿吸起，大腿水平，单脚落地。单脚起跳，单脚落地，腾空时保持腰腹收紧，落地时屈膝缓冲（图 8－1－32）。

图 8－1－31 并步跳

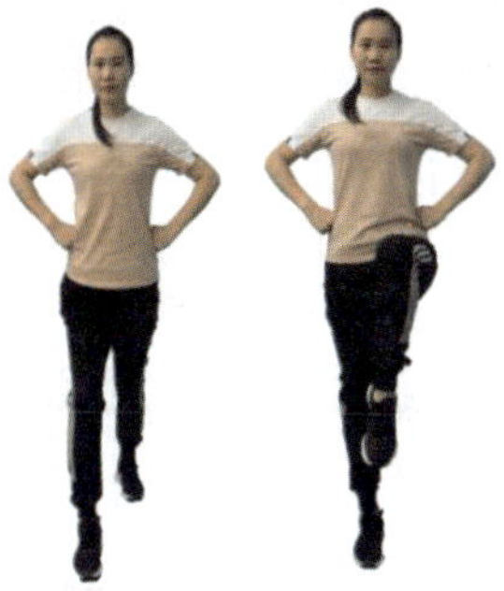

图 8－1－32 上步吸腿跳

2. 双腿起跳类

双脚同时蹬地起跳。

（1）并腿纵跳（Jumping）

节拍：1 拍。

动作要领：屈膝蹬地起跳，腾空时，两腿伸直，两脚同时落地。双脚起跳，双脚落地，腾空时保持腰腹收紧，落地时屈膝缓冲（图 8－1－33）。

（2）开合跳（Jumping jack）

节拍：4 拍。

动作要领：两腿并拢，蹬地向上起跳，落地成开立姿势，屈膝，膝盖、脚尖外展 45 度，然后跳回预备姿势。双脚起跳，双脚落地，腾空时保持腰腹收紧（图 8－1－34）。

（3）弓步跳（Lunge jump）

节拍：1 拍。

动作要领：两腿并拢，蹬地向上起跳，落地成一腿在前一腿在后的弓步或半侧面的弓步，重心稍偏前。双脚起跳，双脚落地，腾空时保持腰腹收紧，落地时屈膝缓冲（图 8－1－35）。

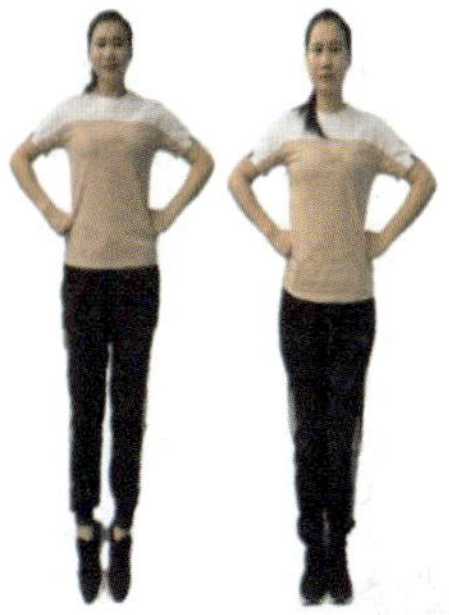

图 8－1－33 并腿纵跳

图 8－1－34 开合跳

图 8－1－35 弓步跳

3. 单腿起跳类

动作过程中，先抬、屈或摆起一条腿，另一腿跳起。

（1）钟摆跳（Swing）

节拍：1 拍。

动作要领：以右脚为例，右腿直腿向侧摆起同时左脚起跳，下落时右脚着地，同时左腿直腿侧摆。保持身体稳定，腰腹收紧，两腿像钟摆一样来回摆动（图 8－1－36）。

（2）弹踢腿跳（Flick jump）

节拍：2 拍。

动作要领：一脚起跳，另一腿屈膝抬起，同时大腿带动小腿，伸膝向前（或侧、后）踢出。然后腾空脚落地同时原支撑腿屈膝抬起，接反方向或下一个动作。保持身体稳定，腰腹收紧（图 8－1－37）。

图 8－1－36 钟摆跳

图 8－1－37 弹踢腿跳

4. 后踢腿跑类

两脚依次蹬离地面，交替跳起。

（1）后踢腿跑（Jogging）

节拍：1 拍。

动作要领：两脚经过腾空后，一脚落地，另一腿小腿后屈，脚跟尽量靠近臀部，然后依次交替进行。单腿起跳，换腿落地，腾空时保持腰腹收紧，落地时屈膝缓冲（图 8－1－38）。

（2）小马跳（Pony）

节拍：2 拍。

动作要领：以右脚为例，右脚抬起，左脚蹬离地面，向右侧跳一小步，右脚先落地，左脚并右脚，脚尖点地，接小跳。第一拍 2 动，第二拍 1 动，单脚起跳，依次落地，落地时屈膝缓冲（图 8－1－39）。

图 8－1－38 后踢腿跑

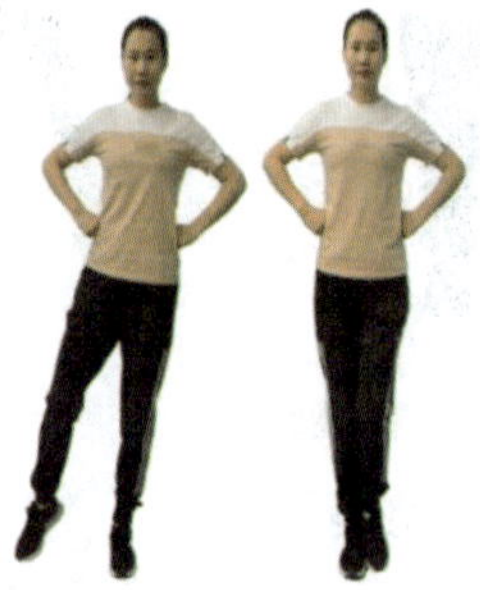

图 8－1－39 小马跳

思考题

1. 健美操常用手型包括哪些动作？
2. 低冲击步法和高冲击步法的区别是什么？

第二节 健美操示范动作

健美操的组合是根据风格、类别、难度和速度等的要求用若干个 8 拍形成的动作。在此，主要介绍低冲击步法组合训练和高冲击步法组合训练。

一、健美操示范组合（一）——低冲击组合

（一）第 1 个 8 拍

低冲击组合第 1 个 8 拍动作如图 8－2－1 所示。

查看视频
低冲击组合
第1个8拍

图 8－2－1 低冲击组合第 1 个 8 拍

（1）下肢动作：1～8 拍右脚开始迈步后屈腿 4 次。

（2）上肢、躯干动作：1 拍两臂前平举，握拳，拳心向下；2 拍两手抱腹，握拳，拳心向上；3～4 拍与1～2拍动作相同；5～8 拍两手握拳叉腰，拳心向后。

（3）面向：1～5 拍面向 1 点；6 拍时向右转至 5 点；8 拍时向右转至 1 点。

（二）第 2 个 8 拍

低冲击组合第 2 个 8 拍动作如图 8－2－2 所示。

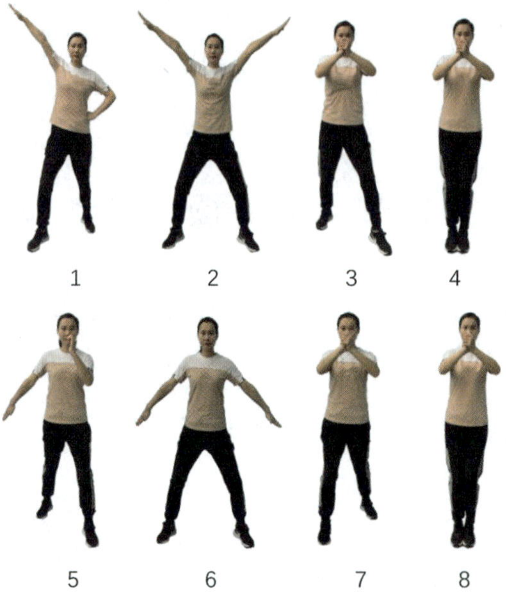

查看视频
低冲击组合
第2个8拍

图 8－2－2 低冲击组合第 2 个 8 拍

（1）下肢动作：1～4 拍右脚开始 V 字步；5～8 拍 A 字步。

（2）上肢、躯干动作：1 拍左手握拳叉腰，拳心向后，同时右臂侧上举，并掌，掌心向外；2 拍两臂侧上举，并掌，掌心向外；3～4 拍胸前击掌 2 次；5 拍右臂侧下举，并掌，掌心向内；6 拍两臂侧下举，并掌，掌心向内；7－8 拍胸前击掌 2 次。

（3）面向：1～8 拍面向 1 点。

（三）第 3 个 8 拍

低冲击组合第 3 个 8 拍动作如图 8－2－3 所示。

（1）下肢动作：1～3 拍右脚开始向前走三步；4 拍吸左腿；5～8 拍左脚开始向侧后并步 2 次。

（2）上肢、躯干动作：1 拍肩侧上屈，握拳，拳心向内；2 拍两臂胸前交叉，握拳，拳心向后；3 拍肩侧上屈，握拳，拳心向内；4 拍胸前击掌；5 拍胸前平屈，握拳，拳心向下；6 拍恢复至预备姿势；7～8 拍与 5～6 拍动作相同。

（3）面向：1～4 拍面向 1 点；5 拍面向 8 点；6 拍面向 1 点；7 拍面向 2 点；8 拍面向 1 点。

查看视频
低冲击组合
第3个8拍

图 8－2－3　低冲击组合第 3 个 8 拍

（四）第 4 个 8 拍（图 8－2－4）

低冲击组合第 4 个 8 拍动作如图 8－2－4 所示。

查看视频
低冲击组合
第4个8拍

图 8－2－4　低冲击组合第 4 个 8 拍

（1）下肢动作：1～8 拍左脚开始侧点地 4 次。

（2）上肢、躯干动作：1 拍右手抱腹，握拳，拳心向上，同时左手向右前方冲拳，拳心向下；2 拍两手抱腹，握拳，拳心向上；3～4 拍与 1～2 拍动作相同，方向相反；5

~8 拍与 1 ~4 拍动作相同。

（3） 面向：1 ~8 拍面向 1 点。

二、健美操示范组合（二）——高冲击组合

（一） 第 1 个 8 拍

高冲击组合第 1 个 8 拍动作如图 8 –2 –5 所示。

查看视频
高冲击组合
第1个8拍

图 8 –2 –5　高冲击组合第 1 个 8 拍

（1） 下肢动作：1 ~8 拍右脚开始并步跳 2 次。

（2） 上肢、躯干动作：1 ~4 拍两臂经腹前交叉向上绕至侧下举，并掌；5 ~8 拍与 1 ~4拍动作相同。

（3） 面向：1 ~8 拍面向 1 点。

（二） 第 2 个 8 拍

高冲击组合第 2 个 8 拍动作如图 8 –2 –6 所示。

（1） 下肢动作：1 ~8 拍开合跳 2 次。

（2） 上肢、躯干动作：1 ~2 拍两手八字掌置于大腿，虎口向后；3 ~4 拍胸前击掌 2 次；5 ~8 拍与 1 ~4 拍动作相同。

（3） 面向：1 ~8 拍面向 1 点。

查看视频
高冲击组合
第2个8拍

图 8－2－6　高冲击组合第 2 个 8 拍

（三）第 3 个 8 拍

高冲击组合第 3 个 8 拍动作如图 8－2－7 所示。

查看视频
高冲击组合
第3个8拍

图 8－2－7　高冲击组合第 3 个 8 拍

（1）下肢动作：1～4 拍左脚开始小马跳 2 次；5～8 拍后踢腿跑 4 次。

（2）上肢、躯干动作：1～4 拍胸前屈肘，绕臂 4 次；5～8 拍两臂侧下举，握拳，拳心向内。

（3）面向：1～4 拍面向 1 点；5～8 拍向左转体 360 度。

（四）第 4 个 8 拍

高冲击组合第 4 个 8 拍动作如图 8－2－8 所示。

（1）下肢动作：1～8 拍左脚开始弓步跳 4 次。

（2）上肢、躯干动作：1 拍自然摆臂；2 拍胸前击掌；3～4 拍与 1～2 拍动作相同；5 拍两臂侧平举，并掌，掌心向上；6 拍两臂头上击掌；7～8 拍与 5～6 拍动作相同。

查看视频
高冲击组合
第4个8拍

图 8-2-8　高冲击组合第 4 个 8 拍

（3）面向：1～8 拍面向 1 点。

思考题

1. 高冲击步法组合训练是否含有无冲击步法或低冲击步法？
2. 低冲击步法组合训练和高冲击步法组合训练的区别是什么？

第三节　健美操动作创编

健美操基本动作是健美操运动的基础，千变万化的健美操组合都是在基本动作的基础上变化和发展而来的。健美操动作创编不单是把动作串联在一起而已，它是一个思维再创造的过程，需要将健美操基本动作按照一定需求进行编排，并将套路结构、运用方式、风格特点、音乐、服饰等诸多因素进行有机结合，从而产生不同难度、不同强度、不同风格以及不同视觉效果的健美操套路。健美操动作创编需遵循以下几个原则。

一、动作的流畅性

动作的流畅性主要针对动作之间的连接，要求有序地安排动作，使动作之间形成规律及连贯性，连接自然、平滑、流畅，动作有动力，没有任何不必要的停顿，且不会表现出费力、犹豫。

要做到动作的流畅，最重要的是步法的流畅。步法的流畅主要建立在身体重心平稳的过渡。步法的主要形式包括：双脚同时运动、双脚依次运动、同脚多次运动。在步法与步法进行转换时，重心的变化是其中的关键之处。当重心位于人体中心且双脚同时运动时，可以任意地选择下一个步法。但若是重心偏离人体中心倒向某一侧时，最常见的是使用身体的另一侧，即使用另一只脚。当然，若是有意多次使用同一侧脚时，可以不变化重心。

手臂动作的流畅亦非常重要。手臂动作的运动形式与运动范围通常较为复杂、多样，归纳起来主要有：对称运动、不对称运动、单手运动（包括单手依次、单手单边多次）、双手运动。运动形式包括摆动、屈、伸、举、绕环、推等。通常来说，相比不对称运动，对称运动更容易被接受，相比单手运动，双手运动更容易被接受。

适当地运用这些规律能够使练习者尽快地掌握动作，加强练习的实效性。

二、鲜明的针对性

在动作编排前，创编者应充分了解接受套路的对象的具体情况，并针对其年龄、性别、身体状况、运动能力、接受能力、职业、文化程度、爱好等特点合理编排，因人而异。如军校大学生青春朝气、体力充沛，设计时，可选择热烈奔放、舒展健美、富有时代感和活力感的动作，力求动作力度强、幅度大、速度快、变化大。此外，男性可注重发展肌肉的力量和耐力，女性则可选择偏舞蹈化、表现力较强的动作，塑造形态美，提高动作表现力。

三、运动负荷的适宜性

创编一套操，控制运动负荷是非常重要的。创编时，应将运动负荷严格控制在适宜强度，确保运动中的呼吸供氧，从而达到最佳锻炼效果。通常，运动负荷受动作速度、重复次数、时间、动作幅度、肌肉用力等因素影响。具体到步法，则是受主力腿的腾空高度、动力腿的动作幅度、肌肉的控制力度、动作的速度等因素影响。成套动作应使用低冲击、高冲击交替的组合动作，而不能完全或大部分集中采用高冲击步法，这容易造成膝关节、踝关节的损伤。而手臂的运动强度则受到动作幅度、动作速度等因素的影响。一般不会集中使用上举、侧上举等肩以上的动作。

四、动作与音乐的契合性

音乐是健美操的灵魂，是健美操不可缺少的部分。在音乐的伴奏下，健美操动作具有强大的表现力、生命力和艺术性。音乐的节奏、速度、风格、强弱变化直接影响和控制着动作的节奏、速度、风格、力度和起伏。合理运用音乐的这些因素可以增加健美操的韵律美，提升健美操的美学价值。

在创编当中，优美、完整及独特的音乐风格是展示动作与艺术性的动力。动作与音乐的契合尤为重要，主要表现在以下五个方面。

（1）音乐风格受地域和民族的不同而各异，音乐情绪因其发展的需要也时而刚劲挺拔，时而滑稽诙谐。健美操的动作应力求与音乐的风格和情绪一致。只有这样，音乐才能有力地支撑动作，有效地烘托主题。

（2）音乐包括前奏、主体和结尾部分，健美操成套动作包括开始、主体与结束部分，两者应当契合。若是不一致，可采用剪辑的方式在中间的乐段上做文章，保持乐曲开头和结尾的完整性。

（3）一个组合动作的长短应遵循乐句、乐节的规律，以乐句、乐节的长短来设计。

（4）乐拍的强弱与动作的力度应协调。健美操音乐通常节奏明快，力度感强。成套动作需要按照音乐强弱交替变化的特点，把亮相动作、发力动作设计在强拍上，以增强动作的力度感和观赏性，而一些落下、收回、转换等动作应设计在弱拍上。

（5）健美操成套动作中的组合变化与队形变化如能与音乐乐段的转折相一致，可大大增强成套动作的层次感，将音乐的听觉艺术与健美操的视觉艺术融为一体。

思考题

1. 健美操动作创编的原则是什么？
2. 如何使健美操动作与音乐相契合？

第九章　实用技能类体操

实用技能类体操是指采用特制的器械或特定的练习动作对从事特殊环境作战与作业人员，进行身体适应能力的专门训练。实用技能类体操通常与军人日常训练、作战技能直接相联系，这些练习对提高体能素质和军事技能有较高的训练价值，同时对培养生活上所必需的实用技能和提高生活生存能力也具有较高的实用价值。实用技能类体操具有军味浓厚、实用性、健身性、趣味性和多样性特点，对提高不同军兵种专业士兵体能、技能有重要作用。

实用技能类体操主要包括器械攀爬类和特项体操类。器械攀爬类主要有爬绳、爬杆、软梯攀爬等项目。特项体操类主要有浪木、固定滚轮、旋梯、四柱秋千、活动滚轮等项目。

第一节　爬绳（杆）

一、训练条件

爬绳（杆）训练场地条件为：吊绳（杆）攀登场，绳（杆）直径约0.04米，下端不固定，攀登架高7米，在吊绳（杆）离地面垂直距离为1.7米处设一条起攀标志线。着迷彩服（帽）、制式胶鞋或作战靴，扎编织外腰带。

二、技术动作与训练方法

（一）两手攀登法

两手伸直握紧吊绳（杆），腿脚自然下垂，两手交替用力向上引体，攀至顶点（图9－1－1）。

（二）手脚配合攀登法

两手握住吊绳（杆），使身体悬起并稍提腿，吊绳（杆）位于两腿之间，用左（右）脚外侧和右（左）脚内侧夹住吊绳（杆），随着两脚踩蹬绳（杆），两手交替向上引体，攀至顶点（图9－1－2）。

图 9－1－1　两手攀登法

图 9－1－2　手脚配合攀登法

三、教法提示

（一）力量练习

加强引体向上、肋木屈膝举腿等力量练习，提高攀爬的力量基础。

（二）模拟练习

受训者可仰卧地面，两名配合者在其上方牵拉绳索，协助其体会手脚协同配合动作要领。

（三）分解与完整练习

可在单杠上固定绳索，受训者两手悬垂于单杠上，两脚利用攀登绳重点体会与练习收、剪、踩、蹬的动作要领，待掌握要领后，再过渡到攀登绳上进行手脚协同配合的完整练习。

（四）降难练习

通常采用难度递增训练法，可先固定吊绳（杆）下端，在他人协助下进行短距离训练，逐渐过渡到练习完整动作。强化引体向上辅助练习，增强前臂屈肌力量。

四、常见错误与纠正方法

错误动作：两脚踩蹬吊绳（杆）动作不准确，与上肢引体动作配合不连贯。
纠正方法：在较低位置处，在他人协助保护下反复体会练习。

五、保护与帮助

保护与帮助者站在吊绳（杆）一侧，要时刻注意观察，预防爬绳（杆）者脱手；在吊绳（杆）下方放置海绵垫，以缓冲落地，防止脱手摔伤。

六、训练注意事项

（1）训练前认真检查场地器材；充分做好准备活动。

（2）加强保护与帮助，多加强上肢力量和腰腹力量练习；训练强度应区别对待，循序渐进进行。

思考题

1. 爬绳（杆）的辅助练习有哪些？
2. 爬绳（杆）的基本方法有哪些？

第二节　软梯攀爬

一、训练条件

软梯攀爬训练场地条件为：爬梯训练架，软梯高 5 米、软梯横杆长 50 厘米、相邻横杆间距 30 厘米，软梯下端不固定，软梯顶端离地面垂直距离为 5 米处设标志点（图 9－2－1）。着迷彩服（帽）、制式胶鞋，扎编织外腰带。

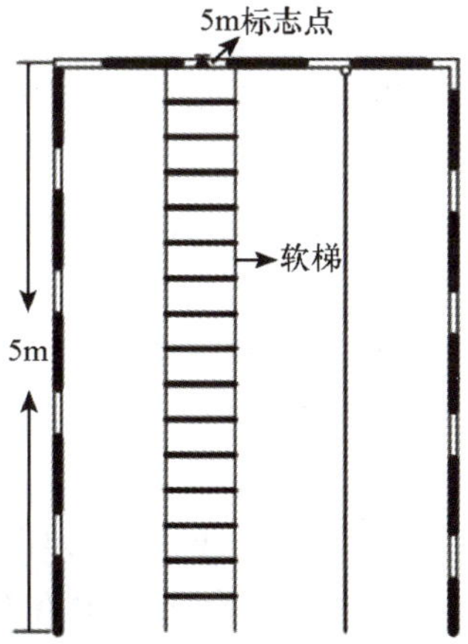

图 9－2－1　爬梯训练架示意图

二、技术动作与训练方法

（一）异侧臂腿攀爬

1. 准备姿势

左（右）脚撑地，右（左）腿屈膝上抬，右脚足弓踩第二横杆，伸左（右）手抓握左（右）上侧横杆（图 9－2－2）。

2. 动作要领

向上攀爬时，右（左）脚与左（右）手同时用力向下蹬踩、抓拉横杆，利用腿臂合力使身体迅速上移，且重心靠近软梯，随后，向上伸右（左）手屈左（右）腿分别抓拉、蹬踩横杆，腿臂依次交替配合攀爬（图 9－2－3①）。向下攀爬时，身体重心靠近软梯并迅速下移，右（左）手与右（左）脚同时向下抓拉、蹬踩横杆，随后，左（右）手左（右）脚向下分别抓拉、蹬踩横杆，腿臂依次交替配合攀爬（图 9－2－3②）。

图 9－2－2　异侧臂腿攀爬准备姿势

①向上　　②向下

图 9－2－3　异侧臂腿攀爬动作

（二）同侧臂腿攀爬

1. 准备姿势

左（右）脚撑地，右（左）腿屈膝上抬，右脚足弓踩第二横杆，伸右（左）臂抓握右（左）上侧横杆（图 9－2－4）。

2. 动作要领

向上攀爬时，右（左）脚与右（左）手同时用力向下蹬踩、抓拉横杆，利用腿臂合力使身体迅速上移，且重心靠近软梯，随后，向上伸左（右）手屈左（右）腿抓拉、蹬踩横杆，腿臂依次交替配合攀爬（图 9－2－5①）。向下攀爬时，动作要领与异侧臂腿向下攀爬动作要领相同（图 9－2－5②）。

图 9－2－4　同侧臂腿攀爬准备姿势

①向上　②向下

图 9－2－5　同侧臂腿攀爬动作

三、教法提示

（一）辅助练习

1. 徒手拉杆

受训者双手抓拉横杆，两臂伸直，身体悬垂（图 9－2－6①）；向上时，两臂先向上引体（图 9－2－6②），而后双手交替向上抓拉横杆（图 9－2－6③）；向下时，双臂伸直，双手交替向下抓拉横杆，回到起点。依此动作要领上下攀爬。

①　②　③

图 9－2－6　徒手拉杆

2. 模拟攀爬练习

受训者手脚撑地身体呈爬行姿势，分别按照异侧臂腿与同侧臂腿攀爬动作要领在地面进行臂腿配合练习，通过练习提高攀爬动作技术的熟练程度。

3. 腿部力量练习

腿部力量练习主要进行负重蹲起、单腿跳、台阶跳等专项力量训练，重点发展腿部屈伸力量。

（二）降难练习

1. 固定软梯攀爬

将软梯下端固定，减小软梯晃动幅度，帮助参训者稳定身体重心，体会攀爬动作要领，巩固攀爬动作技术（图9－2－7）。

图9－2－7　固定软梯攀爬

2. 软梯攀爬

训练应循序渐进，首先进行3米软梯攀爬训练，随着攀爬技术与臂腿力量的提高，逐步过渡到5米软梯攀爬训练。

四、常见错误与纠正方法

（1）臀部后坐，身体后仰。

纠正方法：臂腿配合的同时，臀部夹紧、身体重心上提，把身体靠近软梯；训练中有意识提高空中身体平衡的控制能力。

（2）臂腿配合不协调。

纠正方法：向上攀爬时，强调先蹬后拉；通过模拟攀爬练习，提高臂腿协调配合能力。

（3）蹬踩无力。

纠正方法：强调用脚底的足弓部位蹬踩横杆，蹬踩要实，发力要猛。

五、保护与帮助

为了防止脚踩空而发生高空坠落，练习时采用高空安全绳保护，参训者着半身式安全带，配主保护与副保护两名地面安全人员（图9－2－8）。需要注意的是主保护应由获得资格证书或接受过正规培训的安全员担任。

图 9－2－8　软梯攀爬的安全保护

六、训练注意事项

(1) 训练前认真检查训练场地及装备器材，训练过程中加强安全保护，消除安全隐患。

(2) 训练中地面保护人员应精力集中，眼睛始终注视参训者，安全绳长度控制适中，不宜过紧或过松。

(3) 充分做好身体准备活动，特别是臂腿的拉伸练习；冬季训练时应戴防滑手套。

思考题

1. 在攀爬软梯过程中如何稳定身体重心？
2. 从软梯侧面进行攀爬时，其动作要领是什么？

第三节　旋　梯

一、训练条件

旋梯训练场地条件为：旋梯及松软的沙坑场地；着迷彩服或体能训练服、制式胶鞋或运动鞋。

二、技术动作与训练方法

（一）练习一：前后回环

1. 准备姿势

立正，两脚前后开立，两手握梯柱底端，屈臂，使底杠位于胸前。也可两手握梯柱，一脚蹬底杠，另一脚蹬地。

2. 动作要领

（1）起动

一脚蹬底杠、异侧手抓握内梯柱，拉杠跳起，两手依次抓握上杠和中杠之间的内梯柱，手臂伸直，同时臀部后坐，当旋梯过杠下垂直部位时穿腿跟髋，当器械摆至最高点时，两手用力向后带杠，臀部后坐，当旋梯回摆至接近垂直部位时，迅速站直身体，腹部贴近中杠，蹬地脚脚尖别住梯柱或底杠（图 9－3－1）。

（2）制动

回环至下方垂直部位时，迅速下蹲，接近前（后）方最高点时，逐渐伸直身体，反复进行即可制动（图 9－3－2）。

图 9－3－1　前后回环起动

图 9－3－2　前后回环制动

（3）摆动

由前上方回摆时屈腿，摆过垂直部位后，臀部后移逐渐伸直两腿；由后上方回摆时屈腿，当摆过垂直位置后，腿用力蹬直，向前送髋，腹部靠杠，抬上体，摆至最高点。

①前回环：由摆动开始，逐渐加大摆动幅度，后摆至后上方接近垂直部位时，两手拉杠，肩向前移，向前回环（图 9－3－3）。

②后回环：前回环制动后，旋梯回摆至下方垂直部位时，两腿用力蹬直，摆至前上方接近垂直部位时，抬头挺胸，腹部靠梯，向后回环（图 9－3－4）。

图9-3-3　前回环

图9-3-4　后回环

（4）下法

①擦地跳下：旋梯进入小摆动，后摆至最高点时，跨杠腿退出下杠与蹬杠腿并拢，双脚蹬于底杠，屈腿下蹲，两手换握中、下杠间的后梯柱，再次后摆时，一脚蹬底杠，另一脚擦地面，制动后跳下（图9-3-5）。

②后摆跳下：旋梯进入小摆动，后摆至最高点时，两手顺梯柱后滑跳下（图9-3-6）。

③前摆挺身下：旋梯进入小摆动，后摆至最高点时，跨杠腿退出下杠与蹬杠腿并拢，双脚蹬于底杠，屈腿下蹲，两手换握中、下杠间的后梯柱，前摆接近最高点时，两脚蹬离底杠后松开双手，挺身跳下（图9-3-7）。

图9-3-5　擦地跳下

图9-3-6　后摆跳下

图9-3-7　前摆挺身下

3. **教法提示**

（1）在静止状态下，练习蹬杠、跨腿、别杠动作和两手由两侧伸入梯内，转腕握上杠动作。

（2）先易后难，分步反复练习上梯动作。

（3）在小摆动中体会起动、制动。

（4）在帮助下体会回环动作和下法动作并过渡到独立完成动作。

（二）练习二：坐杠后回环

1. **准备姿势**

同练习一预备姿势。

2. 动作要领

加大摆动，后摆接近最高点时，踏杠脚跨入下杠成坐姿，两脚勾梯柱，臀部顺势后坐；由后上方前摆时，两腿并拢伸直，收腹，大腿用力压杠；摆至前上方时，伸直髋关节，抬头挺身向后回环；过上方垂直部位后，两臂伸直，收腹屈体连续向后回环（图9－3－8）。

图9－3－8　坐杠后回环

3. 教法提示

（1）在小摆动中体会坐杠加速动作要领。

（2）一脚勾梯柱，另一腿伸直，体会坐杠回环要领。

（3）独立完成坐杠回环动作。

（4）在熟练完成练习一的基础上，重点体会坐杠摆腿时机。

三、常见错误与纠正方法

（一）前后回环

错误动作：起动、制动时下蹲屈腿时机不准；腿蹬杠过早或过晚。

纠正方法：用“口令”提示受训者下蹲时机，反复练习。

（二）坐杠后回环

错误动作：摆腿加力时机过晚造成不能坐杠。

纠正方法：反复练习摆动和踢腿加力时机。

（三）下法动作

错误动作：向前或向后摆动未至极点时就做下法动作，使下法高度或腾空不够。

纠正方法：用“口令”提示受训者做下法动作，以掌握下法时机。

四、保护与帮助

前后回环：保护与帮助者位于梯侧，推梯助力摆动和回环。

坐杠后回环：做好自我保护，头朝下身体下坠时，两腿分开靠紧梯柱；回环速度慢时，两脚钩住梯柱或底杠。

下法动作：跳下时可由两人保护，其中一人靠近受训者落地点一侧扶持，另一人扶梯制动。

五、训练注意事项

训练前认真检查场地器材，并充分做好准备运动；依据空间定向能力容易消退的生理特点，要坚持经常练习。

思考题

1. 旋梯训练有何实用意义？
2. 在旋梯训练中，最难掌握的技术动作是什么？
3. 对旋梯训练的主要收获是什么，对其教学训练有何建议？

第四节　固定滚轮

一、训练条件

固定滚轮训练场地条件为：固定滚轮及沙坑场地；着迷彩服或体能训练服、制式胶鞋或运动鞋。

二、技术动作与训练方法

（一）练习一：侧转

1. 准备姿势

双脚踏入横踏板脚套内，两手正握手环或轮柱，手臂伸直，微收腹、屈腿（图9－4－1）。

2. 动作要领

（1）右侧转

臀部右移，右腿用力蹬直，右、左臂依次用力支撑，向右转动。经倒立后右手拉环，蹬直左腿，臀部移向左侧，连续转动（图9－4－2）。

图9－4－1　侧转准备姿势

图9－4－2　右侧转

(2) 制动

转至身体直立时，臀部迅速移向转动相反方向（图 9－4－3）。

(3) 左侧转

要领与右侧转相同，方向相反（图 9－4－4）。

图 9－4－3　侧转制动

图 9－4－4　左侧转

3. 教法提示

(1) 保护与帮助者将滚轮固定，受训者体会移臀、蹬腿撑臂的用力时机。

(2) 受训者做左、右连续起动练习，体会蹬腿撑臂和移动重心动作，然后逐渐加大摆动，直至完成完整动作。

(二) 练习二：前后转

1. 准备姿势

两脚踏入纵踏板套内，两手分握轮柱或前手环（图 9－4－5）。

2. 动作要领

(1) 前转

上体前移，髋前送，两臂伸直前下压，身体倒立时，顶肩、提臀向前转动。转至仰身水平后，挺身向前，至身体直立后，按以上要领连续转动（图 9－4－6）。

图 9－4－5　前后转准备姿势

图 9－4－6　前转

(2) 制动

转至身体直立时，迅速将臀部移向转动相反方向（图 9－4－7）。

(3) 后转

臀部后移，两臂向后拉环（柱），同时上体后仰，抬头，向后转动。头朝下时稍挺身，两臂用力推环（柱）。转至俯身水平时，收腹屈体，臀部后移，至身体直立时，按以上要领连续转动（图 9－4－8）。

图 9－4－7　前后转制动

图 9－4－8　后转

3. **教法提示**

在摆动中体会动作要领。在保护与帮助下慢速旋转体会动作要领，并逐渐加速达到独立完成动作。

三、常见错误与纠正方法

（一）侧转

错误动作：侧转时，蹬腿、移重心、撑臂用力动作配合不协调。

纠正方法：保护与帮助者控制滚轮转速，受训者体会加力及移动重心的时机。

（二）前后转

错误动作：前后转时，身体重心移动时机过晚，造成滚轮不能匀速转动或停止转动。

纠正方法：在垫子上，做身体直立与倒立时的屈髋与挺髋的转换练习。

四、保护与帮助

保护与帮助者立于滚轮一侧扶轮，协助受训者起动与制动，并保护受训者安全。

五、训练注意事项

（1）训练前认真检查场地器材，并充分做好准备运动。

（2）对平衡机能差的人，可结合进行摇头操、侧手翻、打地转等辅助练习。

思考题

1. 固定滚轮训练有什么作用，通过训练有何体会？
2. 在固定滚轮训练中，最难掌握的技术动作是什么？
3. 对固定滚轮教学训练有何建议？

第五节　活动滚轮

一、训练条件

活动滚轮训练场地条件为：平整硬质场地（长度50米以上、宽度20米以上），活动滚轮。着体能训练服或运动服、制式胶鞋或运动鞋。

二、技术动作与训练方法

（一）挂足前/后滚

1. 动作要领

挂足前滚：两手握中杠，上体稍后仰，左脚踏入小环，右脚着地。右脚蹬地后迅速踏入小环，上体前倾、低头、两臂伸直压杠，低头收腹，两腿伸直与身体成直角，臀部移向圆心，滚至前上方时，稍屈臂，伸直髋关节，身体前移继续前滚（图9－5－1）。

挂足后滚：前滚制动后，两腿逐渐伸直后蹬，两臂拉杠上体后倒，收腹，臀部移向圆心；仰身接近水平时，两臂伸直，抬头挺胸；滚至后上方时，屈腿、收腹、拉肩，使两臂与上体成一直线，继续后滚（图9－5－2）。

图9－5－1　挂足前滚

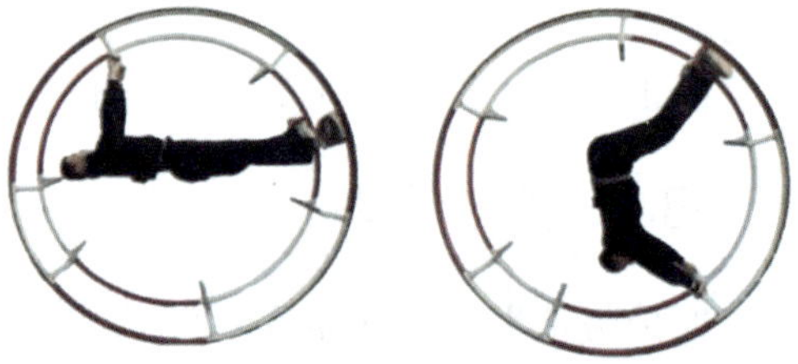

图9－5－2　挂足后滚

制动：前滚头朝下时，两臂伸直，逐渐屈腿（图9－5－3①）；后滚超过垂直部位时，逐渐屈臂，伸直髋关节，身体前移（图9－5－3②）。

①

②

图9－5－3　挂足前后滚制动

退孔下：后滚至最高点回落时，一脚踏上杠前滚，另一脚迈出着地，两脚着地时成蹲立，退孔出轮后成两手握杠的站立姿势（图 9－5－4①～③）。

图 9－5－4　挂足前后滚退孔下

2. 教法提示

（1）辅助练习

前滚制动辅助练习：两脚分开与肩同宽，双腿伸直，髋部弯曲，直臂俯撑于地面上。听到“制动”口令后，屈膝坐臀，使臀部快速紧贴于两脚跟，反复做 3～5 次。

后滚顶肩辅助练习：两臂直臂俯撑于地面上。听到“制动”口令后，勾脚屈膝坐臀，使臀部快速紧贴于两脚跟，反复做 3～5 次。

（2）完整动作练习

在帮助与保护下，完成练习。保护与帮助者 3 人，其中，1 人慢推滚轮，2 人保护，让其体会挂足前、后滚动作要领。

3. 训练注意事项

（1）练习时始终要提醒受训者勾住脚尖，防止从器械上跌下。

（2）当受训者头朝下时如果没有及时顶肩，保护者要托其肩部。

（3）保护者要注意加强自我保护，防止滚轮压脚。

（二）支撑侧滚

1. 动作要领

左侧滚：两手分握上杠，两脚分踏下杠（图 9－5－5①）。向左滚动时，臀部左移，左脚蹬杠，右臂拉杠向左滚，滚至身体接近水平时，左手和左脚支撑，同时屈右臂，右脚蹬杠，保持身体平衡，臀部逐渐右移，右臂推杠；头朝下时，直臂屈腿展腹抬头，两脚用力夹杠，接着右脚蹬杠支撑身体，重心继续左移，手脚依次用力连续向左侧滚（图 9－5－5②③）。

右侧滚：动作要领同左侧滚，但方向相反。

制动：当身体滚至正立部位时，臀部向相反方向移动。

①　②　③

图 9-5-5　左侧滚

2. 教法提示

（1）辅助练习

在地上练习侧手翻，重点体会手脚依次支撑身体。

（2）完整动作练习

1 人推轮慢滚，2 人站在受训者体侧保护，让受训者在轮内体会侧滚动作要领。

3. 训练注意事项

（1）侧滚身体接近水平时，两腿弯曲，两臂及时顶直。

（2）保护与帮助者在器械侧面保护时，两脚应与滚轮保持一定距离，防止被压到脚面。

（三）踏环侧滚

1. 动作要领

踏环右侧滚：两手分握上杠，两脚跳起收腹举腿成屈体悬垂，左腿伸直踏前轮，右腿弯曲踏后轮（也可踏入小环），两膝并拢（图 9-5-6①）。身体重心右移，左手拉杠，右手推杠，向右滚动，当滚过垂直部位后，身体接近水平部位时，臀部积极向上提起，当身体滚至接近最高点时，臀部向前进方向移动，接着右臂拉杠，左臂推杠，两膝并拢，继续滚动（图 9-5-6②③）。

①　②　③

图 9-5-6　踏环右侧滚

踏环左侧滚：动作要领同右侧滚，但方向相反。

制动：当身体滚至垂直部位时，重心向相反方向移动。

退孔下：下轮时，向右转体，两脚依次着地成蹲立状，左手换握前杠，退孔出轮成站立姿势。

2. **教法提示**

（1）辅助练习

屈体，两腿前后开立，前腿伸直，后腿弯曲，两臂置于体侧，蹲于地面上，做重心起降与摆臂练习。

（2）完整动作练习

在轮内练习左右摆动；在保护者推轮滚动中体会动作要领。

3. **训练注意事项**

（1）原地体会摆臂练习，滚动到上升阶段时身体重心靠近滚轮圆心有助于加力，远离圆心有助于制动。

（2）做好保护与帮助者的自我保护。

（四）燕式前滚

1. **动作要领**

右手握下杠侧立于轮外（图 9－5－7①）。右手拉压下杠，使轮向身体左侧滚，身体随即从下杠与中杠之间进入轮内，然后向左转体，左手向后反握同一下杠，一脚踏中杠，一脚迅速蹬地向前滚；身体接近水平时，一脚蹬杠，另一脚勾杠，抬头、挺胸、重心前移；头朝下时，低头、收腹，臀部靠杠，两臂用力握杠向前滚动（图 9－5－7②～④）。下轮时，保持收腹姿势制动，回滚时一脚踏地，向后转体退孔下。

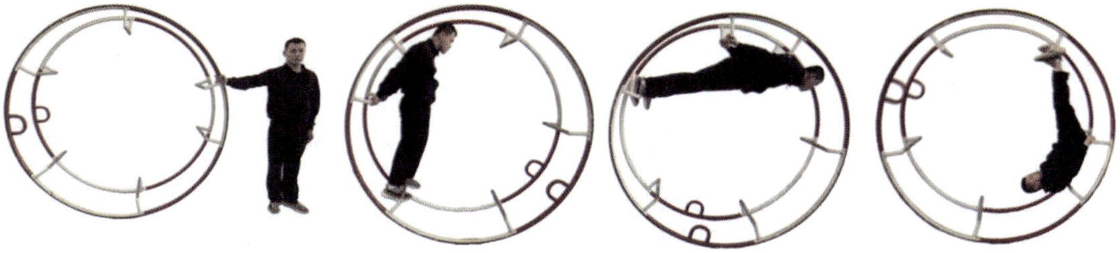

①　②　③　④

图 9－5－7　燕式前滚

2. **教法提示**

（1）辅助练习

燕式挺身辅助练习：两人距离 0.5 米相对站立，保护与帮助者直臂前伸，双手扶受训者肩部，受训者双手握拳，拳心向前直臂后举，左脚蹬地，右腿后伸，挺胸抬头，成燕式挺身动作，停顿 3 秒后还原，反复做 3～5 次。

（2）完整动作练习

保护与帮助者推轮慢滚，让受训者从中体会燕式前滚要领；在保护下，受训者完成练习。

3. **训练注意事项**

（1）初学者前滚时不宜速度过快，可由保护与帮助者控制滚动速度。

（2）保护与帮助者在器械侧面保护时，两脚应与滚轮保持一定距离，防止被压到脚面。

第六节　浪　木

一、训练条件

浪木训练场如图 9－6－1 所示。着迷彩服或体能训练服、制式胶鞋或运动鞋。

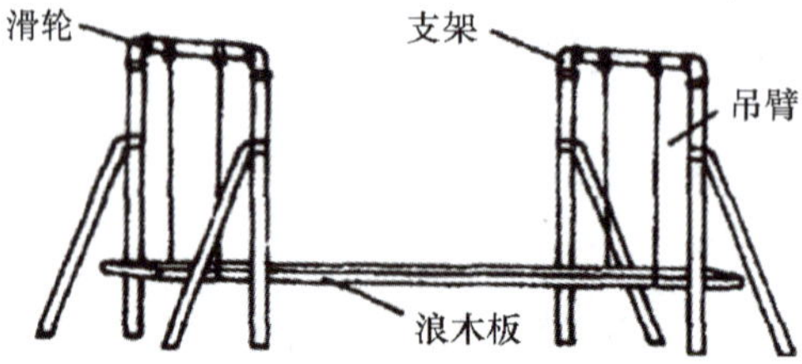

图 9－6－1　浪木示意图

二、技术动作

（一）摆动中跳上与跳下

1. 动作要领

（1）跳上。右（左）肩向浪木站立，浪木迎面摆至最低点时，按右（左）、左（右）脚顺序跳上浪木，身体前倾，自然前进（图 9－6－2）。

（2）跳下。方法一：浪木向后摆至极点时，按左（右）、右（左）脚的顺序向左（右）前方跳下（图 9－6－3）。方法二：浪木向后摆至极点时，双脚并拢，迅速向侧上方跳起，挥臂挺身下（图 9－6－4）。

图 9－6－2　跳上

图 9－6－3　跳下（一）

图 9－6－4　跳下（二）

2. 教法提示

主要采取降难的方法。先小摆动做跳上、跳下练习，体会动作要领，然后逐渐加大摆动幅度，直到掌握动作要领。

3. 常见错误与纠正方法

（1）跳上前冲过大

跳上时上体前冲过大，重心失衡。

纠正方法：跳上练习由小摆动逐渐过渡到大摆动，并加快步频，体会身体重心与摆动幅度的协调配合。

（2）跳下时间不当

跳下时，起跳过早或过晚导致重心失衡。

纠正方法：浪木向后摆至极点时，利用“口令”提示，引导受训者跳下，逐渐掌握起跳时机。

4. 保护与帮助

保护与帮助者立于受训者跳下一侧，防止其跳下时摔倒。

（二）摆动中前进与后退

1. 动作要领

浪木后摆时，身体前倾自然前进（图9－6－5）。前摆时，身体后仰顺势后退（图9－6－6）。

图9－6－5　前进

图9－6－6　后退

2. 教法提示

（1）模仿练习

在静止的浪木上完成前进与后退动作，体会身体前倾、后仰。

（2）逐步加大摆动练习

先做小摆动中前进与后退，掌握动作后，逐渐加大摆动幅度。

3. 常见错误与纠正方法

重心不稳，步伐僵硬。

纠正方法：放松步伐，扶受训者的手，在帮助下完成前进与后退练习。

4. 保护与帮助

保护与帮助者立于受训者一侧，跟随其移动，防止其摔倒。

(三)摆动中向后转

1. 动作要领

浪木向后摆时，身体前倾，摆至极点时，左（右）脚向前迈出步的同时（图9-6-7），以前脚掌为轴向后转，顺势前进（图9-6-8）。

图9-6-7　转体前

图9-6-8　转体后

2. 教法提示

（1）模拟练习

在静止的浪木或地面上做向后转练习，体会动作要领。

（2）降难练习

做小摆动向后转，体会转体时机，然后逐渐加大摆动幅度。

3. 常见错误与纠正方法

转身后身体方向不正或动作不连贯。

纠正方法：练习时进行“口令”提示，动作要迅速。

4. 保护与帮助

保护与帮助者立于受训者一侧，跟随其移动，防止其在后转时摔倒。

(四)摆动中坐下与起立

1. 动作要领

前摆接近极点时，迅速屈腿下蹲，两手扶浪木边沿坐下，两腿伸直并拢随浪木后摆（图9-6-9）。前摆接近极点时，屈腿，两手推撑浪木，同时上体前倾起立，顺势前进（图9-6-10）。

图9-6-9　坐下

图9-6-10　起立

2. 教法提示

(1) 模拟练习

在静止的浪木上坐下、起立，体会动作要领。

(2) 降难练习

做小摆动中的坐下与起立，并逐渐加大摆动幅度。

3. 常见错误及纠正方法

坐下与起立时机不对，造成上体前冲或后倒。

纠正方法：通过“口令”提示反复练习，动作要迅速。

4. 保护与帮助

保护与帮助者立于受训者一侧，跟随其移动，防止其摔倒。

(五) 摆动中跳跃

1. 动作要领

后摆至极点时，两臂上摆，同时两脚蹬板向前上方跳起并展体。下落时，两腿弯曲缓冲，以前脚掌着浪木，身体后仰，顺势后退（图 9－6－11）。

图 9－6－11　跳跃

2. 教法提示

(1) 模拟练习

在静止的浪木上做跳跃练习。

(2) 降难练习

小摆动做跳跃动作，然后逐渐加大摆动幅度。

3. 常见错误与纠正方法

起跳过早或过晚；下落脚踏板时，步伐僵硬、全脚掌踏板，造成动作不稳定和后退困难。

纠正方法：通过“口令”提示做起跳练习，动作要迅速果断，步伐要轻盈。

4. 保护与帮助

保护与帮助者立于受训者一侧，跟随其移动，防止其摔倒。

三、训练方法

(一) 辅助练习

上法、下法、小幅度摆动、大幅度摆动、地面模仿练习、浪木静止练习等。

（二）完整动作练习

浪木摆动角度大于30度后跳上→前进、后退2次→前进、向后转2次→坐下、起立2次→挺身跳2次→跳起挺身下。

四、训练注意事项

（1）训练前认真检查场地器材，充分做好准备活动。
（2）浪木训练有一定的危险性，应做好保护与帮助。

思考题

1. 浪木训练的作用是什么？
2. 浪木训练如何进行保护？
3. 浪木组合练习由哪些内容构成？

第七节　四柱秋千

一、训练条件

四柱秋千训练场地条件为：平整场地，四柱秋千，秒表，四柱秋千由座椅（安全带、扶手、头托、脚踏）、柱、支架等组成（图9－7－1）。着体能训练服、制式胶鞋。

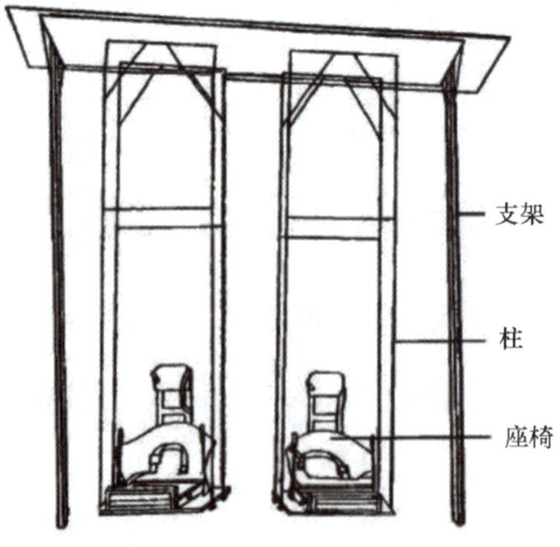

图9－7－1　四柱秋千示意图

二、动作要领

受训者坐在四柱秋千座椅上，系牢安全带，双手握扶柄，双脚蹬在脚踏板上，闭眼。保护与帮助者推椅背，帮助启动，使秋千以 35 度摆动角、16 ~ 17 次/分的摆速前后摆动，记录每次训练时间。

三、教法提示

（1）第一次训练前，测定并累加受训者直线加速度耐受时间。

（2）取其耐受时间的 1/2，作为第一次训练量。以后逐渐增加摆动秋千时间，以身体有发热感或轻微不适感为宜，一直训练到其耐受秋千摆动 15 分钟而无不适为止。

四、常见错误与纠正方法

常见错误：受训者在练习过程中未闭眼，练习效果降低；秋千摆动角度不够 35 度。

纠正方法：保护与帮助者提醒受训者闭眼训练；保护与帮助者推椅背，使秋千摆动角度保持在 35 度。

五、保护与帮助

受训者坐在四柱秋千的座椅上，系牢安全带，双手握扶柄，双脚蹬紧脚踏板。

六、训练注意事项

（1）训练中注意安全，系好安全带，防止碰撞外伤。

（2）测评及格后，每两周以秋千摆动 5 分钟的刺激量训练 1 次，以巩固训练效果。

第八节　平衡操

一、训练条件

平衡操训练场地条件为平整场地。着体能训练服或运动服、制式胶鞋或运动鞋。

二、技术动作与训练要求

平衡操训练包括单人训练项目和双人训练项目。单人训练项目有俯转、坐转、仰转和立转；双人项目有对转和侧转。

（一）俯转

（1）动作要领：原地站立，上体前屈，右（左）臂自然伸直，食指垂直指向地面。

左（右）臂从右（左）腋下绕至耳部，并用手抓住耳郭，目视手指方向。以站立点为圆心，做向左（右）快速连续转动（图9－8－1）。

（2）训练要求：上体前屈时，身体前倾角度要大，转动方向同下垂臂方向一致，手指要低于膝关节；转动应尽量保持匀速与连贯性。

（二）坐转

（1）动作要领：原地半蹲两臂前下举，两手并拢，拳心向下，食指斜下指向地面，目视食指方向。以站立点为圆心，做向左（右）快速连续转动（图9－8－2）。

图9－8－1　俯转图

9－8－2　坐转

（2）训练要求：在转动过程中，大小腿夹角应保持在约120度；转动应尽量保持匀速与连贯性。

（三）仰转

（1）动作要领：原地站立，右（左）臂上举食指指向天空，左（右）臂从腋下绕至耳部，并用手抓住耳郭，仰头目视右（左）手指方向。以站立点为圆心，做向左（右）快速连续转动（图9－8－3）。

（2）训练要求：在转动过程中，右（左）臂与躯干夹角不小于150度且转动方向同上举臂方向一致；转动应尽量保持匀速与连贯性。

（四）立转

（1）动作要领：原地站立，两臂侧平举，掌心向下，目视前方，以站立点为圆心，做向左（右）快速连续转动（图9－8－4）。

（2）训练要求：两臂不能忽高忽低，要始终平行于地面；同时头要左右摆动；转动应尽量保持匀速与连贯性。

图9－8－3　仰转

图9－8－4　立转

（五）对转

（1）动作要领：两人一组面对面站立，两腿微屈，两臂前平举互握对方腕关节，两眼平视。以两人之间的中心点为圆心，互相用力做向左（右）快速连续圆周转动（图9－8－5）。

（2）训练要求：旋转中应按圆形轨迹转动；转动应尽量保持匀速与连贯性。

（六）侧转

（1）动作要领：两人一组，并排反向站立，内侧臂侧平举并互握腕关节，外侧臂自然抬起，目视前方。以两人之间的中心点为圆心，互相用力快速向前做圆周转动（图9－8－6）。

（2）训练要求：旋转中应按圆形轨迹转动；转动应尽量保持匀速与连贯性。

图9－8－5　对转

图9－8－6　侧转

三、教法提示

（1）先单人后双人，先简单后复杂。
（2）先慢后快，先单方向再双方向。
（3）先单人练习再多人练习。

四、训练注意事项

（1）训练前做好准备活动，训练后做好放松整理活动。
（2）加强保护和自我保护，尤其单人练习必须一对一保护，防止摔倒。
（3）保持正确的身体姿态。
（4）保持训练的持续性。

思考题

1. 平衡操训练的基本动作有哪些？
2. 平衡操训练的目的是什么？

第十章　体操专项素质练习

不同的体操项目对人体的力量、协调、柔韧素质都有不同的要求，如艺术体操对柔韧素质有更高要求，吊环对力量素质有更高要求，而单杠、双杠对协调素质有更高要求。本章根据院校体操训练的特点，重点阐述体操专项力量、柔韧素质训练。目的是使学生了解身体素质训练的基本知识，熟练掌握体操器械力量与柔韧素质练习的方式与方法，培养运用体操练习进行身体素质练习的兴趣和习惯。

第一节　身体素质训练概述

一、身体素质的内涵

身体素质是衡量人体体质状况的一个重要指标。它是指人体在体育活动中，各器官系统所表现出的各种能力，包括力量、速度、耐力、柔韧、灵敏等方面。

（一）力量素质

力量素质是指肌肉在用力过程中克服阻力的能力。力量素质根据不同的分类方式可分为：速度力量、力量耐力，或相对力量、绝对力量。

（二）速度素质

速度素质是反映人体运动快慢能力的指标。速度素质包括反应速度、动作速度和移动速度。反应速度是指人体对各种信号快速应答的能力。动作速度是指人体或人体某部分快速完成某一动作的能力。移动速度是人体在特定方向的位移速度。

（三）耐力素质

耐力素质是反映人体长时间运动能力的指标。耐力素质可分为肌肉耐力和心血管耐力。肌肉耐力也称为力量耐力，心血管耐力又分为有氧耐力和无氧耐力。有氧耐力是指机体在氧气供应比较充足的情况下，能坚持长时间工作的能力。无氧耐力也叫速度耐力，是指机体以无氧代谢为主要供能形式，坚持较长时间工作的能力。

（四）柔韧素质

柔韧素质是指人体关节在不同方向的运动能力以及肌肉、韧带等软组织的伸展能力，可以分为一般柔韧素质和专门柔韧素质。柔韧素质与人体关节活动幅度的大小和跨过关节的韧带、肌腱、肌肉等的延展性有关。

（五）灵敏素质

灵敏素质是指人体在各种突然变换的条件下，快速、协调、敏捷、准确地完成动作的能力。它是人的运动技能、神经反应和各种身体素质的综合表现。增强灵敏素质可采用球类技巧、折线跑、十字变向跑、游戏等方法。只有理解体操身体素质的真正内涵，才能在训练中把握最重要的信息，进行针对性更强的训练，以便科学地增强受训者的身体素质。

依据上述五种素质的基本内容，结合受训者进行体操学习的基本特点，本章主要介绍力量素质和柔韧素质练习，以提升身体素质水平，塑造良好形体。

二、身体素质练习的价值

身体素质练习是指为提升某一身体素质水平，采用的各种有针对性的方式与方法。身体素质练习是有效改善和提高人体内脏器官，增强骨骼、肌肉、肌腱和韧带等运动器官功能的良好方式。

思考题

1. 身体素质的概念是什么？
2. 体操练习更注重增强哪些身体素质？

第二节　身体素质训练基本手段

一、力量素质训练

（一）主要手段

1. 负重抗阻力练习

运用杠铃、哑铃、壶铃等训练器械，加大练习者的运动负荷，这是训练最常用的手段，可用于机体任何一个部位肌肉力量的锻炼。

2. 对抗练习

通过双人顶、推、拉等运动形式，依靠对抗双方以短暂的静力作用增强力量素质。对抗性练习不需要任何训练器械和设备，又可以引起练习者的兴趣。

3. 克服弹性物体的练习

使用拉力器、弹力带等，依靠弹性物体形变而产生的阻力增强力量素质。

4. 利用力量训练器械的练习

利用力量训练器械可以使身体处在各个不同的姿势（或坐，或卧，或立）进行练习，可直接翻转运动时所需的肌肉力量，使锻炼具有针对性。使用力量训练器，还可以减轻练习者的心理负担，避免伤害事故的发生。

5. 克服外部环境阻力的练习

如沙地和草地跑、跳练习等。做这种练习时，往往在运动结束阶段所用的力量较大，每次练习要求不用全力，动作要轻快。

6. 克服自身重力的练习

如引体向上、倒力推起纵跳等。这类练习均由四肢的远端支撑完成，迫使机体局部承受体重，使机体局部的力量得到发展。

7. 电刺激

用电刺激发展肌肉力量是将电极放置于肌肉的起止端，电流强度以人体不感觉到痛苦为宜。经过刺激后，肌肉体积没有明显增大，脂肪减少，力量得到提高。

（二）注意事项

1. 在全面发展基础上有所侧重

在增强力量素质的过程中，一方面应使四肢、腰、腹、背、臀等部位的大肌肉群和主要肌肉群得到锻炼；另一方面也要注意发展那些薄弱的小肌肉群的力量。因为体操运动中的许多动作是很复杂的，需要身体各部位不同肌群系统工作才能完成，所以发展不同类型的力量并不意味着面面俱到、平均发展，应该在全面发展的基础上针对项目特点有所侧重。

2. 紧密结合项目特点和专项技术

不同的体操动作技术结构、参与运动的肌肉群各不相同。每一个力量练习动作都有各自的技术规格要求，练习者只有按照要求去操作，才能够最大化发展肌肉群力量。反之，技术动作的形变，会造成参与活动的肌群的改变，势必影响力量训练的效果。例如，做深蹲练习时，正确的动作要求是挺胸直腰，腰背肌收紧以固定脊柱，主要依靠髋、膝、踝关节的屈伸，完成动作。可是部分练习者往往总是弓腰（脊柱前屈）练习深蹲，尤其是当站不起来时，腰弯得更加厉害，不仅训练效果不佳，还可能造成腰部损伤。

3. 全神贯注，念动一致，注意安全

肌肉活动总是在中枢神经系统的调节下进行的，练习时要全神贯注，练习到哪里就想到哪里，使意念活动与练习动作紧密配合。这样有助于肌肉力量得到更好的发展。特别是进行大负荷练习时不能说说笑笑，注意力应高度集中，否则容易受伤。此外，还应注意加强自我保护和互相保护，尤其是在举或肩负极限重量时，更应该注意加强相互保护。

4. 掌握正确的呼吸方法

憋气有利于固定胸廓，稳定躯干脊柱，提升力量传递效率，因此可提高练习时的力量输出，所以极限用力往往要在憋气的情况下进行。当然，用力憋气会引起胸廓内压力的提高，使动脉的血液循环受阻，而导致脑贫血，甚至产生休克。为了避免产生不良后果，力量练习时必须注意以几点：

（1）在完成重复性动作且非最大用力时，应尽量不憋气。

（2）避免用憋气来完成练习。对刚开始训练的人，所给予的极限和次极限用力的练习不要太多，并让其学会在练习过程中完成呼吸。

（3）憋气后利用狭窄的声带进行呼气，也可以达到与憋气同样大的力量指标。因此，做最大用力时可采用慢呼气来协助最大用力练习的完成。

5. 采用大负荷与循序递增负荷进行练习

大负荷是指练习的负荷强度、负荷量大，一般要采用某人所能承受的最大负荷或接近最大负荷来进行练习。采用大负荷能迫使肌肉进行最大收缩，刺激人体产生一系列的生理适应变化，从而导致肌肉力量的增加。为了达到大负荷，训练时无疑要保持较大的强度，或者要保持较大的数量（次数或组次）。当力量增长后，就必须循序渐进递增负荷。

6. 系统科学安排，不间断训练

研究表明，力量增长得快，停止训练后消退也快。力量消退速度大约是力量提高速度的三分之一。通过训练获得的力量，在停止训练后虽然会逐渐消退，但一部分力量会保持很久，甚至会永远保持下来。力量素质练习不宜在疲劳的状态下进行。疲劳状态下的训练不是发展最大力量，而是主要发展肌耐力。实验证明，对刚开始训练的人，每周3次力量训练要比1～2次或5次的效果更好。

二、速度素质练习

（一）主要手段

1. 位移速度练习

30～60米快速跑；下坡跑、上坡跑；扶肋木或墙后蹬跑，高抬腿练习等。

2. 专项技术速度练习

俯撑直臂快速击掌，俯卧撑10米快速爬行，靠墙快速摆倒立，快速仰卧起坐或俯卧快速背屈伸；连续侧手翻、后手翻，连续快速的前手翻、后手翻等。

（二）注意事项

（1）依据时间、练习内容和运动负荷三个方面来确保速度素质练习的有效性。选择练习者成熟的运动技术动作，以最快的速度来重复完成。

（2）由于速度素质不易转移，因此要尽可能地选用专项动作本身的动作来练习。

（3）速度素质练习要多样化和多元化，要以游戏或竞赛的形式来提高体操练习者中枢神经系统的兴奋水平。

三、耐力素质练习

（一）主要手段

1. 一般耐力

发展心肺耐力时，可用300米或400米跑等锻炼无氧耐力；用1500米以上的有氧耐力跑或计时跳绳等锻炼有氧能力。发展力量耐力时，可用多组重复力量动作。如双杠摆动臂屈伸、肋木举腿、仰卧两头起，俯卧两头起、靠墙倒立等。

2. 专项耐力

发展专项耐力时，可采用基本动作多次重复和基本难度动作多次重复的方式。例如，双杠支撑摆动手倒立、连续支撑摆动后到屈伸上；技巧的前手翻、连续后手翻，以及联合动作或成套动作多组重复练习。

（二）注意事项

（1）一般耐力与专项耐力的练习比例根据训练内容、对象不同而不同。

（2）一般情况下，专项耐力应从有氧训练开始，训练应达到和超过比赛的量和强度。

四、柔韧素质练习

对一般人而言，柔韧性下降主要出现在躯干和下肢，因此，坐位体前屈是测定柔韧性素质的主要方法。体操运动员应着重发展肩、胸、腰、髋、腿、腕、踝等部位的柔韧性。

（一）主要手段

柔韧性练习有主动拉伸和被动拉伸两种不同的练习方式。主动拉伸是指主要依靠收缩肌的力量，而不是其他外力使动作保持在某一特定位置。被动拉伸是指利用自身体重或器械以及同伴帮助使肢体保持在一定的伸展位置。

1. 肩、胸部柔韧

（1）体前屈压肩：面对肋木站立，两手握肋木体前屈向下压肩；两人或多人体前屈压肩。

（2）弓步拉肩：背对肋木站立，两手后举反握肋木，弓步向前拉肩。

（3）俯卧外力拉肩：练习者俯卧在垫子上，两臂屈肘交叉放在肩上，同伴双手拉其肘关节处，膝关节控制背部，帮助练习者开肩。

（4）吊肩：在肋木或杠上正握吊、反握吊、交叉臂吊，利用身体重心发展柔韧性。

（5）转肩：两手握把杆、低杆或双杠做向前或向后的转肩动作，双手距离因人而异。

2. 腰部

（1）体前屈：站立或坐位体前，尽量用下颌去碰脚；脚垫高的分腿坐体前屈等。

（2）体后屈：仰卧成桥，站立向后下桥，甩腰等。

3. 髋关节、腿部

主要指单腿向前、侧、后三个方向的运动幅度，它与髋关节周围的肌肉、韧带有很大关系，主要手段有劈叉、压、搬、踢等。

4. 踝部柔韧

跪坐压脚背、直角坐外力压脚背。

5. 腕部柔韧

常见的练习手段有自压手腕、撑地重心前移等，可使手腕充分拉伸。

（二）注意事项

1. 与力量素质相结合

柔韧素质与力量素质练习相结合，不仅可以避免或消除两者之间的不良转移，而且有利于两者的协调发展。柔韧性练习后要十分注意放松练习，以使肌肉柔而不软、韧而不僵。

2. 注意与温度和时间的关系

外界温度过高或过低，将会影响肌肉的状态和伸展能力。一般来说，当外界温度在18℃时，有利于柔韧性的表现。在一天之内，早晨柔韧性明显要低，10～18℃时可表现出较好的柔韧性。但这不等于早晚不能进行柔韧性练习，只要做好准备活动，一天之内任何时候都可以进行柔韧性练习。

3. 经常保持练习

柔韧素质提升快，易见效，可是退化也快，停止练习时间稍长一些，就会退化。因此，要经常保持柔韧性练习。如果处于专门提高关节活动幅度阶段，每天都要安排发展柔韧性的练习。在全年训练的任何一个时期，都要安排发展或保持柔韧性的练习。

4. 循序渐进练习

柔韧素质训练时，特别要注意循序渐进，动作幅度要由小到大，用力要柔和，以防撕裂和拉伤。在训练中，还要注意与放松练习交替进行，防止因肌肉拉伤而降低弹性和收缩力。在大运动量后或在疲劳的情况下，不宜做柔韧性练习。

5. 采用多种手段发展

不能把拉伸练习作为柔韧性练习的唯一手段，在很多情况下，持续慢跑结合一些动力性柔韧性练习也是很好的柔韧性练习方法。

五、灵敏素质练习

（一）主要手段

1. 提升体操运动员一般灵敏素质的手段

（1）让练习者在跑、跳中迅速、准确、协调地完成各种动作，在跑步时迅速改变方向，快速急停，迅速转体。

（2）集体跳大绳，双人跳绳，双摇跳绳，转体跳绳，立卧撑跳转体，跳起转体，屈体跳等。

（3）各种变换方向的追逐性游戏和对各种信号刺激做出正确反应的练习，如叫号追人、喊数抱团成组、反口令练习等。

2. 提升体操运动员专项灵敏素质的手段

（1）各种滚翻、手翻、空翻练习。

（2）技巧动作组合练习。

（3）各种器械动作练习。

（二）注意事项

（1）应根据不同运动项目的要求采用不同手段，运用不同方法，增强灵敏素质。

（2）灵敏素质训练一般安排在训练课的前半部分，在练习者体力充沛、精神饱满时进行。

（3）在进行灵敏素质训练时，应采用多种手段，消除练习者恐惧心理或紧张状态，以保证训练取得良好的效果。

思考题

1. 力量素质训练的注意事项有哪些？
2. 柔韧素质有哪几种练习方式？请分别举例说明。

第三节　体操专项力量素质练习方法

一、上肢及肩带力量

（一）引体向上

目的：发展肩部、胸部和上背肌肉群力量和爆发力。

方法：正握引体向上，正握略宽于肩，屈臂向上拉引体（图 10－3－1）。如需降低难度，可在杠前放置一个高物，使身体成斜向悬垂（图 10－3－2）。

动作要求：向上引体，下颌超过单杠，不摆动。

图 10－3－1 引体向上

图 10－3－2 斜向引体向上

（二）双杠臂屈伸

目的：发展肩带力量。

方法：直臂静止支撑在双杠上，向下屈臂，向上推直手臂成支撑，连续重复，也可以摆动完成（图 10－3－3）。

动作要求：协调用力，做摆动屈伸时，适当控制摆动幅度。

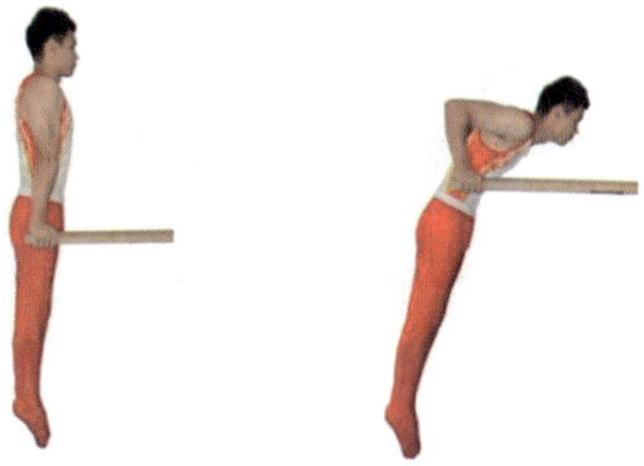

图 10－3－3 双杠臂屈伸

（三）双杠支撑摆动

目的：发展肩带力量及平衡协调性。

方法：跳上成支撑，摆动幅度由小逐渐加大，前摆时尽量拉开肩角，后摆要根据练习者的能力逐步摆至手倒立（图 10－3－4）。可连续做，并逐渐增加摆动次数。

动作要求：摆动时身体伸直，髋部不能有角度。

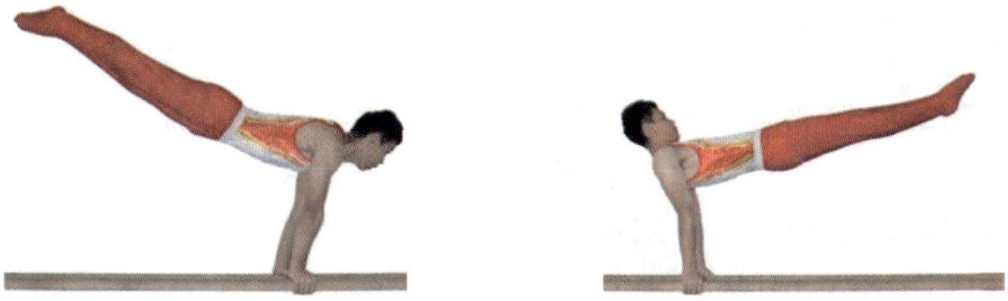

图 10－3－4 双杠支撑摆动

（四）双杠支撑“行走”

目的：发展臂部肌群的力量。

方法：直臂支撑在双杠的一端，身体保持一条直线，左右手交替向前“走”（图10－3－5）。

动作要求：控制好身体的姿势。

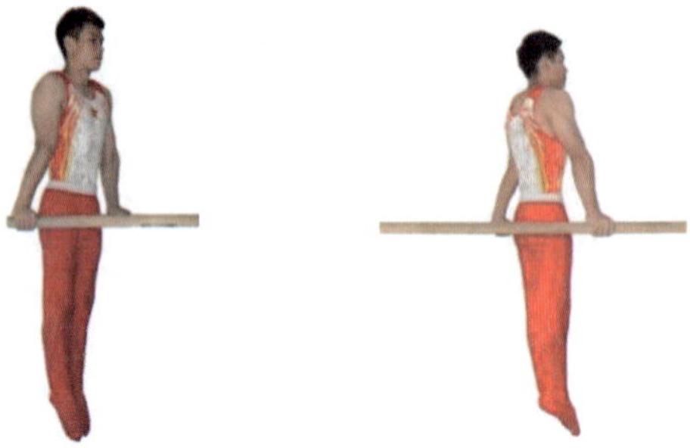

图10－3－5　杠支撑“行走”

（五）（靠墙）倒立

目的：发展肩部、臀部和上背肌肉群力量。

方法：面对墙站立，两手与肩同宽撑地，脚蹬地，脚后摆成背对墙的手倒立（图10－3－6）。

动作要求：倒立时两臂伸直，肩角顶开，身体挺直。初学时要注意掌握正确的身体姿势。

图10－3－6　（靠墙）倒立

（六）双球支撑扩胸

目的：发展胸部、肩部肌肉力量，以及身体支撑和稳定能力。

方法：把两个瑞士球左右相邻放在地上，俯撑，两前臂支撑体重，约与地面成30度夹角。将两球向外侧滚动，打开双臂，直到自己能够控制的动作幅度，收回双臂，将球滚回原来位置（图10－3－7）。

动作要求：身体完全伸直。肩部有伤时勿做此动作。

图 10－3－7　双球支撑扩胸

（七）瑞士球俯卧撑

目的：发展上臂后部和肩部肌肉群力量。

方法：单脚或双脚脚掌撑地，双手撑在球上，身体成一条斜线；屈肘时使前臂“包”在球上，然后撑起身体，重复练习（图 10－3－8）。如果要加大难度，可以双手撑地，双脚放在球上进行动作（图 10－3－9）。

动作要求：以肘部下降引导身体下降，全身充分伸展，保持平衡。

图 10－3－8　瑞士球俯卧撑

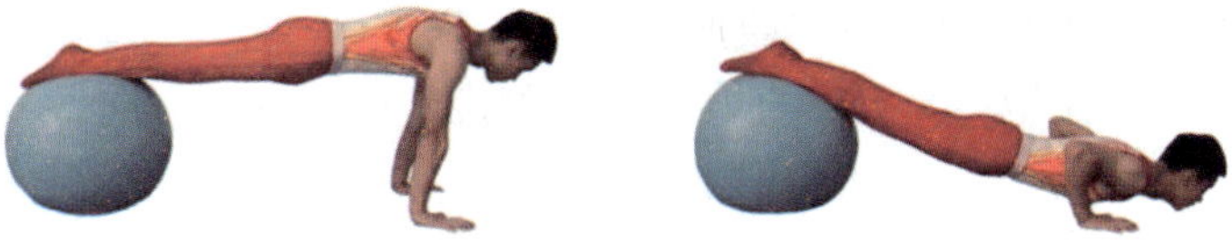

图 10－3－9　脚靠瑞士球俯卧撑

（八）俯卧推手击掌

目的：发展胸部及肩带肌群的力量。

方法：俯撑，屈肘，然后用爆发力推地，使身体在地面的反作用力下腾空，在最高点击掌，回落后，屈肘反冲（图 10－3－10）。

动作要求：核心收紧，回落时屈肘反冲。如需增加难度，可将瑞士球置于脚下。

图 10－3－10　俯卧推手击掌

（九）直臂侧举（上拉弹力带）

目的：发展肩部肌肉群外展力量。

方法：立正姿势，把弹力带踩在脚下，两手握弹力带两头，做两臂经侧举至上举的动作（图 10－3－11）。

动作要求：直臂快速用力。

图 10－3－11　直臂侧举（上拉弹力带）

（十）直臂下压、侧拉（纵拉弹力带）

目的：发展前臂、上臂和肩带内收肌群力量。

方法：把弹力带挂在把杆高处，直臂下压或侧拉，可以变换方向做（图 10－3－12）。

动作要求：含胸直臂下压，逐步增加负重力量。

图 10－3－12　直臂下压、侧拉（纵拉弹力带）

（十一）弹力带肱二头肌、三头肌力量练习

目的：主要发展肱二头肌、三头肌力量。

方法：1. 两腿前后开立成弓步，后脚踩弹力带，同侧手直臂拉弹力带至前平举。2. 立正姿势，把弹力带踩在脚下，手握弹力带经后背上举。左右手交替重复进行（图10－3－13）。

动作要求：快速用力。

图 10－3－13　弹力带肱二头肌、三头肌力量练习

（十二）直臂屈体分腿慢起手倒立

目的：发展肩带力量及平衡协调性。

方法：由站立开始，体前屈、含胸，顶肩手撑地，然后提臀起踵，把重心移至手上，当两脚离地时，两腿向两侧分开，当臀部至垂直面时，向上翻臀，同时两腿经体侧向上并拢成手倒立（图10－3－14）。

图 10－3－14　直臂屈体分腿慢起手倒立

动作要求：充分顶肩，主动提臀至垂直面时，两腿经体侧向上并拢。肩角大于170度，两腿经侧向上并拢。

（十三）推小车

目的：发展上肢、肩带肌群和腰腹肌群力量。

方法：练习含胸梗头俯撑，保护与帮助者抓住其双脚跟随练习者一同前行（图10－3－15）。

动作要求：身体成一条直线，不能松懈。保护与帮助者要紧跟练习者。

图10－3－15　推小车

（十四）夹肘俯卧撑

目的：主要发展肩部、腹部、胸部和背部的力量。

方法：双手略宽（或略窄）于肩膀，肘部打开与地面平行（图10－3－16）。

动作要求：练习者的身体是脚高、手低，脚可以放在矮凳、床沿上，手部撑地，手脚不在同平面。

图10－3－16　夹肘俯卧撑

（十五）靠墙屈臂推

目的：发展上肢肌肉力量。

方法：面对墙站立，两手与肩同宽撑地，脚蹬地，一脚后摆成背对墙手倒立，屈臂推臂，重复练习（图10－3－17）。

动作要求：倒立时两臂伸直，肩角顶开，身体挺直。

图 10-3-17　靠墙屈臂推

(十六) 爬绳梯

目的：主要发展上臂肌群力量。

方法：练习者沿着悬垂的绳索向上攀爬。爬绳的方法一般有两种：一种是手足并用，即双手握绳直臂悬垂，然后收腹屈腿夹绳，两腿直，同时屈臂引体上升；另一种是只用上肢，即双手握绳，两腿悬空，双臂用力向上引体，双手及时交替向上换握，使身体不断上升（图 10-3-18）。

动作要求：爬绳下降时可用两腿夹绳，不要快速下滑，以防擦破手掌，也不要离地很高时松手跳下，以免摔伤。

图 10-3-18　爬绳梯

(十七) 双手推雪球滚动支撑扩胸

目的：主要发展腹部肌群力量。

方法：两腿交叉跪撑，双肘撑于弹力球上，背部挺直，双肘向前推动弹力球，两臂成前平举，胸部贴于弹力球上，两腿伸直（图 10-3-19）。

动作要求：腹部用力。

图 10－3－19　双手推雪球滚动支撑扩胸

二、躯干力量

（一）仰卧起坐

目的：发展腹部、腿部肌群力量。

方法：仰卧在垫子上，双手放在脑后，连续快速提起上体。亦可由保护与帮助者双手压腿完成动作（图 10－3－20）。

动作要求：双手虚抓后脑勺，以腹部、腿部发力。

图 10－3－20　仰卧起坐

（二）仰卧屈伸

目的：发展臀大肌和腰腹肌。

方法：上体仰卧在垫子上，双脚置于瑞士球上，然后向上伸髋至身体充分伸展，再慢慢把臀部放下（图 10－3－21）。

动作要求：快起慢放。

图 10－3－21　仰卧屈伸

（三）仰卧两头起

目的：发展腹部、腿部肌群力量和爆发力。

方法：仰卧在垫子上，身体充分拉伸，双臂贴在头两侧伸直，用腹部、腿部肌群力量快速屈体（图 10－3－22）。

动作要求：四肢充分伸直，快速完成动作。如果加大难度，可以躺在瑞士球上做动作，或者双手和双脚夹球接力。

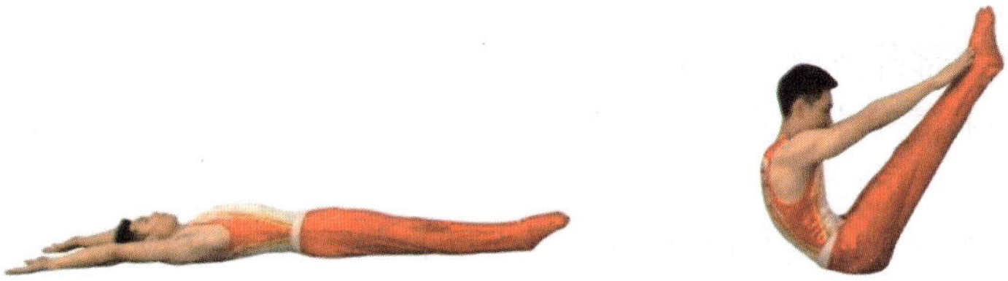

图 10－3－22 仰卧两头起

（四）弹力球抱头起

目的：发展腹部和躯干两侧肌群力量和爆发力。

方法：仰卧于瑞士球上，臀部和大腿后部支撑体重，采取适宜方式固定双脚，双臂抱头或胸部，起身垂直于地面（图 10－3－23）。

动作要求：核心收紧，大幅度快速完成动作。

图 10－3－23 弹力球抱头起

（五）仰卧脚夹球转髋

目的：发展转体和转髋肌肉群，以及腿部内收肌肉群的力量。

方法：仰卧于垫子上，双臂向体侧方向伸展。屈膝 90 度夹住瑞士球，身体进行左右方向的转动练习（图 10－3－24）。

动作要求：双臂和双脚相对固定，身体即兴左右转动。

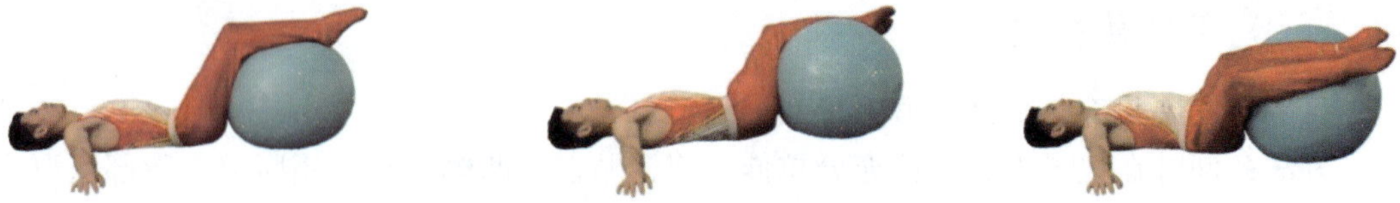

图 10－3－24　仰卧脚夹球转髋

（六）弹力球侧卧顶髋

目的：发展腹部外侧肌群力量。

方法：侧卧单臂夹球撑地，向上侧摆至躯干中立位并停留一段时间后还原，上下交替进行（图 10－3－25）。

动作要求：控制身体姿态稳定，向上摆动时不超过躯干中立位。

图 10－3－25　弹力球侧卧顶髋

（七）弹力球俯撑收腹

目的：发展腹部、腿部肌群力量。

方法：双手撑地，双脚放在球上，身体成一条直线，推掌屈腿收腹，然后还原，重复进行（图 10－3－26）。

动作要求：控制核心，保持身体稳定平衡。

图 10－3－26　弹力球俯撑收腹

（八）弹球背部练习

目的：发展后背肌群力量。

方法：单脚或双脚撑地，屈肘含胸，身体“包”在球上，然后撑起身体，使身体成一条直线，重复练习（图 10－3－27）。

动作要求：以肘部下降引导身体下降，保持平衡。

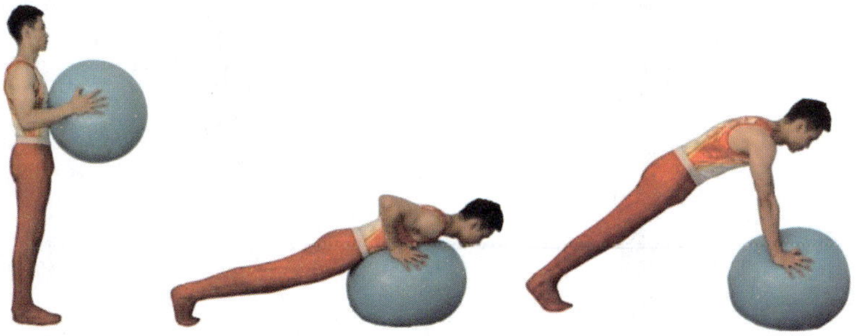

图 10－3－27　弹球背部练习

（九）仰卧“睡硬人”

目的：发展腰腹肌群力量。

方法：脚和肩背分别置于体操凳上，身体伸直保持一定时间（图 10－3－28）。腹上可负重。

动作要求：身体保持挺直。

图 10－3－28　仰卧“睡硬人”

（十）收腹举腿

目的：发展腹部肌群力量和爆发力。

方法：1. 仰卧举腿。仰卧两手抱头后开始，直腿上举（图 10－3－29）。2. 悬垂举腿。自然垂开始，用腹部肌群、髂腰肌和股四头肌力量快速收腹举腿（图 10－3－30）。

动作要求：两腿伸直，悬垂举腿时脚尽可能向头贴近。

图 10－3－29　仰卧举腿

图 10－3－30　悬垂举腿

（十一）夹球收腹举腿

目的：锻炼腹部、腿部肌群力量。

方法：仰卧，两腿并拢夹弹力球，抬起与地面垂直（图 10－3－31）。

动作要求：举腿时夹紧防落，还原时要慢。

图 10－3－31　夹球收腹举腿

（十二）单杠收腹举腿

目的：锻炼腹部与腿部肌群力量，增强身体稳定性。

方法：两手抓杠，两臂打直，两脚伸直悬空，上身保持静止，膝盖绷直，利用腹肌的力量卷腹使腿部抬起（图 10－3－32）。

动作要求：动作慢起慢下。

图 10－3－32　单杠收腹举腿

（十三）双人仰卧举腿

目的：主要发展腹部、腿部肌群力量。

方法：仰卧，手固定同伴踝部。当练习者直腿上举时，同伴向前下方推压练习者脚背（图 10－3－33）。

动作要求：1. 初练时可减小膝关节弯曲角度和运动幅度，以降低难度。2. 两脚接近地面时，双脚跟不要触地，以发展腹部肌群离心控制力。

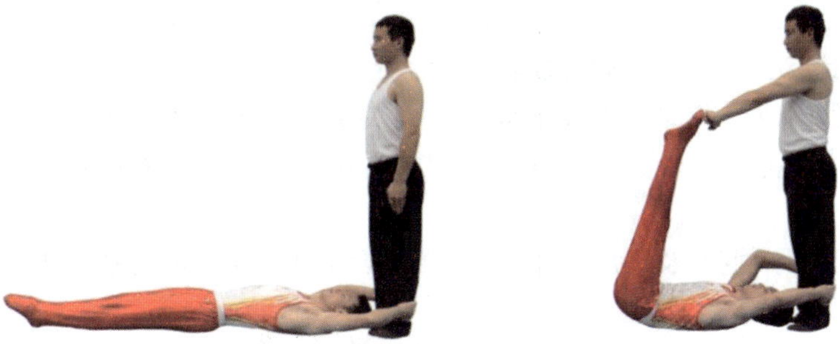

图 10－3－33 双人仰卧举腿

（十四）俯卧两头起

目的：发展背部、臀部和大腿后部肌群力量。

方法：俯卧平躺于垫子上，身体充分伸展，双手贴在耳两侧伸直，用背部、腿部和大腿后部肌群快速做两头翘起，两臂和两腿同时离开地面，头和颈部保持自然姿势（图 10－3－34）。

动作要求：将背部和下肢作为整体进行练习，如需增加难度，可以躺在瑞士球上做动作。

图 10－3－34 俯卧两头起

（十五）单腿两头起

目的：发展腹部、腿部肌群力量及身体协调性。

方法：仰卧，头部略微抬高，双腿水平伸直，双臂向头上方伸直，身体成水平的“二”字形。抬起时一手向前伸出，手侧平举，肩部也随之离开地面，同时单腿向上抬起，双手触摸小腿，交替进行（图 10－3－35）。

动作要求：在最高点稍停片刻，然后向下还原到起始姿势。呼气时坐起，吸气时还原。

图 10－3－35　单腿两头起

（十六）平板支撑

目的：发展核心、腿部、肩部肌群力量。

方法：俯卧，双肘弯曲支撑在地面上，肘关节在肩关节正下方，双脚踩地，身体离开地面，头部、肩部、躯干、髋部和膝部保持在中立位，眼睛看向地面，保持均匀呼吸（图 10－3－36）。

动作要求：保持躯干及下肢的中立位。若要增加难度，可将腿部提高。

图 10－3－36　平板支撑

（十七）俯卧控体

目的：发展腹部肌肉群力量。

方法：双肘撑地，双脚背置于球上，身体控制成一直线（图 10－3－37）。

动作要求：核心收紧，保持身体一直线，梗头。

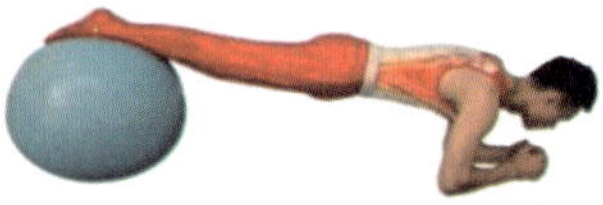

图 10－3－37　俯卧控体

（十八）平板敲地

目的：主要发展腰部、腹部和臀部力量。

方法：俯卧，双肘撑地，身体成一条直线后单肘撑地一手敲地，重复进行（图 10－3－38）。

动作要求：保持身体挺直，并尽可能最长时间保持这个动作。若要增加难度，可将腿部提高。

图 10－3－38　平板敲地

（十九）俯卧“睡硬人”

目的：发展腰腹肌群力量。

方法：脚和肩分别置于体操凳上，身体伸直保持一定时间（图 10－3－39）。背上可负重。

动作要求：身体保持挺直。

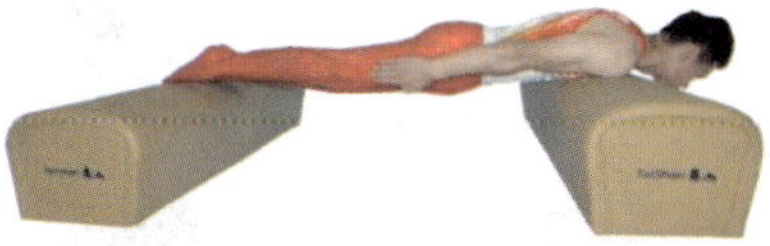

图 10－3－39　俯卧“睡硬人”

（二十）俯卧肘撑摆髋

目的：发展腰腹肌群力量。

方法：双肘撑地俯卧，侧向摆髋至最大幅度，接着向另一侧摆髋，左右交替进行（图 10－3－40）。

动作要求：膝盖要伸直。

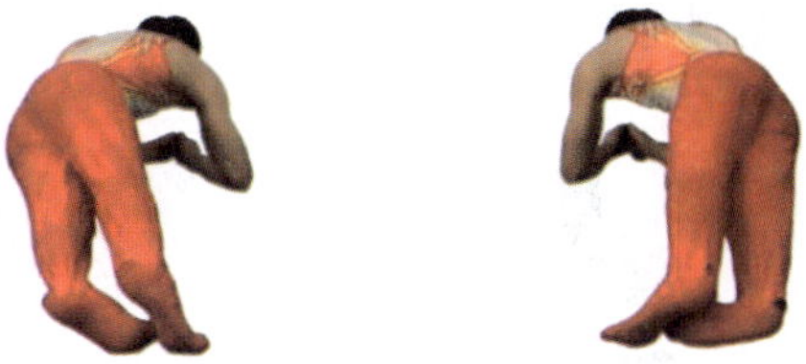

图 10－3－40　俯卧肘撑摆髋

（二十一）侧卧身体控腿

目的：发展腹外肌群、臀部肌群力量。

方法：单肘撑地，身体侧撑于地面，手臂侧举，腿抬起（图 10－3－41）。

动作要求：身体不能松懈，梗头。

图 10－3－41　侧卧身体控腿

（二十二）侧卧抬上体

目的：主要发展腹外肌群力量。

方法：身体侧卧于垫子上，练习者身体充分伸直，双手放在耳侧，同伴按住其腿部，练习者快速侧屈，使肘部向臀部外侧贴近（图 10－3－42）。

动作要求：躯干在额状面运动，即向侧面运动，不得屈髋。

图 10－3－42　侧卧抬上体

（二十三）高坐位抱头起

目的：发展背肌、侧腰肌力量和爆发力。

方法：身体坐（或侧卧）高垫上，双腿平放，双手放在耳侧，同伴按住其腿部，练习者用腹部（或腰侧）肌群快速抬上体（图 10－3－43）。

动作要求：核心收紧，控制身体运动，梗头。

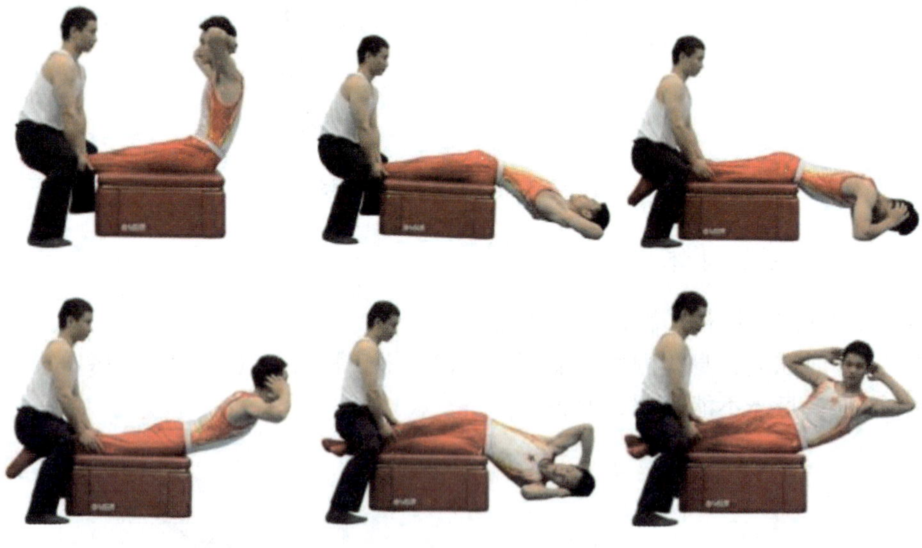

图 10－3－43　高坐位抱头起

（二十四）侧卧摆髋

目的：发展躯干两侧深层肌群。

方法：侧卧单臂撑地，用一只脚外侧撑地，向上侧摆髋至身体最大幅度，停留一段时间，向下侧摆髋，上下交替进行（图 10－3－44）。

动作要求：膝盖要伸直。

图 10－3－44　侧卧摆髋

（二十五）直角支撑

目的：主要发展大腿和腰腹的力量。

方法：（1）双手支撑整个身体，手臂撑于身体两侧，只允许双手触地。（2）屈髋，双腿收紧平行于地面（图 10－3－45）。

动作要求：加强上肢及腰腹、髋部力量的训练。臀部着地，双腿并拢举起，胸部尽力往膝关节处靠拢，在极限位置保持不动，然后做简单的分腿支撑和直角支撑练习。不能完成者，可用脚尖着地先撑起臀部，能够完成该动作后可继续训练支撑转体的动作。先练习分腿或直角支撑左右手交换重心，再由脚尖摆动带领腿转动，然后左右手转换重心完成支撑转体，在此基础上发展新难度。

图 10－3－45　直角支撑

（二十六）分腿支撑

目的：发展腹部肌群和腿部肌群力量。

方法：（1）双手支撑整个身体，手臂撑于两腿之间，只允许双手触地。（2）屈髋，双腿成分腿平行于地面（图 10－3－46）。

动作要求：加强上肢、腰腹及髋部的力量训练。（1）提腿：臀部着地，双腿分开举起，胸部尽力往膝关节处靠拢，在极限位置保持不动，然后做简单的分腿支撑练习。（2）提臀：脚尖着地先撑起臀部，大腿被撑起至肘关节处。（3）能够完成分腿支撑动作后可继续训练支撑转体的动作。先练习分腿支撑，左右手转换重心练习，再由脚尖摆动带领腿转动，然后左右手转换重心完成支撑转体。

保护与帮助：（1）将保护带绑在脚踝部和颈部做分腿支撑；（2）保护与帮助者站

在练习者体前，手托其脚踝，帮助其控制分腿支撑姿势。

图 10－3－46　分腿支撑

（二十七）滑轮提臀推地起

目的：发展腹部肌群力量。

方法：体前屈站立，双手握住滑轮，双腿与髋同宽。保持脚位置不动，手握滑轮向前滚动，直至躯干与下肢伸直变为一直线（中立位），尔后，握住滑轮回滚至初始位置（图 10－3－47）。

动作要求：收紧核心，抵抗外力防止脊柱超伸，尤其是腰椎超伸。抗超伸是发展核心、腰椎和骨盆稳定性的重要部分。

图 10－3－47　滑轮提臀推地起

（二十八）两头俯撑跳起

目的：发展全身肌肉力量和身体协调性。

方法：由身体直立开始蹲下做俯撑，核心收紧控制躯干成一条直线，用腹部带动大腿向前跳，上肢抬起后纵跳，重复进行（图 10－3－48）。

动作要求：俯撑身体成一条直线，核心收紧。

图 10－3－48　两头俯撑跳起

三、下肢力量

（一）蹲起

目的：发展腿部肌群力量。

方法：两脚平行站立，保持一定时间的半蹲姿势，膝关节的垂直线不超过脚尖（图 10－3－49）。

动作要求：躯干在中立位，与小腿平行。

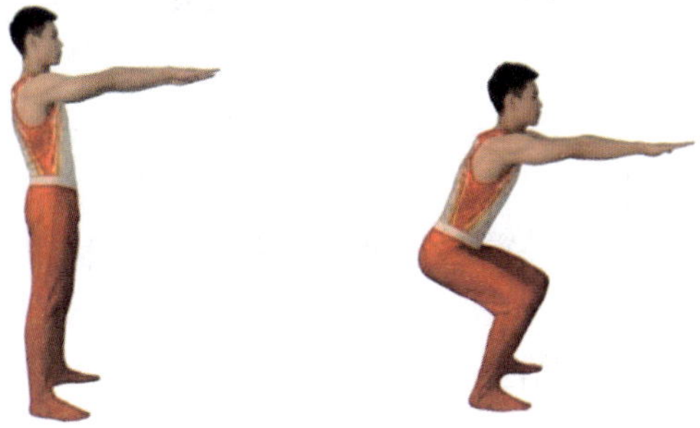

图 10－3－49　蹲起

（二）把杆控腿

目的：发展股四头肌及腿部外展肌群的力量。

方法：一手扶把杆，一腿前举（侧举）与地面平行，保持一段时间（图 10－3－50）。

动作要求：尽量控制好腿的位置。

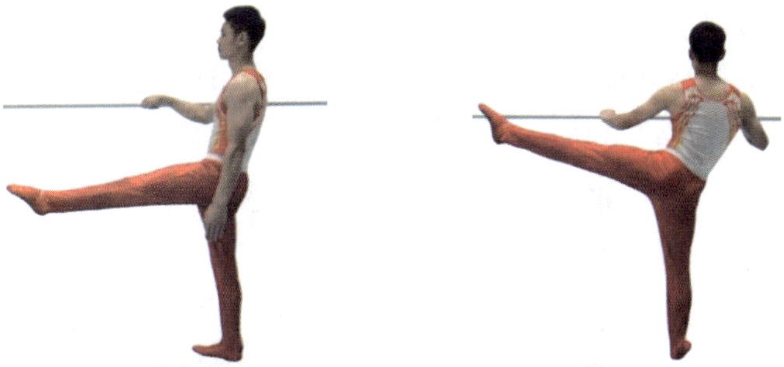

图 10－3－50　把杆控腿

（三）把杆提踵

目的：发展小腿肌群力量。

方法：身体平行面对把杆，双手扶住把杆，提踵保持一定的时间（图 10－3－51）。

动作要求：身体保持直立。

图 10－3－51 把杆提踵

（四）分腿坐举腿

目的：发展股四头肌力量。

方法：分腿坐于地面，双手一前一后使上体持正直，利用腿部肌群举腿，并控制一定时间（图 10－3－52）。

动作要求：膝关节伸直，腿抬至一定的高度。

图 10－3－52 分腿坐举腿

（五）原地高抬腿

目的：发展下肢肌群力量。

方法：两腿依次抬高并配合摆臂动作（图 10－3－53）。

动作要求：躯干直立，动作快速连续。

图 10－3－53 原地高抬腿

（六）仰卧蹬腿

目的：发展腿部肌群力量。

方法：练习者平躺于垫子上，收腹举腿，帮助者身体保持直立，手扶练习者踝部，练习者做屈收蹬伸练习（图 10－3－54）。

动作要求：帮助者身体不能松懈，练习者要做到最大幅度。

图 10－3－54　仰卧蹬腿

（七）负重蹲起

目的：发展腿部肌肉群的力量及腰腹的控制能力。

方法：帮助者坐在练习者肩上，练习者依次做下蹲、直立动作（图 10－3－55）。

动作要求：练习者蹲起过程中保持躯干中立位，髋、膝、踝关节联动完成动作，不得弓背，直立时不能先起臀部。

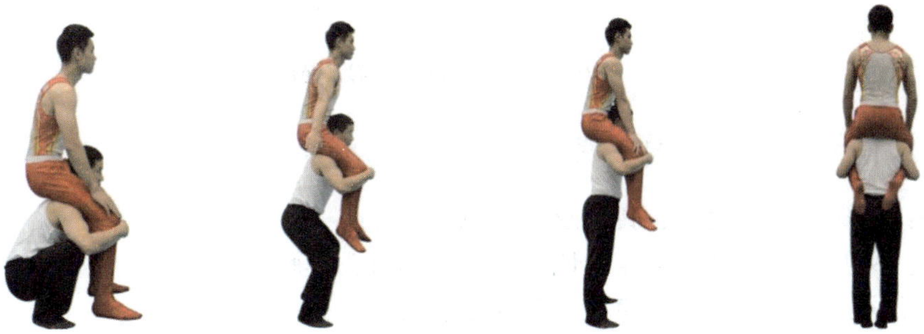

图 10－3－55　负重蹲起

（八）单腿蹲起

目的：发展下肢肌群力量。

方法：双手侧平举单腿直立，另一侧腿前平举，依次做下蹲、直立动作（图 10－3－56）。

动作要求：保持身体平衡。

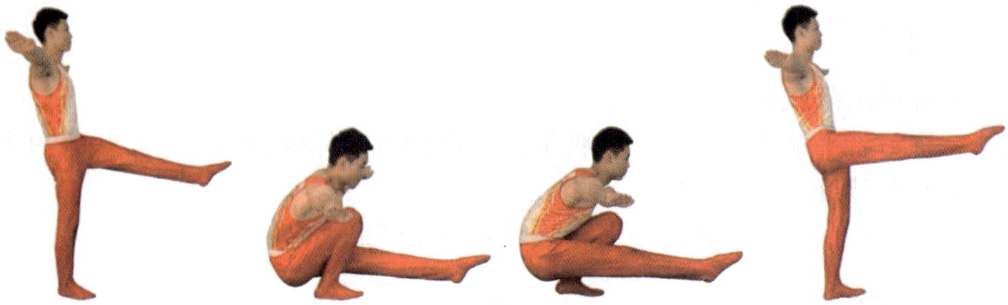

图 10－3－56　单腿蹲起

（九）侧面过障碍跑

目的：发展腿部肌肉力量和身体灵活性。

方法：身体站在障碍物一侧，左脚跳过障碍物，右脚跟随，重复练习（图 10－3－57）。

动作要求：放置障碍物的距离不宜太远或太近。

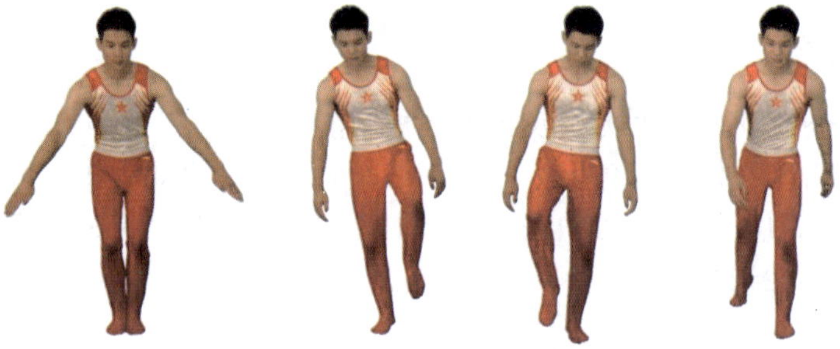

图 10－3－57　侧面过障碍跑

（十）弹力带俯卧撑向后踢腿

目的：锻炼臀部、大腿、腹部及背上肌群。

方法：两臂伸直，身体跪撑于地面，躯干挺直，单腿蹬伸弹力带（图 10－3－58）。

动作要求：保持躯干脊柱稳定，手部在肩的正下方。

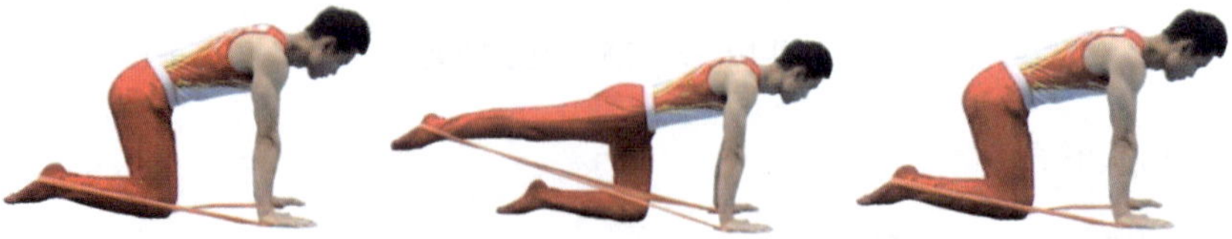

图 10－3－58　弹力带俯卧撑向后踢腿

（十一）两人一组脚踝力量训练：背人提踵

目的：发展小腿肌群力量。

方法：帮助者坐在练习者肩上，练习者身体正对把杆，双手扶住把杆，提踵保持一定的时间（图 10－3－59）。

动作要求：身体保持直立。

图 10－3－59　两人一组脚踝力量训练：背人提踵

（十二）台阶单腿交换腿跳

目的：发展下肢肌群力量和灵活性。

方法：正对台阶，两腿交替跳台阶（图 10－3－60）。

动作要求：动作迅速，大腿尽量与地面平行。

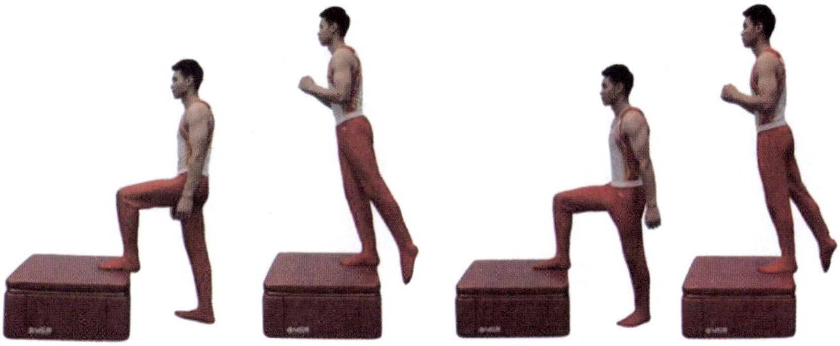

图 10－3－60　台阶单腿交换腿跳

（十三）台阶双腿跳

目的：锻炼腿部肌群力量和爆发力。

方法：正对台阶，双腿交换跳上台阶，两臂自然摆动（图 10－3－61）。

动作要求：台阶高度因人而异，弹跳快速。

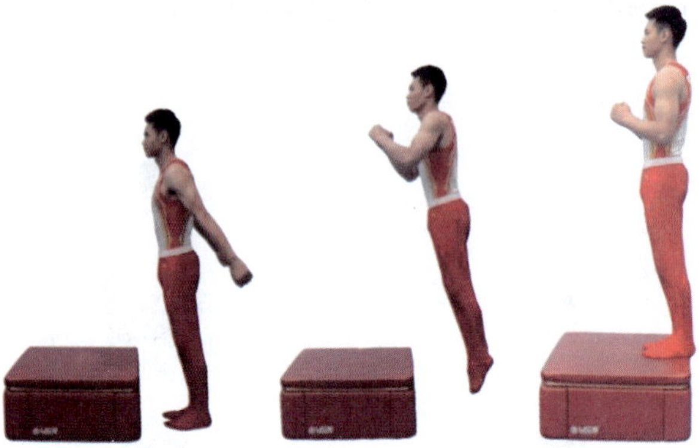

图 10－3－61　台阶双腿跳

（十四）台阶左右交换腿跳

目的：锻炼腿部肌群力量和爆发力。
方法：左右腿交替跳起，腾空腿外展（图 10－3－62）。
动作要求：动作迅速，大腿尽量与地面平行。

图 10－3－62　台阶左右交换腿跳

（十五）台阶左右双腿跳

目的：锻炼腿部肌群力量和爆发力。
方法：侧对台阶，双腿同时跳上台阶，两臂自然摆动（图 10－3－63）。
动作要求：台阶高度因人而异，动作要快。

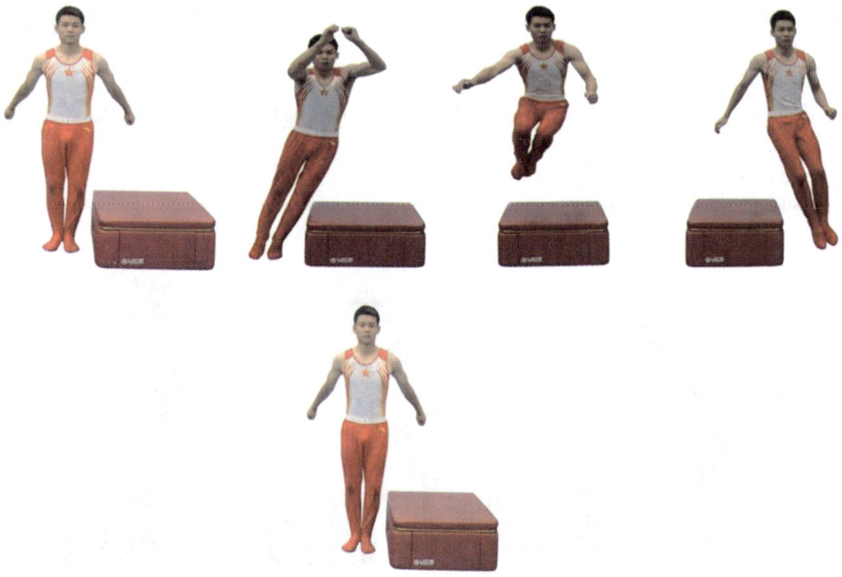

图 10－3－63　台阶左右双腿跳

（十六）跳方格

目的：锻炼腿部肌肉和发展身体灵活性。
方法：单腿跳入方格中，两腿交叉进行（图 10－3－64）。
动作要求：动作协调，节奏轻快，不踩线。

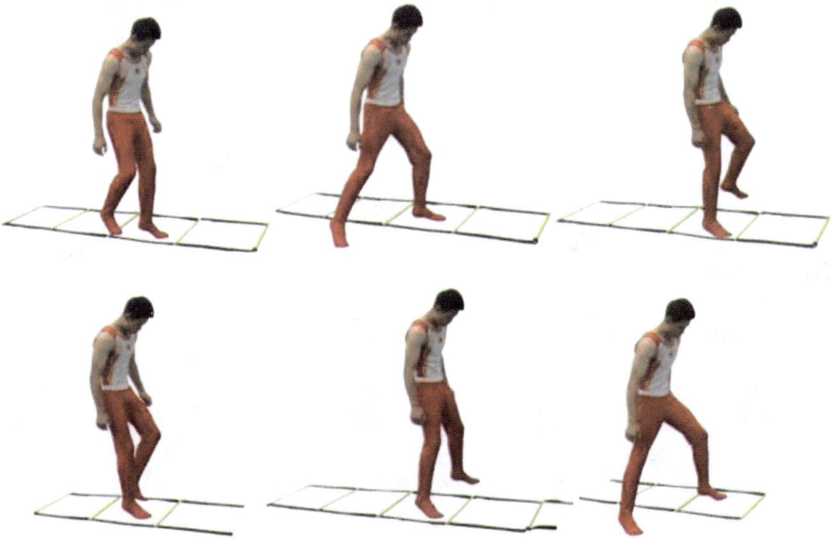

图 10－3－64　跳方格

（十七）跳软包

目的：主要发展腿部肌群力量和弹跳能力。

方法：屈髋屈膝，双手向后做预摆准备，双脚蹬地的同时，双手向上挥摆，跳上软包后下落缓冲（图 10－3－65）。

动作要求：蹬摆迅速、有力。

图 10－3－65　跳软包

（十八）原地深蹲起跳

目的：发展下肢力量和核心稳定性。

方法：屈膝深蹲，整个身体向后蹲坐，至臀部低于髋关节之后腿部用力，快速向上跳起。落地后迅速顺势下蹲缓冲，再快速将身体起立，如此反复训练（图 10－3－66）。

动作要求：下蹲坐时速度稍慢（深吸气），站立时速度要快（呼气）；蹬腿、摆臂快速有力。

图 10－3－66　原地深蹲起跳

（十九）行进间深蹲跳

目的：发展臀、腿部肌肉力量和核心稳定性。

方法：屈膝深蹲，整个身体向后蹲坐，至臀部低于髋关节之后腿部用力，快速向前上方跳起。落地后迅速顺势下蹲，再快速将身体起立向前跳起，如此反复训练（图 10－3－67）。

动作要求：下蹲坐时速度稍慢（深吸气），站立时速度要快（呼气）；蹬腿、摆臂快速有力。

图 10－3－67　行进间深蹲跳

（二十）高台跳

目的：主要发展腿部肌群力量和弹跳能力。

方法：屈髋屈膝，双手向后做预摆准备，双脚蹬地的同时，双手向上挥摆，落下缓冲，回到原来位置（图 10－3－68）。

动作要求：蹬摆迅速、有力。

图 10－3－68　高台跳

（二十一）原地绕圈

目的：锻炼腿部力量和前庭功能。

方法：一手捏鼻，另一手从捏鼻手弯曲的臂前穿过，自然下垂，然后弯腰原地转圈（图 10－3－69）。

动作要求：动作准确、迅速、到位。

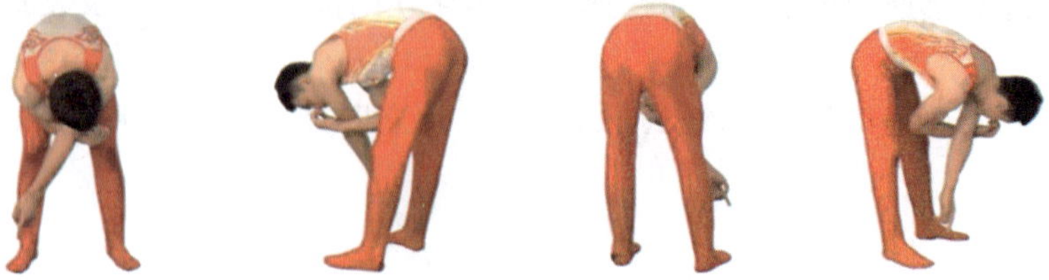

图 10－3－69　原地绕圈

（二十二）直线跑

目的：主要发展下肢肌群力量及协调性。

方法：跑时上体稍前倾，眼视前方，前脚掌着地，脚尖向前（图 10－3－70）。

动作要求：两臂屈肘，自然前后摆动。

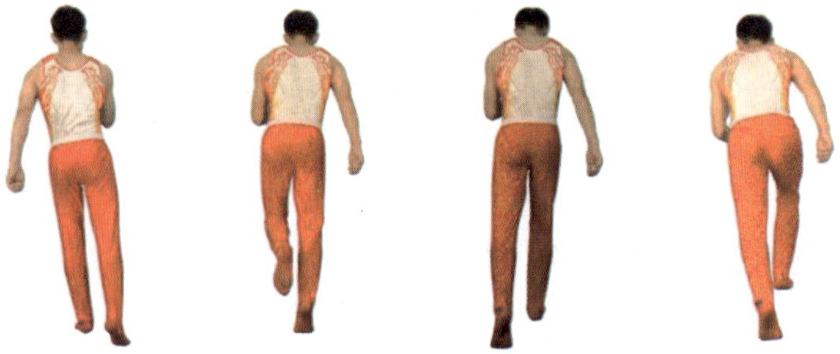

图 10－3－70　直线跑

（二十三）蹬车轮

目的：发展腿部及腹部肌群力量。

方法：仰卧在地板上，双手放在头侧，手臂打开。将腿抬起，进行蹬自行车的动作（图 10－3－71）。

动作要求：动作连贯，交替协调，脚不触地。

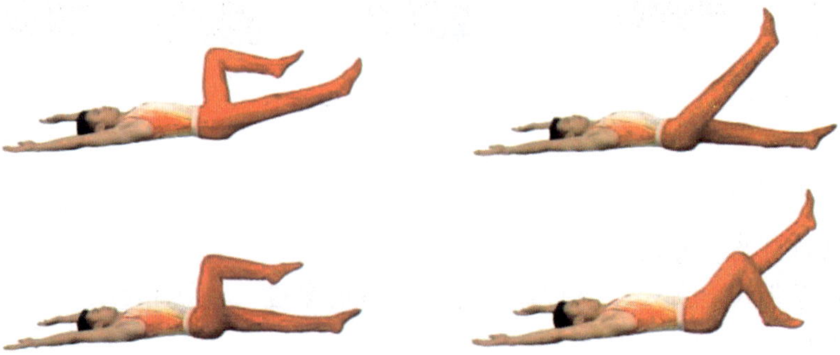

图 10－3－71　蹬车轮

思考题

1. 结合日常训练实践，举例说明上肢及肩带力量的练习手段。
2. 结合日常训练实践，举例说明躯干力量的练习手段。

第四节　体操专项柔韧素质练习方法

一、肩、胸部柔韧

（一）把杆压肩

目的：发展肩部肌肉、韧带灵活性。

方法：两手或两臂放在把杆上，双脚左右分开，与肩同宽或稍宽，上体前伏、挺胸、塌腰、收髋，做下压、振肩动作（图 10－4－1）。

动作要求：臂、腿伸直，力点集中于肩部；向下振压的振幅逐渐加大，力量逐渐加强；肩压到极限时，静止不动保持片刻；动态压肩与静止交替练习；注意尽量沉肩，伸臂。

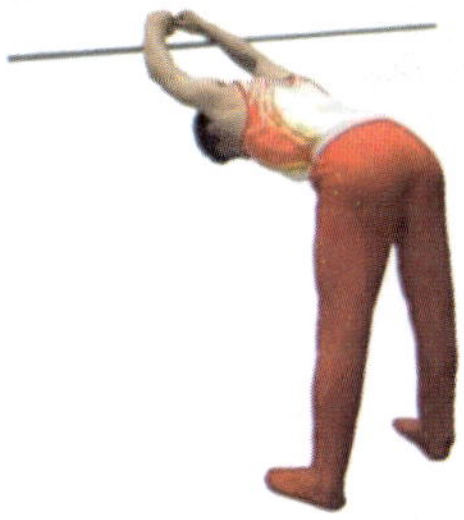

图 10－4－1　压肩

（二）振肩

目的：伸展三角肌前束、中束，胸大肌外侧，背阔肌，保持肌肉弹性。

方法：两手握住，两臂伸直，上下振肩。或者两臂前平举经侧向斜后上方运动（图 10－4－2）。

动作要求：两臂伸直，尽量向后振。

图 10－4－2　振肩

（三）转肩

目的：发展肩部肌肉、韧带伸展性。

方法：可握棍、绳或橡皮筋带等物，两手间的距离因人而异，随着柔韧性的提高逐渐缩短，直至两手相握，可向前或向后做转肩动作（图 10－4－3）。

动作要求：两臂伸直。

图 10－4－3　转肩

（四）胸肩拉伸

目的：提高肩、上臂胸部肌群柔韧性。

方法：(1) 俯卧地上两臂向颈后交叉，帮助者用膝盖抵住练习者的背部，用手向后拉其肘关节。(2) 双人压肩。两人面对面站立，双手伸直互搭肩上，双脚开立，上体下压双肩伸直振动。(3) 跪立压肩。练习者跪立在地毯上，双手贴耳，前举撑地，帮助者分腿站在练习者背后，轻轻地压在练习者的双肩上，后逐渐加大压力。(4) 两脚左右开立略宽于肩，成体前屈姿势两手交叉，两臂伸直，向外上方推臂。(5) 右手从肩后侧摸对侧肩胛骨，左手握右手向同侧拉伸，上体挺直，拉到最大范围保持 5～30 秒，两臂交换重复练习（图 10－4－4）。

动作要求：力达于肩，大小适度，逐渐增加牵拉幅度。

图 10 －4 －4　胸肩拉伸

二、腰部柔韧

（一）下腰

目的：增加腰部肌肉的柔韧度，塑造腰部线条。

方法：分腿站立开始向后下腰成桥。随着训练水平的提高，手脚距离逐渐缩短直至手可握两踝停住，头触臀部（图 10 －4 －5）。

动作要求：动作舒缓，用力适度，避免腰部损伤。

图 10 －4 －5　下腰

（二）腰部拉伸

目的：发展躯干侧屈柔韧性。
方法：侧对把杆，手经侧向把杆靠近，拉伸躯干侧屈肌群、韧带（图 10－4－6）。
动作要求：动作方法正确，不屈髋。

图 10－4－6 腰部拉伸

三、髋关节、腿部柔韧

（一）把杆压腿（正、侧、后）

1. 正压腿

目的：发展髋关节、膝关节柔韧性，以屈髋、伸膝为主。

方法：面对横木或一定高度的物体站立，一腿提起，把脚跟放在横木上，脚尖绷紧；一手扶横木，一手成三位手，两腿伸直，腰背挺直，髋关节向前，上体前屈并向前、向下做振压动作（图 10－4－7①）。左右腿交替进行。

动作要求：两腿伸直，支撑脚向前，上体向前，向下振压时，腰背要直，幅度由小到大，直到能用下颌触及脚尖。

2. 侧压腿

目的：发展髋关节、膝关节柔韧性，以髋外展、伸膝为主。

方法：侧对横木或有一定高度的物体，脚支撑，另一脚抬起，脚跟放在横木上，脚尖绷紧；两腿伸直，支撑脚向外，上体保持直立向侧向下压（图 10－4－7②）。左右腿交替进行。

动作要求：上体保持直立向侧向下压振；压振幅度逐渐加大，支撑脚向外。

3. 后压腿

目的：发展髋关节柔韧性，以髋伸为主。

方法：背对横木或有一定高度的物体，一腿支撑，另一腿后举，脚背放在横木上，腿和脚背都要伸直，上体直立，髋关节背对后方，上体向后仰并做振压动作（图 10－4－7③）。左右腿交替进行。

动作要求：两腿挺膝，支撑腿直立且全脚着地站稳；挺胸、展髋、腰后屈；后压振幅逐渐加大。

图 10－4－7　把杆压腿（正、侧、后）

4. **搬腿与控腿**

目的：主要发展腿部后侧、内侧、前侧肌肉的柔韧性。

方法：正搬腿，侧搬腿，后搬腿；上体均保持直立状态（后搬腿上体保持与地面水平或略高于地面），两手抓握脚踝，向头上方搬起，保持静止状态一段时间，然后慢慢放下（图 10－4－8）。

动作要求：支撑腿直立且全脚着地站稳，挺胸、展髋。

图 10－4－8　搬腿与控腿

（二）踢腿

目的：主要发展腿部后侧、内侧、前侧肌肉的柔韧性。

方法：（1）正踢腿。支撑腿伸展直，全脚着地，另一腿膝盖伸直，脚尖勾起前提，接近前额，动作要轻快有力，上体保持直立状态（图 10－4－9①）。（2）侧踢腿。脚尖勾起，向体侧踢腿。左右腿交替进行，其他同正踢腿（图 10－4－9②）。（3）后踢腿。并步站立，练习时一腿支撑，另一腿向后上直腿摆动（图 10－4－9③）。

动作要求：起腿要轻，踢时要快，落腿应稳。

①　　②　　③

图 10－4－9　踢腿

（三）搬腿

目的：主要发展腿部后侧、内侧肌肉的柔韧性。

方法：（1）正搬腿。练习者一手扶杆，一腿支撑，另一腿抬起，另一手紧握脚踝，向上搬，腹部贴大腿，胸部贴膝盖。练习时，左右交换进行（图 10－4－10①）。（2）侧搬腿。身体背向把杆站立，左臂贴把杆左腿支撑，右腿抬起，右手紧握脚跟向上搬起（图 10－4－10②）。（3）后搬腿。练习者一手扶把杆，手侧平举，腿支撑，腿向后抬起（图 10－4－10③）。练习时同伴可以用肩部扛住练习者抬其大腿，双手按住练习者臀部，手下按，身体上起，到合适的最高点停留一段时间。

动作要求：头顶、颈直、胸挺、腰立、腿直。

①　　②　　③

图 10－4－10　搬腿

（四）控腿

目的：训练髋关节的柔韧性以及动力腿在空中的控制能力。

方法：直膝，立腰，髋上顶。可向前、侧、后三个方向做（图 10－4－11）。

动作要求：脚背绷直，控腿时间尽量长。

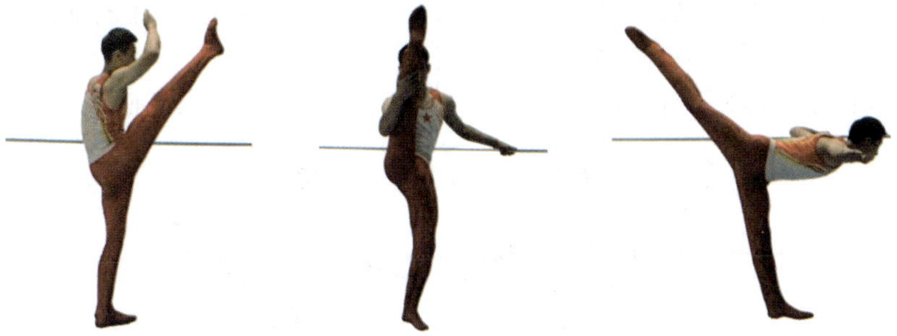

图 10－4－11　控腿

（五）外摆腿

目的：提高关节的灵活性，改善关节周围软组织的功能以及肌肉、韧带、肌腱的伸展性。

方法：支撑腿自然伸直，全脚掌着地。另一腿从面部踢起，经体侧向外做扇面摆动落下（图 10－4－12）。左右腿交替进行。

动作要求：正踢腿踢到最高点的时候向外摆腿；挺胸，展髋，外摆幅度要大，成扇形。

图 10－4－12　外摆腿

（六）里合腿

目的：提高关节的灵活性，改善关节周围软组织的功能以及肌肉、韧带、肌腱的伸展性。

方法：支撑腿自然伸直，全脚掌着地。另一腿从体侧踢起，经面部向里做扇面摆动落（图 10－4－13）下。左右腿交替进行。

动作要求：正踢腿踢到最高点的时候向内摆腿；侧起斜落，弧高齐头，横向加速。

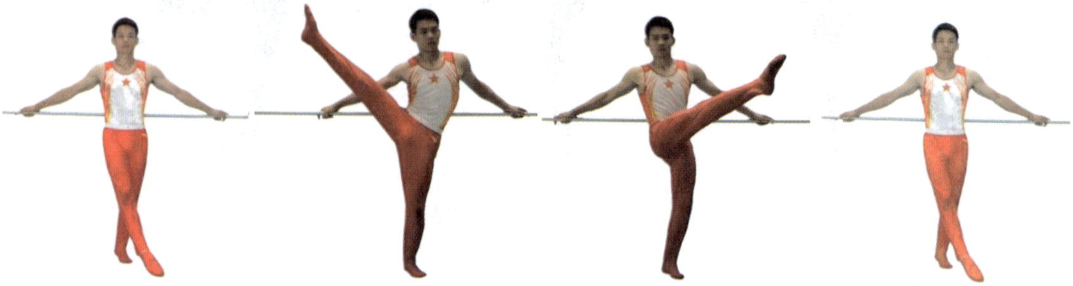

图 10－4－13　里合腿

（七）大腿前侧拉伸

目的：发展股四头肌柔韧性。

方法：拉伸腿屈膝，手握足背部，将脚跟压向臀部，膝盖指向地面或后上方。手可以拉住辅助物，或侧平举以保持平衡（图 10－4－14）。

动作要求：被拉伸大腿不得外张、屈髋。

图 10－4－14　大腿前侧拉伸

（八）劈叉拉伸

1. 横叉拉伸

目的：发展髋关节内收肌群柔韧性。

方法：两腿左右一字伸开，两手可辅助支撑；两腿的内侧紧压垫子，两脚的脚跟着垫子，两脚尖向左右侧伸展或勾紧，髋充分打开，成一字形。可上体前俯拉长腿后侧肌肉并充分开髋；亦可上体向左右侧倒，充分拉长大腿内后侧肌肉并增大髋的活动幅度（图 10－4－15）。

动作要求：（1）挺腰立背，开胯沉髋；挺膝绷脚，前俯倾倒。（2）仰卧于地上，两腿打开，帮助者按压练习者膝盖内侧，拉伸其大腿内侧肌群。（3）练习者分腿坐，向前趴，手臂伸直。（4）两腿打开成坐位，身体向一侧倾斜，手经体侧握住脚踝。

图 10－4－15　横叉拉伸

2. 纵叉拉伸

目的：主要用来练习大腿前后侧和髋部的柔韧性。

方法：两腿前后分开成一条直线，前腿后侧压紧垫子，勾脚尖；后腿的脚背、膝盖和股四头肌压紧地面，脚尖指向正后方；髋关节摆正与两腿垂直，臀部压紧地面。上体正直（图 10－4－16）。

动作要求：挺腰直背，沉髋挺膝；前俯勾脚，后屈伸踝。

图 10－4－16　纵叉拉伸

（九）大腿后侧拉伸

目的：提高腿部屈髋、伸膝柔韧性。

方法：（1）仰卧于垫子，腿向身体摆，减小大腿与身体之间的夹角，帮助者可握其脚踝沿头方向前下压。（2）直立体前屈，两腿并拢伸直，两手握踝或腿后抱拢，停止一定时间。（3）双人面对面平坐，相互顶住脚掌，两臂伸直，拉练习者双手使其被动做体前屈。（4）平坐于垫子，膝盖伸直，一脚钩住弹力带，两手向身体方向拉伸（图10－4－17）。

动作要求：膝盖伸直，用力适度，逐渐增加牵拉幅度。

① ② ③ ④

图 10－4－17　大腿后侧拉伸

（十）坐位体前屈

目的：提高髋、腰部的灵活性。

方法：练习者平坐在地上，两腿并拢，膝关节保持伸直状态，脚绷直，弯曲腰部，躯干与腿尽量相贴，双手放在脚上，可在帮助者用力压其背部的情况下练习（图 10－4－18）。

动作要求：背部挺直。

图 10－4－18　坐位体前屈

（十一）压膝盖

目的：提高伸膝柔韧性。

方法：练习者平坐于地面，帮助者坐其膝盖上，练习者尝试腿伸直向上收腹（图 10－4－19）。

动作要求：辅助者用力适度，防止膝超伸产生损伤。

图 10－4－19　压膝盖

（十二）踝部拉伸压脚背

目的：软组织拉伸，提高踝关节跖屈柔性。

方法：跪坐，双膝并拢，脚跟并拢，臀部坐在脚跟上，双手在腿的两侧支撑。将膝盖抬离地面，用自身的体重给脚背加压（图 10－4－20）。

动作要求：脚面绷直，脚跟并拢。

图 10－4－20　踝部拉伸压脚背

思考题

1. 结合日常训练实践，举例说明肩、胸部柔韧的练习手段。
2. 结合日常训练实践，举例说明髋关节、腿部柔韧的练习手段。

参考文献

[1] 曲世奎．体操大辞典［M］．北京：人民体育出版社，1999.
[2] 体操教材编写组．体操［M］．北京：高等教育出版社，1987.
[3] 体操教材编写组．体操［M］．北京：人民体育出版社，1979.
[4] 田赐福．体操［M］．北京：高等教育出版社，1989.
[5] 体操大辞典编写委员会．体操大辞典［M］．北京：高等教育出版社，1995.
[6] 黄燊．体操（第三版）［M］．北京：高等教育出版社，2000.
[7] 张涵劲．体操（第三版）［M］．北京：高等教育出版社，2015.
[8] 蔺新茂，张戈．体操［M］．重庆：重庆大学出版社，2017.
[9] 吕万刚，胡建国，宋文利．体操［M］．北京：北京体育大学出版社，2007.
[10] 林建棣．军事体育（下册）［M］．北京：国防工业出版社，2012.
[11] 邓树郧．运动生理学［M］．北京：高等教育出版社，2001.
[12] 攀临虎．体育教学论［M］．北京：人民体育出版社，2002.
[13] 柳克奇．体操教学与训练方法论［M］．长沙：湖南大学出版社，2004.
[14] 胡初萌，罗志华．军体操［M］．北京：解放军出版社，2000.
[15] 张培刚．体操教育［M］．长春：长春出版社，2007.
[16] 童昭岗．体操［M］．北京：高等教育出版社，2005.
[17] 王安利．运动医学［M］．北京：人民体育出版社，2008.
[18] 马鸿韬．健美操运动教程［M］．北京：北京体育大学出版社，2010.
[19] 黄宽柔，姜桂萍．健美操 体育舞蹈［M］．北京：高等教育出版社，2015.
[20] 张予南，高留红．体操（初级教程）［M］．北京：北京体育大学出版社，2008.
[21] 邵斌，黄玉斌．体操［M］．北京：人民体育出版社，2014.
[22] 刘志成．竞技体操力学原理［M］．北京：人民体育出版社，1987.